쇼펜하우어

"불안과 근심에 시달리는 사람은 과거에 매달려 살고,
끊임없이 무엇인가 추구하는 사람은 오지도 않은 미래 속에서 삽니다.
이렇게 현재는 사람들의 관심을 끌지 못하고,
사람들은 현재를 즐기지 못합니다.
흠, 행복이란 현재에 있는 것임을 왜 깨닫지 못하는 것일까?"

피히테

"역사를 이끌어갈 우리가 할 일은 단지,
정신을 차리고 우리 눈앞에 벌어지고 있는 일을 직시하는 것,
그리고 생각하는 것입니다.
당신이 역사의 마지막 사람이 아니라 처음이고자 한다면!"

아렌트

"'국가 안에만 모든 것이 존재하고 국가 밖에는 아무것도 없으며,
국가에 반대하는 그 누구도 존재해서는 안 된다.'
이러한 전체주의의 특징이 아이히만과 같은 무사유의 인간을 만들어 냈고,
무사유의 사람이 악을 저지를 때 악이란 평범한 모습으로 다가옵니다.
당신의 사회에서 진짜 괴물은 과연 누구입니까?"

배부른 철학자

배부른 철학자

초판 1쇄 발행 2011년 12월 12일

지은이 서정욱
펴낸이 양소연

기획편집 함소연, 진숙현 **디자인** 하주연, 이지선, 김윤희
마케팅 이광택 **관리** 유승호, 김성은 **웹서비스** 이지은, 이동민 **웹마케팅** 양채연

펴낸곳 함께읽는책 **등록번호** 제25100-2001-000043호 **등록일자** 2001년 11월 14일

주소 서울시 금천구 가산동 60-3 대륭포스트타워 5차 1104호
대표전화 02-2103-2480 **팩스** 02-2624-4240 **홈페이지** www.cobook.co.kr

ISBN 978-89-90369-93-2(04100)
        978-89-90369-74-1(set)

함께읽는책은 도서출판 나눔의집의 임프린트입니다.

철학으로

두둑해지는

시간

배부른 철학자

서정욱 지음

배 고 픈 철 학 자 ?

논리학에서는 늘 함께 붙어 다니는 단어, 예를 들어 원인과 결과, 위와 아래, 높음과 낮음 등을 쌍개념이라고 부릅니다. 철학에도 늘 붙어 다니는 쌍개념이 있는데, 그것은 바로 '철학자와 배고픔'입니다. 누가 언제부터 사용한 말인지는 모르지만 '배고픈 소크라테스와 배부른 돼지'라는 말도 들어보셨을 겁니다.

우리는 전 철학사를 통해 철학이 생겨난 다양한 이유들을 접할 수 있습니다. 그중에서도 '여유'라는 단어는 철학의 탄생에 매우 중요한 요인이 되었습니다. 최초의 철학자인 탈레스는 하늘의 별을 관찰하다 우물에 빠진 적이 있습니다. 이를 지켜보던 하녀가 "발 앞에 우물도 보지 못하는 사람이 어찌 하늘의 별을 관찰하느냐"고 탈레스를 비아냥거렸고, 이 말을 들은 탈레스는 "그래서 너는 철학자가 될 수 없다"고 말했답니다. 또한 우리는 알렉산드로스 대왕과 거지 철학자 디오게네스의 일화도 익히 알고 있습니다. 무소유를 주장하고 실천한 철학자 디오게네스가 따뜻한 일광욕을 즐기고 있을 때 알렉산드로스가 그를 방문했습니다. 필요한 모든 것을 들어주겠다는 알렉산드로스의 말에 디오게네스는 햇볕만 가리지 않는다면 더 이상 바랄 것이 없다고 말했고, 알렉산드로스는 "내가 알렉산드로스가 아니면 디오게네스가 되고 싶었을 것"이라는 유명한 말을 남깁니다. 알렉산드로스는 디오게네스야말로 물질적으로 가진 것이 없어도 행복한 삶을 사는 사람이라고 생각했던 것입니다. 이렇듯 제왕의 자리도 부럽지 않던 철학자가 언제부터 배고픔의 상징이 되었을까요? 심지어 중세 철학자 보에티우스는 철학을 아름다움과 고고함을 잃은 노파로 표현하기도 했습니다. 독일의 철학자 칸트의 친구들은 칸트가 문학을 그만두고 철학을 하겠다고 결심하자, "꽃이 만발한 들판과 같은 인문학 분야에서 황량한 초원과도 같은 길을 가려 하느냐"고 말할 정도였습니다. 이런 사실들로 보아 중세 이후 철학자들은 배고픔의 대상으로 전락한 것 같습니다.

독일 하이델베르크에는 노이부르크Abtei Neuburg라는 베네딕트 수도원이 있습니다. 8세기에 지어진 이곳에 1825년 독일제국 황제의 추밀고문관이었고 괴테의 친구였던 슐로서가 주인으로 오면서 많은 사상가들이 모여들기 시작했습니다. 특히 슐레겔Friedrich Schlegel, 1772~1829과 브렌타노Clemens Brentano, 1778~1842와 같은 사상가들이 이곳에서 독일 후기 낭만주의의 꽃을 피웠습니다. 이후에도 철학자 슈타이너Rudolf

Steiner, 1861~1925, 시인 게오르게Stefan George, 1868-1933, 화가 트뤼브너 Wilhelm Trübner, 1851~1917, 그리고 토마스 만의 아들이었던 클라우스 만 Klaus Mann, 1906~1949 등 많은 예술가와 사상가들이 노이부르크 수도원에 머물면서 독일의 사상계를 이끌었고 많은 유명 인사들도 이곳을 찾아 휴가를 보내거나 자신의 사상을 정립하였습니다. 필자도 이 수도원에서 유학 생활을 하였습니다. 수도원의 신부님과 수사님들로부터 큰 도움을 받았고, 많은 사람들을 만나고 많은 일들을 경험하였습니다. 그 중에서 유독 한 가지 잊을 수 없는 일은 독일의 통일을 이끌었던 헬무트 콜 정부의 과학기술부 장관을 수도원에서 만났던 일입니다. 콜 정부에서 12년 동안 서독과 통일 독일의 과학기술부 장관을 지낸 리젠후버 Heinz Riesenhuber, 1935~는 장관을 역임하는 동안 매년 8월이면 어김없이 필자가 생활하였던 수도원으로 와서 일주일간의 휴가를 즐겼습니다. 그는 늘 나비넥타이 차림이었고 항상 깔끔한 모습이었습니다. 필자가 리젠후버를 잊지 못하는 이유는 그가 던진 한 가지 질문 때문입니다. 1986년 8월 어느 날 리젠후버는 필자에게 '철학과 배부름'의 상관관계를 물었습니다. 대학 때부터 '철학이 밥 먹여주니?' 같은 질문을 들고 '배고픈 소크라테스'라는 말을 먼저 배운 필자로서는 리젠후버의 질문에 적잖은 당혹감을 느꼈습니다. 그때 어떻게 대답을 했는지는 지금도 정확히 기억나지 않지만, 이어진 리젠후버의 이야기는 정확히 기억하고 있습니다. 1, 2차 세계대전에서 모두 패하고 분단국가가 된 독일이 현재 유럽의 어느 나라보다 잘 살게 된 이유를 리젠후버는 철학에서 찾았습니다. 나폴레옹의 등장으로 18세기 유럽은 군주정치와 민주정치 사이에서 주체성을 상실하고 혼돈에 빠졌습니다. 이때 독일 사람들은 철학자 칸트, 작곡가 베토벤, 그리고 대문호 괴테의 정신문화 속에 살고 있었습니다. 이들의 정신문화를 이어받은 독일 사람들은 이 혼돈을 슬기롭게 극복하였고, 그 후로도 많은 어려움을 겪었지만 그때마다 그들의 정신 속에 숨 쉬는 풍요로운 유산을 떠올렸습니다. 리젠후버의 말 속에서 필자가 느낀 것은 철학이 우리 인간에게 정신적인 풍요로움을 줄 수 있다는 것이었습니다. 사실 그렇습니다. 우리 인간은 늘 하고 싶은 것과 할 수밖에 없는 것 사이에서 고민합니다. 전자가 정신적인 풍요로움을 위해 필요한 것이라면 후자는 물질적인 안정을 위해서 꼭 필요한 것입니다. 대부분의 사람들이 물질적인 풍요로움 다음에야 정신적인 풍요로움을 찾는다는 점에서 '철학자와 배고픔'은 전혀 관계가 없고, 오히려 철학자는 철저하게 배부름을 추구한다는 것이 리젠후버의 생각이었습니다.

대부분의 사람들이 '할 수밖에 없는 일'을 하고, '하고 싶은 일'을 꿈꾸며 살아갑니다. 그래서 하고 싶은 일을 하는 사람은 할 수밖에 없는 일을 하는 사람에게는 부러움의 대상이며, 철학자는 누가 뭐래도 하고 싶은 일을 하는 사람이므로 행복한 사람입니다. 리젠후버가 옳았습니다. 철학이 여유에서 생긴 학문이라면, 지금까지 철학자가 추구한 것은 배고픔이 아니라 배부름입니다. 철학을 처음 시작한 탈레스도 그랬고, 거지 철학자 디오게네스도 그랬습니다. 소크라테스 역시 결코 배고픈 사람이 아니었습니다. 칸트는 왕의 명령 정도는 무시하며 살았지만 행복했고, 보에티우스도 정치가로서 더 욕심을 내지 않았다면 사형은 면했을 것입니다.

필자는 2년 전부터 '클래시컬 필로소피'라는 주제로 고대부터 현대까지 철학의 고전들을 소개하는 작업을 하고 있습니다. 그 세 번째이자 마지막 결실인 이 책을 집필하면서 독일 유학 시절 머물렀던 수도원과 리젠후버를 떠올리게 되었습니다. 그리고 이 책의 제목을 《배부른 철학자》라고 짓게 되었습니다. 철학자는 늘 삶과 철저하게 투쟁한 사상가입니다. 그들은 배가 고파서도 아니고 배가 불러서도 아닌, 단지 모든 사람들이 배부르게 살기를 바라면서 철학을 하였습니다. 그래서 철학자들은 늘 배가 부릅니다. 앞선 두 권의 책 《철학의 고전들》과 《철학, 불평등을 말하다》와 마찬가지로 이 책에서도 고전으로 가는 길을 보다 쉽고 흥미롭게 느낄 수 있도록 정리하려고 노력하였으며 각 꼭지 앞에 원서의 제목과 목차를 함께 소개하여 독자들이 원전을 조금 더 가까이 느낄 수 있도록 하였습니다. 방대한 양의 철학 고전을 한정된 지면으로 요약하다 보니 많은 제약이 있었으나 중심 사상에서 벗어나지 않으려고 무척 노력하였습니다. 하지만 그렇지 못한 경우도 있습니다. 듀이의 《민주주의와 교육》이 그렇습니다. 듀이는 모두 26장으로 나누어 책을 저술하였으나 필자는 중요하다고 판단된 부분만을 정리하고 요약하였습니다. 그리고 쇼펜하우어의 행복철학에 관한 이야기는 이탈리아 철학자 볼핀이 편집한 《쇼펜하우어의 행복철학》을 참고하여 목차와 내용을 정리하였습니다.

이 세 권의 책과 지난 3년을 함께한 고마운 분들이 있습니다. 처음부터 이 책을 기획하고 편집한 함소연 님, 예쁜 옷을 입혀 주신 디자이너 공존 님, 무엇보다 이 책의 출판을 허락해주신 함께읽는책의 양소연 사장님께 깊은 감사를 드립니다. 철학은 마음이 원하고, 하고 싶은 일을 할 수 있게 해주는 배부른 학문입니다. 그러나 우리는 할 수밖에 없는 일을 하면서 종종 철학이 배고픈 학문이라고 말하며 철학에 목말라합니다. 우리나라 모든 사람들이 철학으로 '하고 싶은 일'을 하면서 배부르고 행복했으면 좋겠습니다.

2011년 가을

———— 철학이야기꾼 서정욱

차
례

자원전쟁 ▮ 자비심? 이기심! ▮ 물건의 '진짜' 가격 ▮ 부자 나라 가난한 노동자 ▮ 부자 나라의 원천 ▮ 국가의 의무란 무엇인가

실천이냐 이론이냐, 경험이냐 이성이냐 ▮ 보통의 인간이면 할 수 있는 일 ▮ 맨 꼭대기에 있는 법칙 ▮ 하늘에는 빛나는 별, 마음속에는 도덕법칙

행동하는 양심 ▮ 인생은 짧고 교육은 길다 ▮ 살아 있는 언어, 생동하는 민족 ▮ '독일스러움'에 관해 ▮ 페스탈로치 교육론 ▮ 역사의 마지막 사람, 역사의 시작인 사람

국가를 요리하는 법

애덤 스미스 《국부론》

An Inquiry into the nature and causes of the Wealth of Nations (1776)

▌ 각 꼭지의 시작에 원전의 목차를 실어 두었습니다.

자 원 전 쟁

영국하면 가장 먼저 떠오르는 단어가 '신사'입니다. 신사라는 말은 18세기부터 시작된 영국의 산업혁명과 깊은 관계가 있습니다. 생산 기술의 급격한 변화와 발달로 도시는 많은 수의 노동자를 필요로 했고 농사를 짓던 농부들은 노동자가 되기 위해 도시로 몰려왔습니다. 이 노동자들을 고용한 사람들은 다름 아닌 제조업에 종사하는 사람들이었고 이들은 많은 돈을 벌었습니다. 이것이 영국 산업혁명의 시작이며, 이 산업혁명은 영국을 '해가 지지 않는 나라'로 만든 원동력이었습니다. 제조업자들은 산업혁명으로 경제적인 여유와 삶의 여유를 동시에 얻었습니다. 사람들은 이들을 상류계급이란 의미로 '젠트리Gentry'라 불렀고, 여기에서 오늘날 신사라는 뜻의 'Gentleman'이란 말이 나왔습니다.

해가 지지 않는 나라, 영국의 산업혁명이 활활 타오르게 기름을 부은 사람이 있다면 바로 애덤 스미스Adam Smith, 1723~1790일 것입니다. 스미스는 산업혁명을 연 제조업이 발달하던 시기인 1720년 무렵 스코틀랜드의 커콜디에서 세관원의 아들로 태어났습니다. 소금과 석탄이 풍부한 커콜디 항구에는 북유럽으로 수출될 상품들이 가득 차 있었습니다. 스미스의 아버지는 스미스가 태어나기 두 달 전에 돌아가셨고, 스미스는 평생을 독신으로 어머니와 함께 살았습니다. 약하게 태어난 스미스는 어릴 때부터 잔병치레를 많이 했지만 항상 성실하고 착한 모범생이었습니다. 당시 대학 입학을 위한 필수 과목이었던 고전과 수학을 열심히 공부한 스미스는 14세에 글래스고대학에 입학하였고, 3년 후에는 장학금을 받고 옥스퍼드대학으로 옮기게 됩니다.

글래스고에서 스미스는 윤리학 교수인 허치슨과 수학 교수인 심슨에게 큰 도움을 받습니다. 그리고 옥스퍼드에서 흄David Hume의 철학을 접한 후 그와 친구가 되어 훗날 많은 도움을 얻게 됩니다. 1762년 스미스는 글래스고대학의 부총장이 되었지만 훗날 버클루 공작이 된 헨리 스콧의 가정교사를 맡게 되면서 교수직을 버리고 그와 함께 '그랜드 투어'를 떠나게 됩니다. 스미스는 1764년부터 3년 동안 유럽을 여행하면서 많은 것을 보고 배워 돌아옵니다. 당시에는 가정교사를 맡은 교수에게 평생 연금이 지급되었기 때문에 이 여행은 스미스가 자신의 철학을 집대성하는 데 큰 도움이 되었습니다. 스미스는 특히 프랑스를 여행하면서 친구이자 선배인 흄의 도움으로 볼테르Voltaire를 만나 프랑스의 계몽사상을 배우고, 프랑스의 경제학자이며 의사인 케네François Quesnay

를 만나 중농주의 사상을 받아들입니다. 이때 스미스의 머릿속은 온통 '왜 프랑스가 영국보다 잘살까'라는 생각으로 가득 차 있었습니다. 그리고 스미스는 그 원인을 농업에서 찾았습니다. 당시 영국은 제조업이야말로 부자 나라가 될 수 있는 길이라고 생각하고 중상주의 정책을 쓰고 있었습니다. 하지만 스미스는 부자 나라가 되기 위해서는 중농주의가 먼저 이루어져야 함을 깨달았습니다. 여행에서 돌아온 스미스는 부자 나라를 위한 국부론을 구상하였고, 1776년 드디어《국부론》이 출판되었습니다.

당시 부의 척도는 금과 은이었습니다. 그래서 금과 은이 많은 나라가 곧 잘사는 나라였습니다. 어떻게 하면 금과 은을 많이 모아 잘사는 나라가 될 수 있을까요? 단순하게 생각하면 상품을 많이 생산하여 외국에 내다 팔면 금과 은을 많이 모을 수 있고, 그러면 잘사는 나라가 될 것입니다. 스미스는 많은 상품을 생산하기 위해서 필요한 것이 바로 '분업'이라고 말합니다. 당시 커콜디는 제조업이 발달했기 때문에 스미스는 어릴 때부터 자연스럽게 공장을 구경하며 자랐습니다.《국부론》에서 스미스는 자신의 경험을 바탕으로 분업을 할 때와 그렇지 않을 때 생산되는 상품의 양이 무려 240배나 차이가 난다고 말합니다. 분업을 통해 많은 상품을 만든 다음 외국에 수출하면 많은 금과 은을 얻을 수 있고 영국은 부자 나라가 될 수 있다고 스미스는 주장합니다. 하지만 한 가지 문제가 있습니다. 모든 나라가 분업을 통해 많은 상품을 만들고 수출한다면 각 나라들은 치열한 경쟁을 하게 될 것이고 실제로 당시 많은 나라들이 소비 시장을 늘리기 위해 식민지를 개척하는 데 혈안이 되어 있

국가를 요리하는 법 • 애덤 스미스《국부론》

었습니다. 이렇게 모든 나라가 부자 나라가 되기 위해 수출을 가장 중요하게 생각하고 제조업만을 장려하면서 농업이 천시되었습니다. 그러나 스미스는 프랑스 중농주의 학자들의 사상을 받아들여, 부자 나라가 되기 위해서 가장 필요하고 기본이 되는 것은 농업이라고 말합니다. 내다 팔 상품을 만들기 위해서는 무엇보다 원료가 필요합니다. 농업이야말로 상품 생산을 위한 원료를 제공하는 매우 중요한 밑바탕입니다. 즉 원료가 가장 먼저이며, 다음으로 제조업, 그리고 무역의 순서가 되어야 한다는 것입니다.

'부자 나라가 되기 위해서는 상업이 먼저일까, 아니면 농업이 먼저일까?' 스미스의 《국부론》은 당시 이런 내용을 다루며 경제학이라는 새로운 학문을 만들어 냈습니다. 산업혁명이 가장 먼저 일어난 영국은 옛날부터 양모가 많이 생산되었기 때문에 자연스럽게 가내공업과 공장제 수공업이 발달했습니다. 대지주들은 양을 방목하기 위해서 국유지까지 말뚝을 박고 사유지처럼 사용했고, 국유지에서 농사를 짓던 농민들은 농업 노동자 또는 공업 노동자로 전락하게 되었습니다. 이렇게 '울타리를 친 땅'이란 의미의 '인클로저 운동'은 전국적으로 확산되어 산업혁명의 신호탄이 되었습니다. 이후 존 케이가 '나는 베틀 북flying shuttle'을, 제임스 하그리브스가 제니 방적기를, 와트가 증기 기관을 발명하면서 영국의 제조업은 유럽의 어느 나라보다 발달하였습니다. 뿐만 아니라 해외 식민지를 개척하여 상품의 소비 시장을 마련하였고 거기에 입헌 군주국이라는 정치적인 안정까지 더한 영국은 유럽에서 가장 먼저 산업혁명을 경험할 수 있었습니다. 그러나 유럽의 여러 나라들처럼 영국도 식민지 개척 과정에서 많은 비용을 치러야 했고 식민지 관리에도 큰 어려움을 겪게 되었습니다.

영국의 산업혁명에서 식민지 독립까지 지켜본 스미스는 1784년 늘 함께 했던 어머니를 잃습니다. 실의에 잠긴 스미스는 3년 후 글래스고 대학의 총장으로 임명되면서 새로운 삶을 시작하는 듯했지만, 1790년 건강 악화로 세상을 떠납니다. 농업을 중심으로 원료를 많이 확보하는 나라가 부자 나라가 되리라는 그의 생각은 오늘날 어느 누구도 부정할 수 없는 진리가 되었습니다. 오늘날의 모든 전쟁이 바로 이 원료 전쟁이기 때문입니다.

자 비 심 ?   이 기 심 !

부자 나라가 되기 위해서는 부를 늘려야 합니다. 부를 늘리려면 상품을 많이 만들어서 팔아야 합니다. 상품을 많이 만들어서 팔려면 생산력을 높여야 합니다. 생산력을 높이려면 분업을 해야 합니다. 이것이 바로 스미스가 《국부론》에서 주장하는 것입니다. 분업에 관해 조금 더 살펴봅시다.

종이를 철하는 핀 공장의 모습입니다. 한 개의 핀을 생산하기 위해서는 철사를 잡아 늘이고, 곧게 펴서, 끊고, 끝을 뾰족하게 다듬고, 핀 머리 부분을 붙이고, 핀을 종이로 싸고…… 이렇게 총 열여덟 번의 독립된 과정이 필요합니다. 한 공장에서는 이 한 개의 핀을 만들기 위해 열여덟 명의 사람들이 각자 자기가 맡은 일만 처리합니다. 다른 공장에서는 각자가 열여덟 번의 과정을 거치며 핀을 만듭니다. 물론 혼자서 이 모든 일을 하고 있는 곳도 있습니다. 열여덟 명이 분업으로 일하는 공장에서는 하루에 48,000개까지 핀을 생산할 수 있지만 혼자서 핀을 만드는 사람은 하루에 20개 정도 밖에 생산하지 못합니다.

분업을 하면 왜 생산력이 높아질까요? 한 명의 노동자가 한 가지 일에 전문적으로 매달리면 노동자의 숙련도가 높아지고, 숙련도가 높을수록 작업량은 증가합니다. 이렇게 숙련된 노동자는 한 가지 일에서 다른 일로 옮겨갈 때 시간을 절약할 수 있습니다. 또한 분업은 노동을 수월하고 단순하게 해주는 기계의 발명을 가져옵니다. 이렇게 분업이 발달된 사회는 생산량이 증가하고, 생산된 물건을 팔아 부를 쌓게 됩니다. 그러나 이러한 분업은 원래 인간 지혜의 결과가 아니라 물건과 물건을 교환하는 인간의 성향에서 생겨났습니다. 물물교환은 다른 동물에서는 발견되지 않는 인간만의 성향이며 이러한 성향은 인간의 이기심에서 비롯됩니다. 정육점 주인, 양조장 주인, 빵집 주인의 자비에 의해서 우리의 식탁이 차려지는 것이 아니라, 그들의 이기심 때문에 우리가 밥을 먹을 수 있는 것입니다. 그들은 자신의 식탁을 차리기 위해 자신들의 물건을 다른 사람의 물건과 교환합니다. 우리가 필요로 하는 대부분의 것들을 상호 교환이나 구매를 통해 얻는 것과 마찬가지로 분업을 최초로 야기하는 것도 이러한 교환 성향 덕분입니다. 우리는 분업에서 각각의 사람들이 가진 천부적인 재능을 볼 수 있습니다. 인간이 물물교환을 시도하지 않았다면 모든 사람들이 자기가 필요로 하는 물건을 직접 만들어야 했을 것입니다. 이렇게 본다면 분업이야말로 대단한 것입니다.

분업은 시장의 크기에 제한을 받습니다. 농촌보다 많은 사람이 살고 있는 대도시에서는 더욱 다양한 분업이 이루어집니다. 한 예로 스코틀랜드의 하이랜드와 같이 인구가 많지 않은 곳에서는 물물교환이 어렵기 때문에 대부분의 농민들이 빵이나 맥주 등을 직접 만들어 먹습니다. 한편 아무리 많은 생산물이 있어도 교통이 불편하다면 물물교환은 이루어지지 않습니다. 그래서 나라마다 다양한 종류의 교통수단이 발달하게 됩니다. 바다나 강을 이용해 배로 물건을 운반하는 방식은 매우 편리한 교통수단의 예로, 이집트는 나일 강, 인도는 인더스 강, 메소포타미아 지방에서는 티그리스 강과 유프라테스 강을 이용해서 물물교환을 하였습니다. 이렇게 교통수단이 발달한 곳에는 큰 시장이 형성되었지만, 수로를 이용한 교통수단이 발달하지 못한 아프리카, 북부 아시아, 혹은 시베리아 지역은 물물교환의 어려움으로 문명의 발달도 더뎠습니다.

물 건 의 ' 진 짜 ' 가 격

분업으로 생산량이 증가하고, 우리는 그렇게 생산된 물건 중 일부를 필요한 다른 물건으로 교환합니다. 그러나 자신이 생산한 물건과 자기가 필요로 하는 물건을 교환할 수 없는 경우도 있습니다. 예를 들어 빵을 많이 생산한 사람이 자신의 빵을 양고기와 교환하려 하지만, 양고기를 가진 사람은 빵이 필요하지 않을 수도 있습니다. 이런 상황이 자주

발생하자 사람들은 물건을 교환할 수 있는 다른 방법을 찾게 됩니다. 이렇게 해서 태어난 것이 바로 화폐입니다. 아주 옛날부터 화폐의 필요성을 느낀 사람들은 가축, 소금, 조개껍데기, 마른 대구, 담배, 설탕, 못 등과 같은 물건을 화폐 대신 사용하였습니다. 하지만 이런 물건들은 쉽게 상하거나 손상되었습니다. 그래서 사람들은 철이나 구리 같은 내구성이 강한 금속으로 화폐를 대신하였고 일부 부유한 사람들은 금과 은으로 화폐를 대신하기도 했으나 금속은 무게 측정이 복잡했고, 금과 은의 경우에는 순도가 문제 되었습니다. 결국 이런 문제를 해결하기 위해 정부가 나서게 되었고 금속의 무게와 순도를 따진 다음 공인된 도장을 찍어주었습니다. 이것이 바로 오늘날 우리가 사용하는 동전, 즉 주화의 시작입니다.

우리가 분업을 통해 생산한 상품들, 그 상품들 각각은 사용가치와 교환가치를 가지고 있습니다. 물건의 사용가치는 물건의 효용이며, 물건의 교환가치는 다른 물건을 구매할 수 있는 능력입니다. 스미스는 이를 설명하기 위해서 물과 다이아몬드를 예로 들고 있습니다. 물 없이는 단 며칠도 견딜 수 없다는 점에서 물의 사용가치는 무엇보다도 높지만, 물로 다른 것을 구매할 수 없기 때문에 교환가치는 없습니다. 반면 다이아몬드는 사용가치는 거의 없지만 다른 물건과 교환할 수 있기 때문에 교환가치는 높습니다. 즉 화폐의 교환은 물건의 사용가치와 교환가치에 따라서 정해지는 것입니다. 경제학에서 사용가치보다 더 중요하게 생각하는 교환가치의 기준은 상품 생산에 가장 중요한 요소인 노동력입니다. 노동력이 넘치면 많은 상품을 생산할 수 있고, 그것을 바탕으로 교

배부른 철학자

환가치도 높일 수 있습니다. 높은 교환가치는 많은 돈을 벌 수 있게 해주므로 부자와 가난한 자의 기준도 노동력입니다. 그래서 스미스는 자신이 지배할 수 있는 노동력이 많은 사람은 부자가 되고 그렇지 못한 사람은 가난한 사람이 된다고 말합니다. 바로 이런 노동을 상품의 '진정한 가격' 혹은 '실제 가격'이라고 부릅니다. 하지만 상품의 가치를 노동의 양만으로 정할 수는 없습니다. 그러나 화폐는 어떻습니까? 화폐처럼 상품은 아니지만 상품과 교환할 수 있는 것을 스미스는 '명목 가격'이라고 부릅니다. 상품은 시장에서 흥정이나 조정을 통해 사고 팔리기 때문에 상품의 가치는 시장에서 결정됩니다. 하지만 금과 은을 화폐로 사용할 경우 그 가치가 고정적이지 못해 문제가 생기기도 합니다. 식민지였던 아메리카에서 금, 은광이 발견되자 막대한 양의 금과 은이 유럽으로 흘러들어 그 가치가 폭락하기도 했습니다. 이렇듯 가치가 변하는 명목 가격으로는 다른 상품의 가치를 정확하게 매길 수 없다는 단점이 있습니다. 그렇다면 상품의 가격은 어떻게 매겨질까요?

상품 가격이 노동량에 비례한다면 한 마리의 비버를 잡는 데 드는 노동이 사슴을 잡는 것의 두 배일 경우 비버의 가격은 사슴 가격의 두 배가 되어야 합니다. 스스로 필요한 물건을 생산하고 소비하는 원시 사회라면 이러한 가정은 틀리지 않습니다. 그러나 기술 사회에서는 공장에서 상품이 생산됩니다. 공장 주인은 공장을 짓는 데 필요한 땅값과 자신의 이윤을 상품 가격에 포함시킵니다. 따라서 우리가 구입하는 상품의 가격에는 노동자의 임금, 공장주의 이윤, 그리고 지주의 지대가 포함되어 있습니다.

임금, 이윤, 그리고 지대로 구성된 상품 가격은 다시 '시장 가격'과 '자연 가격'으로 나뉩니다. 나라나 지역에 따라 임금, 이윤, 그리고 지대가 다르기 때문에 물건 가격도 다릅니다. 하지만 지역에 따른 평균적인 임금, 이윤, 그리고 지대를 정해서 물건을 생산하면 상품의 가격도 정할 수 있습니다. 이런 평균적인 임금, 이윤, 그리고 지대에 따라 정해진 생산 가격에, 물건을 파는 사람의 이윤이 포함된 것이 자연 가격입니다. 즉 자연 가격은 한 사회의 평균적인 노동자의 임금, 공장주의 이윤, 땅 주인의 지대, 그리고 상인의 이윤에 따라 정해집니다. 그런데 시장에서 물건을 파는 상인이라고 해서 모두 같은 이윤을 남기는 것은 아닙니다. 어떤 상인은 많은 이윤을 남기기 위해서 비싸게 팔고, 또 어떤 상인은 많이 팔기 위해 이윤을 조금 남기더라도 싸게 팔고자 합니다. 이렇듯 상품은 각기 자연 가격을 갖고 있지만 시장에서는 다른 가격에 팔립니다. 이것이 바로 시장 가격이며 시장 가격과 자연 가격의 차이는 물건의 공급량과 유효 수요가 다르기 때문에 생깁니다. 생산자는 물건을 생산할 때 공급량과 유효 수요를 맞추려고 노력하지만 그 수요를 늘 맞출 수는 없습니다. 공급량이 유효 수요보다 적을 경우 물건이 꼭 필요한 사람은 비싼 가격을 주고라도 살 수밖에 없습니다. 이런 경우 상품의 자연 가격은 변동이 없지만 시장 가격은 올라갑니다. 반대로 공급량이 유효 수요보다 많을 수도 있습니다. 이런 경우 생산자는 손해를 조금 보더라도 물건을 팔 수밖에 없으며 시장 가격이 자연 가격보다 더 낮아지게 됩니다. 이렇듯 물건의 공급량과 유효 수요에 따라 자연 가격과 시장 가격 사이에서 가격이 조정됩니다. 시장 가격이 자연 가격보다 높을 경우 상인들이 큰 이익을 보지만, 물건의 공급량이 유효 수요보다 많아 자연 가격보다 시장 가격이 낮아질 경우 생산자는 손해를 보게 됩니다. 생산자의 손해는 임금, 이윤, 그리고 지대의 손해로 이어집니다. 결국 시장 가격과 자연 가격이 상품 가격을 결정하고, 그에 따라 임금, 이윤, 그리고 지대도 함께 변하게 되는 것입니다. 그러나 상품 생산자는 시장 가격이 떨어지더라도 자신들의 이익을 지키기 위해서 여러 가지 방법으로(동맹이라든지) 상품의 가격을 조정하기 때문에 자연 가격보다 낮은 시장 가격은 존재하기 힘듭니다. 만약 그런 일이 생긴다면 생산자는 더 이상 상품을 만들지 않고 공장을 폐쇄할 것입니다. 또한 생산자가 손해를 보면서까지 상품을 생산하지 않는다는 것을 상인들은 너무나 잘 알고 있기 때문에 자연 가격보다 시장 가격을 낮게 설정하는 일도 없을 것입니다.

부 자 나 라 가 난 한 노 동 자

원시 시대에는 개인이 토지를 소유하지 않았기 때문에 노동자가 얻은 생산물은 모두 노동자의 몫이었습니다. 즉 노동자가 얻은 생산물을 함께 나눌 토지 소유주도 없었고 노동자를 고용한 고용주도 없었습니다. 만약 이런 상태가 계속되었다면 물건의 가격은 지금과는 많이 달랐을 것입니다. 개인이 재산을 소유하고 자본가가 돈을 축적하기 시작하면서 이런 상태는 더 이상 지속될 수 없었습니다.

❝토지가 사적 소유물이 되면서 노동자는 농사를 짓
든 공장에서 일하든 주인이 주는 월급으로 살 수밖에
없게 되었습니다. 이렇게 해서 노동의 대가인 임금이 생
겨났습니다. 이런 임금은 노동자와 주인 사이에 계약으
로 체결되는 것이 일반적입니다. 이때 노동자는 최대
한 많은 월급을 받으려 할 것이고, 고용주는 최대한 적
게 주려고 노력할 것입니다. 하지만 유리한 쪽은 고용주
입니다. 고용주는 수적으로 노동자보다 적기 때문에 단
결이나 연합을 통해 가능한 낮은 임금을 책정하려고 할
것입니다. 스미스는 이를 막기 위해 정부가 최저임금제
도를 도입해야 한다고 주장합니다.

고용주가 노동자에게 최소한의 생활을 유지하는 데
에 필요한 임금을 보장해주지 않으면 노동자는 공장이
나 농장을 옮길 것이고, 그렇게 되면 고용주 역시 또 다
른 노동자를 찾을 때까지 생산을 중단하는 등의 문제가
생길 것입니다. 경제가 좋아지면 고용주는 더 많은 돈을
주고 더 많은 노동자를 고용해야 합니다. 노동 임금의
증가는 부자 나라가 되었음을 뜻하며, 높은 노동 임금을
받는 노동자는 자신의 미래에 대한 꿈을 이루기 위해
더 열심히 일합니다. 낮은 임금으로 많은 노동자를 고용
하여 생산량을 증가시키는 것이 경제적이라고 생각하
는 고용주도 있겠지만, 이럴 경우 노동자는 자신이 대우
받는 만큼의 일만 하게 되어 결과적으로 생산품의 질과
양에도 영향을 끼치게 될 것입니다.❞

사업가가 상품을 생산하기 위해서는 땅을 사고 공장을 지어야 합니다. 이때 필요한 돈이 자본입니다. 이런 자본과 이윤에는 차이가 있는데, 자본이 증가하면 임금은 인상되지만 이윤은 낮아질 수 있습니다. 또한 여러 명의 사업가가 같은 업종에 투자하게 되면 경쟁으로 인해 물건을 싸게 팔 수밖에 없으므로 이 경우에도 이윤은 떨어집니다. 그렇다면 이윤을 내기 위해 자본을 투자한 자본가는 과연 얼마가 남아야 이윤을 남겼다고 생각할까요? 자본에 대한 이윤은 이자율을 통해 알 수 있습니다. 남의 돈을 빌려 쓰려면 이자를 지급해야 하는데 자본가는 이 이자보다 더 많은 이윤을 남겨야 투자를 할 것입니다. 결국 이자율에 따라 이윤도 달라집니다. 하지만 분명한 것은 이윤이 이자보다 많을 경우 우리는 자본에 대한 이윤을 남겼다고 할 수 있습니다. 노동 임금과 자본의 이윤이 상품 가격을 결정한다면, 임금과 이윤 중 어떤 것이 더 가격에 영향을 미칠까요? 스미스는 자본가의 높은 이윤 때문에 상품 가격이 상승한다고 말합니다. 노동 임금은 사람마다 직업마다 다르지만 이윤은 큰 차이가 없습니다. 이윤은 항상 이자와 비례하기 때문에 자본가의 이윤은 어느 사회나 국가에서도 평균을 유지하고 있습니다. 이렇게 노동 임금과 자본 이윤은 불균형을 이루며, 사회가 변하고 국가가 바뀌어도 상품 가격은 자본의 이윤에 따라 정해집니다.

상품의 가격을 결정하는 마지막 단계는 토지 사용에 대해서 지불하는 지대입니다. 임금이나 이윤과 다르게 지대는 시장 가격과 관계가 깊습니다. 자본가의 이윤은 이자율에 따라 정해지고, 노동자의 임금 또한 지불될 수밖에 없는 돈이므로 결국 지대가 상품의 자연 가격을 결정하게 됩니다. 특히 공장 생산품이 아닌 토지 생산물의 경우 지대가 자연 가격에 미치는 영향은 더 큽니다. 예를 들어 밀은 유럽 사람의 주식이기 때문에 밀을 생산하는 땅은 항상 지대가 발생합니다. 하지만 옷이나 집을 짓기 위해 필요한 재료를 공급하는 땅의 지대는 항상 발생하는 것은 아닙니다. 그러나 경제 발전과 사회 변화로 유럽의 상황이 변하기 시작했습니다. 밀의 생산 증가로 공급 과잉 현상이 나타났고, 임금과 이윤의 증가로 사람들은 사치스러운 생활을 하게 되었습니다. 사치품을 생산하기 위해 사람들은 밀밭에 공장을 짓기 시작했고, 이는 지대가 인상되는 원인이 되었습니다. 지주는 더욱 안정된 지대를 받기 위해 자신의 토지를 개량하고 경작지를 확장합니다. 식량의 공급이 중요한 시절에는 토지의 비옥도가 지대를 좌우했지만, 토지의 사용이 확대되면서 상황은 달라졌습니다. 언젠가 지금의 이 땅에 도로, 철도, 항만, 혹은 신도시가 생겨난다면 지대는 더욱 크게 변동할 것입니다. 이 모든 것을 감안할 때 사회가 발달하면 할수록 지주의 지대는 높아질 수밖에 없습니다. 노동자와 지주는 자신들이 필요한 물건을 사회에서 구입하고 소비해야 하기 때문에 임금과 지대는 사회 이익과 직결됩니다. 그러나 자본의 이윤은 사회 이익과 직결되지 않습니다. 이 자본의 이윤이 사회 이익과 직결되면 그 나라는 부자 나라가 될 수 있다고 스미스는 생각했습니다. 자본의 이윤을 사회 이익과 직결시키려면 먼저 자본의 이윤을 국가적인 제도로 정해야 합니다. 자본가는 절약해야 하고, 노동자와 지주 또한 절약을 통해 저축해야 합니다. 자본가의 이윤과 개인의 저축을 통해 얻어진 자본은 사회의 자본으로 바뀔 수 있고, 이렇게 모인 자본을 국가가 어떻게 사용하느냐에 따라 부자 나라도 될 수 있고 가난한 나라도 될 수 있습니다.

강하고 큰 나라는 한 개인의 낭비나 잘못된 행동으로 가난해질 수 없습니다. 그러나 정부의 낭비와 잘못된 정책은 부자 나라를 가난하게 만든다고 스미스는 말합니다. 국왕이나 정부가 궁전이나 교회 건축과 같은 비생산적인 일에 사람을 고용하여 많은 돈을 지출하면 정부나 국가도 가난해질 수 있다는 것입니다. 그러나 부자 나라의 백성들은 자신의 풍요뿐 아니라 사회와 국가의 풍요로움에 대한 욕망이 강하기 때문에 정부의 낭비와 행정상의 큰 오류를 그냥 두고 보지만은 않을 것이라고 스미스는 생각했습니다.

부 자 나 라 의 원 천

한 나라의 재산이 어떻게 늘어나는지 그 과정을 살펴봅시다. 먼저 살펴볼 것은 농촌과 도시가 서로에게 원료와 생산품을 공급하는 모습입니다. 농촌은 도시에 식량과 원료를 공급하고, 도시는 그 원료로 생산품을 만들어 농촌에 되돌려 줍니다. 서로에게 원료와 생산품이 공급되는 동안 도시와 농촌은 모두 이윤을 남깁니다. 농촌 사람들은 자신이 생산한 물건을 우선 소비한 다음 남는 것이 있으면 팝니다. 그런데 시장은 주로 도시에 형성되어 있습니다. 도시에서는 농촌에서 공급 받은 원료로 상품을 생산한 다음 도시뿐 아니라 농촌에 공급합니다. 문제는 과잉 생산인데, 도시의 제조업자들은 과잉으로 생산된 물건들을 소비하기 위해 무역을 생각했습니다. 해외 무역에는 시장 개척, 기상 이변, 혹은 해적과 같은 위험 요소가 항상 존재하기 때문에 국내에서 생산된 물건이 남을 때만 해외로 수출합니다. 이런 과정을 본다면 산업의 자연스러운 발전 순서는 농업, 국내 제조업, 그리고 해외 무역 순이 맞습니다. 그러나 당시 유럽의 많은 나라가 해외 무역, 국내 제조업, 그리고 농업 순으로 그 비중이 뒤바뀌어 있었습니다. 그 이유가 무엇일까요? 스미스는 그 이유를 로마제국이 멸망하면서 생긴 대지주 제도와 장자상속법에서 찾았습니다. 당시 대지의 상속은 단순한 대지의 상속만을 의미하는 것이 아니라 권력까지 상속한다고 여겨졌기에 대지주들은 왕과 같은 권력을 행사하였습니다. 대지주는 자신의 권력을 이어가기 위해 결코 토지를 개량하지 않았고, 소작인은 토지의 노예로서 농사 외에도 지주를 위해 많은 일을 해야 했기 때문에 토지를 개량할 엄두도 내지 못했습니다. 도시의 상인이나 수공업자들도 농촌의 농부처럼 노예 상태에 있었습니다. 그들은 통행세를 요구하는 농촌의 지주 때문에 쉽게 이동할 수도 없었기에 도시에서 매우 가난하게 살고 있었습니다. 반면 왕과 맞먹는 권력을 가진 농촌의 대지주를 두려워한 왕은 자신의 안전을 위해 도시에 사는 시민들에게 세금을 받는 대신 자유를 주었습니다. 이렇게 해서 자유 도시와 자유 상인이 생겨났고, 이들은 자치권을 갖고 농촌의 대지주로부터 왕을 보호했습니다. 도시가 변하자 조금이라도 여유가 있는 농촌 사람들이 도시로 이주하기 시작했고, 농촌의 대지주들은 빠르게 무너졌습니다. 농촌의 파괴는 원료 공급의 중단을 가져왔고, 도시의 생산업자들은 무역으로 이 문제를 해결하려 했습니다. 도시의 생산업자들은 농촌에서 원료를 공급 받는 것보다 제조품을 수입하는 것이 쉽다고 판단했습니다. 뿐만 아니라 그 수입품을 농촌의 원료와 교환하여 더 많은 이윤을 남겼기 때문에 도시의 제조업도 함께 발달할 수 있었습니다.

제조업이 발달하면서 도시도 함께 살아났고 이렇게 살아난 도시는 농촌의 발달을 이끌었습니다. 무엇보다 도시는 농촌을 위한 시장을 제공합니다. 다음으로 도시민들은 축적한 부로 토지를 구매합니다. 상인들은 농촌의 대지주가 되기를 원했기 때문에 농촌 개량에 돈을 아끼지 않았고 농촌 주민들에게 정치적인 자유도 주었습니다. 농민을 노예로 생각하고 소비만을 일삼던 대지주들의 상황은 자본이 도시에서 농촌으로 이동하자 완전히 달라졌습니다. 이렇듯 농촌에 일어난 변혁은 대지주와 상인이라는 두 부류의 사람들에 의해서 생겨난 것입니다. 사치와 허영 때문에 돈이 필요했던 대지주는 농민에게 장기간 자신의 땅을 임대해 자유롭게 농사를 지을 수 있게 하였고 이로 인해 농촌에 변혁이 일어날 수 있었습니다. 그리고 상인과 제조업자는 자신의 이익을 위해 대지주에게 생산품을 팔았습니다. 이것이 또 다른 의미에서의 변혁입니다. 도시의 상업과 제조업이 농촌을 개량하고 변혁시켜 유럽 사회가 변화하기 시작한 것입니다.

부자 나라가 되려면 모든 백성들이 각자 자신의 역할에 최선을 다해야 합니다. 정치가는 국민들에게 만족할 만한 소득과 생활 수단을 제공해야 하고, 백성은 세금을 잘 납부하여 공공서비스가 충분히 공급되도록 해야 합니다. 스미스는 이런 정치경제학이 국민과 국가 모두를 부유하게 할 수 있다고 생각했습니다. 그런데 스미스는 이 정치경제학을 완성하려면 중상중의가 아니라 중농주의가 실현되어야 한다고 주장합니다. 중농주의는 나라를 부유하게 만들지만 중상주의는 부자 나라를 만드는 데 아무런 도움이 되지 않는다는 것입니다. 왜일까요?

봉건 사회에서는 토지를 많이 소유한 사람이 부자였지만 중상주의 국가에서는 금은과 같은 화폐를 많이 가진 사람이 부자입니다. 그러나 스미스는 화폐가 부의 일부는 될 수 있지만 전부는 아니라고 말합니다. 화폐로는 상품을 구매하는 것 외에 아무것도 할 수 없기 때문입니다. 그렇지만 중상주의자들은 무역을 통해 오직 금은과 같은 화폐만 얻고자 했습니다. 그리고 국내에서 남아도는 물건으로 다른 나라와 무역을 하기도 했습니다. 아메리카 대륙을 시작으로 지금까지 몰랐던 지역을 알게 되면서 수출은 더욱 늘었습니다. 유럽의 모든 나라가 무역을 위한 경쟁에 뛰어들었고 조금 더 안전하게 자신들의 상품을 팔기 위해 식민지를 개척하기 시작했습니다. 이렇듯 무역을 통한 중상주의는 부자 나라가 되기에 충분한 제도로 보였습니다. 그러나 문제가 있었습니다. 중상주의의 가장 큰 목적은 완제품을 외국에 파는 것입니다. 무역을 통해 많은 이익을 남기기 위해서는 값싼 원료를 수입하여 비싼 완제품을 만들어 수출해야 합니다. 그러나 값싼 외국의 원료는 국내 원료 생산자들에게는 큰 타격이었습니다. 가격 경쟁이 심할수록 가격은 낮아지는 것이 원칙입니다. 원료의 가격은 낮아지고 완제품의 가격은 높아져 중상주의자들은 큰 이익을 얻었습니다. 그러나 그들은 원료를 제공하는 사람들의 이익에 대해서는 전혀 생각하지 않았습니다. 이렇게 중상주의는 소비가 아니라 생산에 정책 목표를 두고 있는 제도입니다. 이러한 제도 아래서 생산자는 큰 이익을 얻지만 소비자는 늘 희생됩니다. 그렇기 때문에 스미스는 중상주의는 부자 나라로 가기 위해 있어서는 안 될 제도라고 말합니다. 그리고 중상주의를 대신할 제도로 토지 생산물이 모든 나라의 소득과 부의 유일한 원천이라는 중농주의 경제학설을 주장하는 것입니다. 프랑스 의사 케네가 주창한 이 학설은 어느 나라에서도 채택된 적이 없는 가장 독창적인 학설이라고 스미스는 말합니다.

중농주의 사상은 토지와 관련된 사람을 모두 세 계급으로 분류합니다. 먼저 토지를 빌려 주고 지대를 받는 토지 소유자입니다. 다음으로 많은 자본을 투자하여 직접 농사를 지어 이윤을 남기는 농업 자본가와 농업 노동자, 즉 농부입니다. 그리고 마지막으로 수공업자, 제조업자, 상인과 같은 상공업자입니다. 중농주의 국가에서 토지 소유자와 농부는 토지로부터 직접 이익을 얻기 때문에 생산적인 계급입니다. 그러나 상공업자들은 자신과 자신의 노동자들이 생활할 정도의 이익만 남기지 새로운 가치를 창조하지는 못합니다. 그렇기 때문에 상공업자는 비생산적인 계급입니다. 자신의 생활에 필요한 것만 생산하는 상공업자가 절약하지 않으면 사회에 아무런 부와 소득을 남기지 못합니다. 그러나 중농주의 국가라고 해서 상공업자들의 역할이 중요하지 않은 건 아닙니다. 상공업자들은 토지 소유자와 농부들이 필요로 하는 물건을 만들거나 외국에서 수입해 들여와 팔기 때문에 간접적으로 농부의 생산량을 증가시키는 역할을 합니다. 토지 소유자와 농부가 생산한 물건이 없으면 상공업자는 살아갈 수 없습니다. 생산적 계급에서 생산된 물건은 비

국가를 요리하는 법 · 애덤 스미스 〈국부론〉

생산적 계급인 상공업자에 의해서 처리됩니다. 이렇게 이들은 완전한 독립 상태로 서로의 발전에 도움을 줍니다. 이런 자유로운 활동으로 토지 소유자와 농부는 토지 생산량을 증가시키고, 생산량의 증가는 곧 상공업자들의 고용으로 이어집니다.

중농주의 정책이 제대로 실현되기 위해서는 국가가 관세를 낮추고 외국과의 무역을 장려해야 합니다. 그렇지 않으면 수입하는 상품의 가격이 상승하여 국내 기업의 수입원자재 가격도 상승하게 되고 이는 곧 물가를 불안정하게 만드는 요인이 됩니다. 또한 토지에서 생산되는 상품을 상공업자들이 독점하여 판다면 상공업자들의 이익만 늘어날 수 있습니다. 이익이 있는 곳에는 사람이 모이는 법, 자연스럽게 농부는 감소하고 상공업자는 늘어날 것입니다. 중농주의 국가의 원천은 농업 생산량인데 농부가 감소하고 상공업자만 늘어난다면 부자 나라와 멀어질 수밖에 없습니다. 그렇기 때문에 스미스는 국가가 통제를 풀어야 한다고 주장합니다. 이와 같은 스미스의 주장은 자칫 중상주의는 나쁜 것이고 중농주의만 좋다는 이야기로 들릴 수 있습니다. 그러나 스미스가 진정 주장하고 싶었던 것은 국부는 금은과 같은 화폐만으로 구성되는 것이 아니라 그 사회의 노동에 의해서 매년 재생산이 가능한 재화로 구성되어 있다는 사실입니다. 스미스는 토지 생산물의 유일한 원천인 토지를 중요하게 생각하는 중농주의야말로 연간 총생산량을 주도하는 국부의 원천이라고 생각한 것입니다.

국 가 의 의 무 란 무 엇 인 가

　중상주의의 문제점은 수입 제한과 수출 장려에 있습니다. 중상주의
는 겉으로는 국가의 부를 창출하는 것처럼 보이지만, 실제는 분업 구조
를 파괴하는 원인이 됩니다. 진정한 부자 나라를 만들기 위해서 정부는
개인에게 경제를 맡겨야 한다고 스미스는 말합니다. 국가에서 수입 제
한 조치를 철폐하면 개인 투자가들은 자신의 자본으로 최대의 가치를
창출하고 최고의 이윤을 낼 수 있는 곳에 투자할 것입니다. 개인은 사회
의 이익이나 이윤에 대해서는 전혀 생각하지 않고 자신의 자본으로 최
대의 이윤을 남기기 위해서 노력하지만, 그것이 때로 예기치 않은 결과
를 가져오기도 합니다. 즉 투자자가 의도하지 않았던 사회적인 이윤이
나 이익이 창출되는 것입니다. 스미스는 그것이 '보이지 않는 손'에 이
끌리기 때문에 가능하다고 말합니다. 개인은 자신의 이익을 위해서 어
디에 투자해야 할지 누구보다 잘 알기 때문에 국가나 정치가가 개인의
투자까지 관여할 필요는 없습니다. 개인은 자신의 이익을 위해 최선을
다해 국내 산업에 투자하고, 가장 많은 상품을 생산하기 위해 노동자를
활용할 것입니다. 이런 개인의 노력은 공공의 이익이나 사회의 이익을
위한 것도 아니고, 스스로가 사회에 얼마나 기여했는지도 알지 못합니
다. 개인은 해외 산업보다 국내 산업의 지원을 선호하며 오직 자신의 안
전만을 생각할 뿐입니다. 이렇듯 개인은 공공의 이익이 아니라 오직 자
신의 이익과 이윤만을 추구하겠다는 이기적인 생각뿐입니다. 스미스는
공공복지를 위해 일한다거나 자선 사업을 한다는 사업가들도 믿지 않

습니다. 그들 역시 자신들의 이익만을 추구할 뿐입니다. 이런 이기적인 생각을 가진 개개인의 보이지 않는 손에 이끌려 한 나라의 부는 전혀 의도하지 않았던 목적에 이르게 됩니다. 그러나 스미스는 보이지 않는 손에 모든 걸 맡겨야 한다고 이야기하지 않습니다. 스미스는 국가 경제를 전적으로 시장에만 맡길 것이 아니라 국가가 사회보장제도와 같은 기본적인 개인의 복지와 복리를 책임짐으로써 개인 사업가의 지나친 이기심을 막고, 국방, 사법, 공공사업 등을 철저하게 관리함으로써 개인 사업가가 안심하고 투자할 수 있는 환경을 만들어야 한다고 주장했습니다. 그랬을 때 보이지 않는 손이라는 이기심이 시장의 활성화를 이끌 수 있다고 본 것입니다.

스미스는 부자 나라를 위한 마지막 단계로 왕 또는 국가가 지불해야 할 경비와 그 조달 방법에 대해서 설명합니다. 왕의 가장 큰 의무는 다른 나라의 침략이나 폭력으로부터 국가를 보호하는 것입니다. 이를 위해서 가장 필요한 것은 군사력으로 군사비의 지출은 사회 상황이나 발전 단계에 따라 큰 차이를 보입니다. 수렵 생활을 하는 북아메리카 원주민처럼 평화 시에는 사냥을 하고 전쟁이 발발하면 다 함께 군인이 되어 나라를 지키는 경우에는 전쟁에 필요한 경비를 국가가 지출할 필요가 없으나, 왕이 존재하는 국가인 타타르나 아라비아처럼 평화 시에는 유목 생활을 하다가 전쟁이 나면 모두가 전사로 변하는 경우 왕은 전쟁 경비를 지출하는 대신 약탈을 허락하기도 합니다. 농경 사회에서 농부들은 농사 기술을 활용하여 전쟁터에서 탁월한 솜씨로 참호나 진지를 구축했습니다. 산업 사회로 넘어오면서 전쟁 무기가 발달하고 전쟁 방법도 많이 달라졌습니다. 그전까지 농부의 고민은 전쟁이 파종기에 시작하여 추수기에 끝난다는 보장이 없다는 것이었습니다. 다른 직업을 가진 사람도 마찬가지입니다. 생업을 책임지는 가장이 참전하면 가족의 생계를 책임질 사람이 없었으므로 왕이나 국가는 이들에게 보상을 할 수밖에 없었습니다. 다행스러운 것은 산업의 발달로 전문성을 요구하는 분업이 생겨났고 이것이 모든 분야로 퍼져 나가 전문적인 직업 군인이 등장하게 된 것입니다. 군대는 다른 직업을 가진 백성들에게 군사 훈련을 받게 한 뒤 조직된 민병대와 처음부터 직업군인으로 키워진 상비대, 이렇게 두 종류가 있습니다. 왕이나 국가는 민병대보다는 상비대를 많이 양성하여 국가를 지켜야 하는데 이는 국가의 첫 번째 의무가 나라를 지키는 것이기 때문입니다. 외부의 침략에 대한 불안이 없는 시민들은 자유롭게 국가 경제를 발전시켜 부자 나라를 만드는 데 기여할 것입니다.

왕이나 국가의 두 번째 의무는 사회의 모든 구성원을 불의나 억압으로부터 보호하는 것, 즉 사법에 관한 의무입니다. 엄정한 재판을 통해 백성을 보호하는 사법권에 대한 경비 지출도 나라마다 혹은 사회마다 다르게 나타납니다. 수렵 생활을 하는 민족이라면 재산의 개념이 없기 때문에 재판관이나 공식적인 재판의 필요성을 느끼지 못할 것입니다. 재산이 없는 사람이 받을 불이익이란 그 자신의 신체나 명예와 관련된 것이기 때문입니다. 산업 사회의 발달로 불평등은 늘어났고, 한 명의 부자 아래 많은 가난한 사람들의 생계가 좌우되기 시작했습니다. 사법권은 부자들이 자신의 재산을 보호하기 위해 만든 것으로 사법권이 생기자 사법권에 대한 경비가 문제 되었습니다. 시민사회 초기에는 재판에서 진 사람이 재판에 쓰인 모든 경비와 벌금을 지불해야 했고 이런 재판은 왕과 재판관에게는 큰 수입원이었습니다. 그러나 시민사회가 형성되면서 국방비와 같은 많은 세금을 내기 시작한 시민들에게는 재판 때마다 지불하는 돈이 큰 부담이 되었고 결국 국가가 세금으로 재판관에게 임금을 지급하게 되었습니다. 이렇듯 시민의 세금과 국가재정으로 움직이게 된 사법부는 독립 기관으로 바뀌었고, 왕이 국가를 지키는 것은 하나의 의무가 되었습니다.

　왕 또는 국가의 세 번째 의무는 공공사업과 공공시설을 확충하고 유지하는 것입니다. 도로, 다리, 운하, 항구와 같은 대규모 사업들은 초기 투자비용은 많이 들지만 보수 관리 비용은 공공시설 이용자로부터 이용료를 받으므로 따로 세금을 책정하지 않아도 됩니다. 이런 사업은 장기적인 안목을 가지고 투자하면 수송비의 절감 등 긍정적 효과와 물가 안정이라는 효과까지 기대할 수 있습니다. 물가 안정 역시 국가가 책임져야 할 당연한 의무 중에 하나이기 때문입니다. 또 하나 공공사업에서 빼놓을 수 없는 것이 바로 교육 기관입니다. 교육 기관은 수업료로 충분히 운영이 가능하지만 당시에는 대부분의 교육 기관이 기부금으로 운영되었기 때문에 시민들에게는 세금의 부담이 없었습니다. 그러나 국가가 교육의 질을 생각한다면 교육 기관을 공공사업으로 생각하고 투자해야 하며 수업료나 기부금을 낼 수 없는 서민을 위해서는 의무 교육을 실시해야 한다고 스미스는 말합니다. 교육 기관에 대한 투자는 반드시 왕과 국가의 의무가 되어야 한다고 스미스는 강조합니다.

마지막으로 국가는 왕이 자신의 의무를 수행하고 스스로의 존엄성을 유지할 수 있도록 약간의 비용을 필요로 합니다. 이 비용 역시 사회마다 국가마다 다르게 책정됩니다. 대부분의 사람들이 주택, 가구, 의복 등을 구입하는 데 돈을 쓰는 것처럼 왕 역시 자신의 존엄성을 유지하고 백성들에 대한 자신의 의무를 다하기 위해 다양한 경비를 지출하게 되는 것입니다.

이제 잠시 스미스가 《국부론》을 쓴 배경이 된 영국 역사 속으로 들어가 봅시다. 영국 역사에서 빼놓을 수 없는 사건이 청교도혁명과 명예혁명이라는 두 번의 혁명입니다. 1642년부터 시작된 청교도혁명은 크롬웰 장군이 등장하면서 시민들의 승리로 끝납니다. 이때 시민군에 의해 처형된 찰스 1세와 국외로 추방된 아들 찰스 2세의 뒤를 이어 찰스 1세의 또 다른 아들 제임스 2세가 왕위에 오릅니다. 제임스 2세는 아버지의 명예를 회복하기 위해 노력했지만, 결국 명예혁명으로 자신도 왕위에서 물러납니다. 그리고 제임스 2세의 딸 메리와 그녀의 남편인 네덜란드의 윌리엄공이 메리 2세와 윌리엄 3세로 왕위에 오르지만 두 사람 사이에는 왕위를 이을 자식이 없었기 때문에 메리의 동생인 앤이 뒤를 이어 영국의 여왕으로 즉위하게 됩니다. 앤 여왕은 다섯 명의 자녀를 두었지만 다섯 명 모두 앤보다 오래 살지 못했습니다. 결국 왕위 계승의 문제점을 해결하기 위해 영국 의회는 왕위계승법을 통과시켰습니다.

1694년 메리 2세가 죽고 1700년 윌리엄 3세도 죽습니다. 같은 해 앤의 마지막 아들마저 죽자 제임스 2세의 추종 세력들은 제임스 2세의 아들을 영국 왕으로 즉위시키려 했고 이 움직임은 프랑스를 중심으로 국외에서 활기를 띠기 시작합니다. 위기를 느낀 영국 의회는 1701년 앤의 뒤를 이을 후계자에 대한 법률을 시급하게 통과시켰습니다. 이 법은 제임스 1세의 손녀인 소피아의 자식이면서 프로테스탄트에게 영국의 왕위가 계승되도록 하고 있습니다. 이 법에 따라 1714년 하노버 선제후였던 조지 1세가 영국의 왕이 되었습니다. 조지 1세는 자신은 정치에 참여하지 않고 국정의 대부분을 영국 의회에 위임하였습니다. 이것이 오늘날 영국의 정치 형태인 왕은 있지만 나라의 정치에는 전혀 관여하지 않는 입헌군주제의 시작입니다. 조지 1세가 독일에서 자라 영어에 능통하지 못했기 때문에 그랬다는 주장도 있지만, 조지 1세 이후 영국 입헌군주제의 기틀이 마련된 것은 분명합니다.

이렇게 조지 1세가 입헌군주제의 기틀을 잡기 시작할 무렵 영국이 낳은 유명한 경제학자 스미스가 태어납니다. 스미스가 《국부론》을 발표한 시기는 영국이 오랜 역사 속에서 경쟁 관계였던 프랑스와 1756년부터 7년이라는 기간 동안 치른 이른바 7년 전쟁에서 패하고 많은 식민지를 잃으면서 경제가 위기에 빠졌을 때입니다. 오스트리아 왕위 계승 전쟁으로 프로이센에 빼앗긴 땅을 되찾기 위해 오스트리아는 프로이센과 전쟁을 벌입니다. 이때 프랑스, 스웨덴, 그리고 러시아가 오스트리아를 돕기 위해 동맹을 맺었고, 영국과 하노버 공화국이 프로이센을 도왔습니다. 영국과 프랑스의 전쟁은 식민지였던 북아메리카와 인도에까지 확대됩니다. 영국 절대왕권의 부활을 꿈꾸며 전쟁에 참여한 조지 3세가 패하면서 영국은 많은 식민지를 잃고 큰 피해를 입습니다. 당시 스미스는 열여덟 살이던 버클루 공작과 1764년부터 3년 동안 프랑스와 스위스 등 유럽 견문 여행을 떠났고, 이 여행에서 볼테르, 케네 등과 교류하게 됩니다. 여행에서 돌아온 스미스는 1773년까지 고향인 커콜디에서 어머니와 함께 머물면서 《국부론》을 완성합니다. 스미스의 《국부론》이 영국을 부자 나라로 만드는 데 얼마나 많은 도움이 되었는지는 알 수 없습니다. 하지만 그의 생각과 주장은 당시 영국의 정치가들과 서민들에게 많은 영향을 미쳤으며, 오늘날까지 그 영향은 이어지고 있습니다.

부자 나라! 그것은 모든 나라, 모든 국민들이 바라는 것입니다. 스미스는 부자 나라를 만들기 위해서 정부, 즉 정치가가 할 일과 개인이 할 일을 분명하게 정하고 있습니다. 분명한 것은 이기적인 개인이 지금보다 더 나은 자신들의 삶을 위해 열심히 일하면 '보이지 않는 손'에 이끌려 지금보다 더 나은 나라가 된다는 것입니다. 여기에 정부가 다양한 제도와 법 규정으로 개인의 이기적인 활동을 충분히 보장해 줄 때 부자 나라는 가능하다고 했습니다.

부자 나라를 만들기 위해서 스미스는 무엇보다 국가의 의무인 공공사업과 공공시설의 중요성을 강조했습니다. 그러나 사업을 벌이기 전 타당성과 필요성을 신중히 고려하고 결정하는 일은 더욱 중요하다고 말했습니다. 공공사업에 대한 판단은 국가를 이끄는 한 사람이 결정해서도 안 되고 합법적인 절차로 이미 결정된 것을 번복해서도 안 된다는 말입니다. 지금 대한민국이 고민하고 있는 수많은 문제들에, 스미스라면 어떤 결론을 내렸을까요?

국가를 요리하는 법 · 애덤 스미스 《국부론》

도덕이란 무엇인가

칸트 《도덕형이상학 원론》

Grundlegung zur Metaphysik der Sitten (1785)

실 천 이 냐 이 론 이 냐 , 경 험 이 냐 이 성 이 냐

　　전 철학사를 통틀어 칸트Immanuel Kant, 1724~1804만큼 수식어가 많은 철학자도 없을 것입니다. 태어나 한 번도 고향을 벗어난 적이 없는 사람, 항상 같은 시간에 산책을 했던 사람, 늘 정해진 계획표 안에서 살았던 사람, 가난 때문에 늘 친구 옷을 빌려 입고 다녔던 사람, 가족을 먹여 살릴 자신이 없어 장가를 가지 못한 마음 약한 사람,《순수이성비판》이라는 불후의 명작을 남긴 사람, 독일어로 독일철학을 했던 최초의 철학자, 조문객이 너무 많아 16일 동안 장례를 치르지 못했던 철학자……

　　칸트는 1724년, 지금은 폴란드지만 당시는 독일제국의 일부였던 프로이센의 쾨니히스베르크에서 태어났습니다. 칸트의 아버지는 말에 관련된 장구와 장비를 만드는 장인이었습니다. 당시 독일에는 개신교의 한 종파였던 경건주의가 팽배했는데, 칸트의 어머니 역시 경건주의 신봉자였습니다. 칸트는 집안 형편 때문에 아버지의 뒤를 이어 마구상이 되어야 했지만 그의 재능을 알아본 주변 사람들의 도움으로 김나지움을 거쳐 쾨니히스베르크대학에 입학할 수 있었습니다. 대학에서 다른 학생들과 마찬가지로 파이프 담배와 술을 즐기고 당구와 카드 놀이에 빠지기도 했던 칸트가 철학을 전공하기 전 무엇을 공부했는지는 분명하지 않습니다. 다만 입학하면서 받은 학생 수첩에 자신이 수강한 과목과 전공이 기록되어 있는데, 이 수첩에 따르면 법학, 의학, 신학 등을 공부한 것으로 보입니다. 그 외에도 칸트는 독일 최초의 언어학자가 되기 위해 유학도 계획하였고, 칸티우스Cantius라는 라틴어 이름도 갖고 있었습니다. 그러나 가난 탓인지 아니면 철학이 좋아서였는지 네덜란드로 떠나려던 계획은 포기하였습니다. 네덜란드로 먼저 떠났던 한 친구는 칸트에게 "꽃이 만발한 들판과 같은 인문학 분야에서 황량한 초원과도 같은 철학으로 돌아서는 배신자"라는 내용의 편지를 보내기도 했습니다. 그때나 지금이나 철학이 홀대 받기는 마찬가지였나 봅니다. 대학을 졸업한 칸트는 시간강사, 가정교사, 도서관 사서 등을 지내면서 생계를 유지했습니다. 이 시절 세 번 정도 결혼할 기회가 있었지만, 가족을 먹여 살릴 자신이 없다고 판단한 칸트는 많은 고민 끝에 독신으로 살기로 마음을 먹습니다. 칸트의 가난한 삶은 1770년 쾨니히스베르크대학의 정교수로 초빙되면서 어느 정도 나아졌습니다. 이전에도 에어랑엔과 예나에서 칸트를 정교수로 초빙하였지만, 허약한 체질 탓에 고향을 떠나는 것이 걱정스러웠던 칸트는 모두 거절하였습니다. 칸트는 정교수로 초빙된 지 11년만인 1781년 그 유명한 《순수이성비판》을 출판합니다. 이후 그의 명성은 오늘날까지 이어지고 있지만 그의 삶이 항상 순탄한 것만은 아니었습니다.

1786년 9월 프로이센의 왕으로 프리드리히 빌헬름 2세가 즉위합니다. 당시 유럽은 계몽 시대의 꿈과 낭만에 젖어 있었고, 많은 학자들은 자유, 평등, 종교, 과학 등에 관한 저술 활동에 관심을 갖고 있었습니다. 그러나 프로이센 왕은 이런 개혁론자들에게 종교 칙령을 발표하고 검열을 강화하였습니다. 1786년과 1788년 두 번에 걸쳐 쾨니히스베르크 대학의 총장이 된 칸트는 취임식이 있던 날을 제외하고는 교회 근방에도 가지 않았습니다. 그러나 이런 칸트도 평화, 종교, 그리고 과학적인 저술 활동에 관심을 갖고 있었고, 검열로부터 자유로울 수 없었습니다. 결국 1794년에 견책 처분을 받은 칸트는 노쇠한 이유도 있었지만 모든 것을 책임지고 마지막 강의를 한 후 대학에서 은퇴하였습니다. 그리고 1804년 세상을 떠날 때까지 자유롭게 저술 활동을 하였으며 많은 사람들과 교제하였습니다.

늘 가난 때문에 떠돌아다니던 칸트는 쾨니히스베르크대학의 정교수로 초빙된 후 1783년의 끝 무렵, 시내 한복판이지만 너무나 조용한 2층 집에 거처를 마련하였습니다. 이곳에서 안정된 생활을 하게 된 칸트는 편안히 저술 활동을 할 수 있게 되었고, 새 집을 마련한 지 1년이 조금 지난 1785년 4월, 《도덕형이상학 원론》을 발표합니다. 《도덕형이상학 원론》을 발표하기 전 칸트는 1년 사이에 종교, 과학, 계몽, 역사 등에 관한 저서를 잇달아 발표하였습니다. 특히 이 책은 《순수이성비판》과 《실천이성비판》 사이에 출판된 점이 주목할 만합니다. 도덕은 과연 이론입니까, 아니면 실천입니까? 《도덕형이상학 원론》은 실천을 위한 책일까요, 아니면 이론서일까요?

먼저 윤리란 무엇인가에 대해 이야기해봅시다. 윤리란 사회적인 미풍양속을 가늠하는 도덕의 본질, 원리, 기원, 혹은 발달에 관해 전체적으로 구명하는 학문, 특히 철학의 한 분야이며, 도덕이란 덕과 악덕의 구별을 배우는 것입니다. 우리는 예의범절, 훌륭한 성품, 친절, 의리 등에 대해 배우며 이는 곧 사회적인 가치나 원칙으로 좋은 사회를 유지하기 위해 장려되기도 합니다. 반면 나쁜 풍습이나 악덕은 비난을 받습니다. 문제는 좋은 사회를 위해 지나치게 높은 도덕적인 기준을 정함으로써 사람들의 실제 행동이 사회적 기준에 못 미치는 경우입니다. 그렇다면 형이상학이란 무엇일까요? 형이상학은 고대 그리스 철학자들이 사용한 말로 철학의 가장 기본적인 개념입니다. 그들은 우리가 보는 대상을 두 가지로 나누었습니다. 하나는 감각할 수 있는 실재 세계의 대상이며, 다른 하나는 추상적인 실재인 정신 속의 대상입니다. 바로 이 추상적인 실재를 '형상'이라고 부릅니다. 추상적인 대상 혹은 형상은 관념으로 나타나는데, 예를 들어 우리가 '책상'이란 말을 들었을 때 우리의 머릿속에 그려지는 책상의 모습이 바로 관념입니다. 바로 이런 형상과 관념을 이해하려는 것이 형이상학입니다. 그렇다면 도덕형이상학은 인간의 예의범절, 성품, 친절과 같이 보이지 않는 것을 좀 더 구체적으로 실천하기 위해서 하나의 법칙이나 원칙, 즉 이론을 만들어 내는 것이라고 할 수 있습니다. 칸트는 《도덕형이상학 원론》에서 바로 이런 작업을 하였습니다. 실천이 없다면 도덕은 아무 의미가 없습니다. 즉 예의범절이나 인간의 성품이 실천으로 이어지지 않는다면 아무런 의미가 없을 것입니다. 그러나 이론 없이 실천이 가능할까요? 칸트는 도덕적인 실천을 위해 이론이 먼저 있어야 한다고 생각했습니다. 그렇게 해서 나온 책이 바로 《도덕형이상학 원론》입니다. 그럼 칸트가 원하고 바랐던 도덕적 실천을 위한 이론은 어떤 것이었을까요?

고대 그리스 철학자들은 철학을 자연학, 윤리학, 그리고 논리학 이렇게 셋으로 나누었습니다. 인간은 이성을 통해 사물을 인식하게 되는데 이때 우리는 사물에 '내용적인 것'과 '형식적인 것'이 있다고 생각합니다. 산업이 분업을 통해 발전하듯이 철학도 발전하면서 여러 학문으로 나누어졌습니다. 형식적인 철학은 인간의 생각이 중심인 논리학으로 발전하였고, 내용적인 철학은 사물이 갖고 있는 법칙에 따라 자연의 법칙과 자유의 법칙으로 나누어진 뒤 다시 자연의 법칙에 따른 철학은 자연학 혹은 물리학으로, 자유의 법칙에 따른 철학은 윤리학으로 발전하였습니다. 칸트는 《도덕형이상학 원론》에서 윤리학의 발전에 대해 설명하고 있습니다. 자연학이 경험적인 부분과 이성적인 부분으로 나뉘어 발달했듯이 윤리학도 경험적인 부분은 '실천적 인간학'으로, 이성적인 부분은 '도덕학'으로 나뉘어 발전하였습니다.

학문의 발전은 경험일까요, 아니면 이성일까요? 이론적인 원리를 먼저 만든 다음 확실하고 분명한 법칙을 만들었을까요, 아니면 분명하고도 확실한 법칙을 만든 후 이론적인 원리를 바탕으로 한 학문이 만들어졌을까요? 전자라면, 학문에도 경험적인 부분 앞에 이성적인 부분을 놓아야 할 것입니다. 이것이 도덕학 혹은 도덕철학의 이론적인 원리, 즉 도덕형이상학이 실질적인 규칙이나 법칙을 논의하는 실천적 인간학보다 먼저 논의되어야 하는 이유입니다. 즉 칸트는 도덕형이상학을 저술하기 전에 먼저 도덕형이상학의 이론을 제시하기 위해서 이 책을 발표한 것입니다. 1797년에 발표한《도덕형이상학》에서 칸트는 실질적으로 인간 세상에 필요한 원칙이나 규범에 관한 실천적인 도덕철학을 다루지만,《도덕형이상학 원론》에서는 경험과는 전혀 관계없이 철저히 이론적인 원리만을 다루고 있습니다.

보 통 의 인 간 이 면 할 수 있 는 일

예의범절을 익히고 예절을 지키는 등 우리가 도덕을 행하는 이유는 무엇입니까? 칸트는 우리에게 묻습니다. 도덕적인 행동은 의무입니까, 아니면 선택입니까? 칸트는 인간이라면 '그럴 수밖에 없기' 때문에 도덕적인 행위를 한다고 말합니다. 왜 인간은 도덕적인 행위를 의무적으로밖에 할 수 없는 것일까요? 그것은 바로 인간이 선을 행하려는 의지를 갖고 있기 때문입니다. 이것을 칸트는 '선의지'라고 부릅니다. 인간이 살고 있는 세상에서 그 자체만으로 가장 선하다고 말할 수 있는 것은 선을 행하려는 의지인 선의지뿐입니다. 이 선의지는 그 자체로 선할 뿐 아니라 인간의 성질을 바람직하게 사용할 수 있도록 긍정적으로 작용합니다.

인간에게는 지성, 기지, 판단력과 같은 정신적인 재능과 단호함, 끈기, 초지일관과 같은 기질 등 여러 가지 성질이 있습니다. 만약 이런 인간의 타고난 성질을 사용하려는 의지가 선하지 않다면, 인간의 정신적인 재능이나 기질은 극단적인 악으로 변할 것입니다. 선의지는 '내적 가치의 일부로 인간의 흥분과 열정을 억제하고 자제시키며 냉철하게 판단할 수 있도록 도와줍니다. 그러나 이런 이유만으로 선의지를 좋다고 할 수는 없습니다. 선의지는 어떤 목적을 실현하거나 성취하기 때문이 아니라 단지 '~을 하려고 한다'는 의지 그 자체로 좋은 것입니다.

칸트는 선의지를 설명하면서 선의지에는 세 가지 명제가 필요하다고 말합니다. 첫 번째 명제는 명령입니다. 그 자체로 선한 의지, 즉 선의지에 따라 도덕적인 행동을 하는 것을 칸트는 의무라고 생각합니다. 예를 들어 물건의 정찰 판매를 생각해봅시다. 상인들이 정찰 판매를 하는 것은 그것이 법으로 정해진 때문이기도 하지만 같은 물건을 늘 같은 가격으로 파는 것이 고객에게 신뢰를 줄 수 있어 꾸준히 고객을 끌 수 있기 때문이기도 합니다. 따라서 상인에게 정찰 판매는 '의무이기도 하고' 이익도 뒤따르는 일입니다. 그렇다면 선의지는 어떨까요? 선의지는 상인의 정찰 판매와는 다르게 '의무이기 때문에' 그 자체로 좋은 것입니다. 의무이기 때문에 선의지는 명령으로 주어져야 한다고 칸트는 생각했습니다. 선의지가 명령으로 주어진다면 사람들은 지키려고 노력이라도 할 것입니다. 칸트는 의무가 아닌 동정심으로 자선을 베푸는 사람들에 대해서도 이야기합니다. 남에게 자선을 베풀며 스스로 만족감을 느끼는 동정심 또한 개인의 욕구 충족이나 명예 등을 전제로 한 것이기 때문에 도덕적일 수 없다고 칸트는 말합니다. 인간은 누구나 자신의 행복을 위해 의무를 어기고 싶은 유혹에 빠집니다. 그러나 무엇과도 비교할 수 없는 가장 높은 도덕적 가치는 '의무이기 때문에' 행하는 선한 행동이나 자선과 같은 아주 작은 실천이라고 칸트는 말합니다. 이런 인간의 행동은 감정에 의존하지 않는 가장 실천적인 사랑이며 칸트는 이러한 '의무이기 때문에' 행하는 실천적인 사랑을 명령으로 강제해야 한다고 주장합니다.

두 번째 선의지의 명제는 바로 선의지를 가지려는 동기입니다. 사람이 어떤 행동을 하는 것은 그 행동에 따른 결과를 기대하거나 아니면 행동을 하게 하는 그 동기 자체에 의미를 두기 때문입니다. 선의지는 무엇을 얻으려는 목적이 아니라, 무엇을 하고자 하는 동기 혹은 의도 그 자체입니다. 따라서 선의지는 '하려고 한다'는 동기의 원칙에 중요성을 두는 것이라고 칸트는 말합니다. 마지막으로 세 번째 선의지의 명제는 선의지에 대한 존경심입니다. 만약 우리가 존경할 만한 성향을 가진 누군가를 좋아하고 존경심을 갖는다면 그것은 그 사람에 대한 것이 아닌 그 사람의 의지에 영향을 행사하여 선의지를 행하게 만든 '명제'에 대한 존경심이며, 설혹 우리가 인간 행위에 대한 모든 성향을 버린다고 해도 그 명제를 따르고 실천하겠다는 법칙에 대한 존경심은 남아 있습니다. 일반적으로 인간의 의지에서 생길 수 있는 충동을 제거하면 인간의 행위는 대부분 이 법칙에 맞습니다. 이를 칸트는 '행위 일반의 보편적 합법칙성'이라고 부릅니다. 이 합법칙성은 평범한 모든 사람의 이성에 주어져 있기 때문에 도덕적 판단과 완전히 일치하는 선의지의 원칙이 됩니다. 하지만 도덕적 행위는 이론이 아니라 실천입니다. 칸트는 자신이 만든 이론이 반드시 옳거나 다른 사람의 이론보다 뛰어나다는 보장은 없지만, 분명한 것은 이성의 발달 여부와 관계없이 모든 사람들이 선의지를 실천하고자 하는 마음을 갖고 있다고 말합니다.

❝인간이라면 가지고 있는 보편적인 도덕적 이성은 인간으로 하여금 선의지의 명제나 법칙에 대해 구체적으로 생각하게 하거나 행동을 하는 데 크게 영향을 주는 것처럼 보이지 않습니다. 그러나 우리 인간은 늘 도덕적 이성을 염두에 두고 스스로 한 행동의 평가 기준으로 삼습니다. 인간의 이성이 선의지의 명제라는 나침반을 들고, 무엇이 선이며 악인지 그리고 무엇이 의무에 맞고 어긋나는지 구별하는 일은 결코 어렵지 않습니다. 선하고 정직한 사람이 되기 위해서, 현명하고 덕이 있는 사람이 되기 위해서, 평범한 인간의 이성은 우리가 무엇을 해야 하는지 이미 너무나 잘 알고 있습니다.❞

맨 꼭 대 기 에 있 는 법 칙

인간이 가진 선한 의지가 발현되려면 명령으로 강제해야 한다고 칸트는 말합니다. 자연이 자연의 법칙에 따라 움직이듯이 선의지를 명령으로 법칙화하면 사람들도 이 법칙에 따라 움직일 것이라고 칸트는 믿었습니다. 그러면 비로소 도덕형이상학이 완전해지고 도덕이 이론화되어 그 이론에 따라 사람들이 실천적인 행위를 할 수 있게 될 것입니다. 그렇다면 어떤 명령으로 선의지를 행하도록 해야 좋은 결과가 나올까요? 칸트는 도덕의 실천적 행위를 이끌어 내는 이성을 '실천적 이성'이라고 부릅니다. 인간에게 있어서 이성의 의지는 '그렇게 할 수밖에 없을' 때 생기며 선의지를 실천하기 위해서는 이성의 명령이 필요하다는 것입니다. 바로 여기서 이성의 명령이 나타나는데, 이성의 명령에는 가언적 혹은 조건적인 명령과 정언적 혹은 무조건적인 명령이 있습니다. 무조건적인 정언명령은 가언명령과는 다르게 객관적이고 필연적인 명령이며 이성의 명령은 '해야만 한다'이기 때문에 조건적인 명령이 아닌 무조건적인 명령, 즉 정언명령입니다. 그 자체로 선하고 스스로 이성에 따르며 동기 그 자체에 의미를 두는 인간의 행동은 결과가 조건이 될 수 없기 때문에 무조건적인 것입니다. 따라서 결과가 아니라 지금 해야만 하는 동기가 중요한 정언적 명령법은 칸트가 원하는 이성 명령법이 될 수 있습니다.

칸트는 선의지를 위한 명령법인 정언명령에는 세 가지 준칙이 있다고 말합니다. 첫 번째 정언명령의 준칙은, "명령은 보편적 법칙에 따라 정해지고 사람들은 그 법칙에 따라 행동한다"입니다. 두 번째는 "인간이 해야 할 행동의 보편적 법칙에 의무를 부여하자"입니다. 인간의 행동에 의무를 부여하면 그릇된 행동이나 관심을 포기할 수 있기 때문입니다. 정언명령의 세 번째 준칙은 "준엄성과 자율성의 문제"입니다. 모든 법칙은 또 다른 법칙을 낳고, 준칙 또한 마찬가지입니다. 인간의 행동은 여러 가지 법칙과 준칙에 묶여 있습니다. 그러나 가장 꼭대기에 있는 법칙이나 준칙은 어떨까요? 아마도 모든 법칙이나 준칙의 보편적인 원칙이 되는 그들은 아무런 법칙이나 준칙에도 얽매이지 않을 것입니다. 칸트는 정언명령의 도덕적 원칙을 가장 보편적인 법칙으로서 맨 꼭대기에 두고자 합니다. 이러한 정언명령의 도덕적 법칙을 지키기 위해서 인간은 존엄성과 자율성을 보장 받아야 합니다.

인간의 의지는 절대로 악할 수 없다고 칸트는 말합니다. 그리고 그 의지의 보편적인 법칙에 따라 정언명령의 세 가지 준칙을 만들었습니다. 이 세 가지 준칙은 무조건적인 정언명령에서 나온 것이기 때문에 절대로 선하다고 칸트는 말합니다. 그러나 이성을 가진 인간은 자신의 의지로, 자신이 목적한 것을 얻기 위해 행동합니다. 여기서 정언명령은 무엇을 할 수 있을까요? 정언명령은 '할 수밖에 없는 것'입니다. 인간이 자신을 위해서 무언가를 '하려고 할' 때 정언명령은 명령을 내려야 합니다. 하지만 정언명령의 준칙에는 자율성이 있다고 했습니다. 이 자율성은 인간이 무엇인가를 하려고 할 때 명령을 내리지 못하고 뒤에서 쳐다보고만 있습니다. 어떻게 하면 정언명령이 적극적으로 인간의 행위에 개입하여 '할 수밖에 없는 것'을 강제할 수 있을까요? 여기서 칸트는 인과법칙을 끌어들입니다. 이 세상 모든 법칙에는 원인과 결과라는 인과성이 존재합니다. 인간에게 의지가 있다면 이 의지가 생겨난 원인은 무엇일까요? 그것은 바로 자유입니다. 즉 칸트는 자유라는 원인이 의지라는 결과를 낳았고 이 자유로운 의지는 어떤 법칙에 따라 움직인다고 말합니다. 이제 자유와 이성을 가진 인간은 남의 도움 없이 스스로 판단하고 스스로 원칙을 정하고 행합니다. 이렇게 해서 자유는 인간의 또 다른 속성이 됩니다.

정언명령의 가능성을 설명하기 위해서 칸트는 자유와 의지에 이어 도덕성과 관심에 대해 이야기합니다. 인간은 왜 정언명령에 복종해야 할까요? 칸트에 따르면 그것은 인간의 관심 때문입니다. 칸트는 정언명령의 '해야만 하는 것'과 관심의 '하려고 하는 것'을 같은 것으로 보았습니다. 인간은 외적 자극이나 관심에 이끌려 무엇을 '하려고 하기' 때문에 행위의 필연성인 '해야만 한다'는 정언명령이 필요합니다. 이런 인간의 관심은 도덕성과 깊은 관계가 있다고 칸트는 주장합니다. 과연 인간은 스스로의 의지로 자신이 원하는 행동을 할 때 정언명령으로서의 도덕성을 고려할까요? 칸트는 정언명령이 가능하려면 의지와 자유만큼이나 도덕성과 관심이 중요하다고 말합니다. 인간의 행위는 경험을 통한 감성의 세계에서 일어납니다. 그런데 인간의 자유의지는 인간을 감성의 세계보다 앞선 지성知性의 세계에 속하게 합니다. 지성의 세계에서 인간은 실천적 의지를 갖고 있기 때문에 스스로 도덕법칙을 지킬 수 있습니다. 그러나 실천은 다른 문제입니다. 실천은 지성의 세계가 아니라 감성의 세계에서 이루어지기 때문에 인간이 가진 성질, 경험, 혹은 경향성은 도덕적으로 정당한 행위의 실천을 방해합니다. 따라서 인간은 도덕적 실천을 위해 이런 경향성으로부터 자유로워져야 합니다. 경향성으로부터 자유롭기를 원하는 사람은 자신의 욕구를 충족시키는 행위에 만족하지 않고 지성 세계로 들어가길 원합니다. 그렇게 함으로써 스스로의 인격이 고양될 수 있다고 믿기 때문입니다. 이렇게 감성의 세계에서 벗어나 자유의 이념이 강제로 요구되는 지성의 세계로 들어온 인간은 선의지를 인식하고 도덕적으로 '해야만 한다'는 정언명령을 따르며 선한 의지의 권위를 지키려 노력합니다. 지성 세계를 알게 된 인간은 필연적으로 어떤 행위를 '하려고' 하며 감성 세계에서 보면 이것은 '해야만 하는' 정언명령입니다. 선의지를 행하려는 인간의 도덕성이 정언명령을 가능하게 하는 것입니다. 그러나 앞서 이야기한 것처럼 감성의 세계에서 도덕법칙은 정언명령을 따르기보다 자신의 관심에 따르는 경우가 많기 때문에 한계가 있습니다. 그래서 칸트는 이러한 감성의 세계에서 관심보다 정언명령이 더 필요함을 강조합니다. 절대적이고 필연적인, 이성에 따라 행동하는 인간의 행위 법칙은 도덕적으로 정언명령이어야 합니다.

칸트는 인간에게는 선을 행하려는 절대적인 의지가 있다고 말했습니다. 이 선의지는 절대적으로 선한 것이기 때문에 인간이 어떤 행위를 할 때 무조건적으로 주어져야 합니다. 그러나 경험이나 감성의 세계에서 사는 인간은 자신의 관심에 따라 행동하기 때문에 인간의 행위에 무조건적인 명령을 적용 내지 강제해야 한다고 주장하는 것입니다. 이 명령이 바로 정언명령입니다. 선의지가 정언명령에 의해서 행해질 때 비로소 도덕의 실천으로 이어지는 것입니다.

하늘에는 빛나는 별, 마음속에는 도덕법칙

칸트는 왜 정언명령으로 선의지의 실천을 강제해야 한다고 주장했을까요? 왜 지성의 세계에서 인간의 이성으로 도덕을 실천할 것을 강조했을까요?

칸트가 태어나서 살던 시기는 유럽의 계몽주의가 정점에 달했던 때입니다. 그리스 문화를 계승한 로마제국의 문화는 종교의 힘으로 그 위세를 떨쳤고 중세까지만 해도 그리스도교 문화는 완전한 것으로 여겨졌습니다. 그러나 종교개혁과 르네상스는 신 중심의 세계를 인간 중심의 세계로 바꾸었습니다. 지동설을 주장한 코페르니쿠스, 이탈리아의 갈릴레이, 영국의 경험론자 베이컨과 같은 과학자들과 데카르트, 뉴턴과 같은 수학자가 그 중심에 있었습니다. 종교개혁은 가톨릭교회의 면죄부 판매를 공격한 루터가 중심이 되어 로마 가톨릭교회의 권위에 정면으로 도전한 사건으로 영국의 경험론자들과 유럽의 합리론자들은 이성을 통해 진리에 이르는 길을 열었습니다. 르네상스와 종교개혁가들의 영향으로 17세기부터 유럽에서는 신, 인간의 이성, 자연과 같은 개념을 하나의 세계관으로 통합하려는 사상운동이 일어나기 시작하는데, 그것이 바로 계몽주의 사상입니다. 계몽주의 사상의 핵심은 인간 이성입니다. 이제 인간은 이성을 통해 우주를 이해하고 자연을 파악하였으며, 인간의 지식, 자유, 행복을 신이 아닌 인간의 이성에서 찾기 시작했습니다. '인간은 이성으로 모든 사물을 지배할 수 있습니까?' '인간은 인류가 끝없이 진보한다는 믿음을 갖고 있습니까?' '인간은 이성에 대한 무한

한 신뢰와 희망을 갖고 있습니까?' 이 모든 물음에 계몽주의는 이성으로 모든 것이 가능하다고 답합니다. 바로 여기서 우리는 칸트의 시대정신을 찾아 볼 수 있습니다.

칸트는 쾨니히스베르크대학의 정교수로 초빙되기 전까지 끼니를 걱정할 정도로 가난했습니다. 그리고 스스로 자신의 강의를 "무거운 망치를 휘두르는 재미없는 강의"라고 말했습니다. 그러나 산책을 하기 위해 늘 정확한 시간에 집을 나서는 칸트 덕분에 그가 산책을 하려고 집 밖으로 나서는 순간, 쾨니히스베르크 시민들은 시계를 맞추었다고 합니다. 쾨니히스베르크 사람들은 그의 강의, 그의 행동 하나하나, 심지어 그의 규칙적인 생활까지도 흠모하고 사랑했습니다. 아마도 칸트의 자유의지에서 나오는 이성적인 행동을 사랑한 것일 겁니다. 칸트는 숨이 막힐 만큼 규칙적인 생활을 했지만 또한 매우 인간적인 삶을 살았습니다. 그의 철학은 이성적이었지만 철저한 인간의 경험이 바탕이었습니다. 그의 책《도덕형이상학 원론》도 인간의 경험을 무시하지 않았고, 경험을 뛰어넘지 않았습니다. 그의 철학은 철저하게 일반적이고 평범한 사람을 대상으로 하고 있습니다. 이 모든 것이 지성을 사용할 수 있는 용기를 가진 인간 양성을 목적으로 삼은 계몽주의 사상과 깊은 관계가 있습니다. 칸트는《도덕형이상학 원론》에서 이성이 발달한 사람과 이성의 훈련을 받은 사람은 정언명령 없이도 도덕법칙을 지킬 수 있다고 말합니다. 계속된 연습으로 자유의지를 다스릴 수 있게 되었기 때문입니다. 그러나 감성의 세계에 젖어 사는 대부분의 사람들은 자신의 관심이나 욕심 때문에 혹은 인간의 경향성 때문에 이성에서 벗어나는 행동을 할 수 있으므로 강제성을 띤 정언명령이 필요하다고 말합니다. 그러나 또한 정언명령은 강제로 이루어지는 것이 아니라고도 말합니다. 그것이 도덕적 행위를 하는 사람의 한계이며, 자신의 도덕 이론의 한계라는 것입니다.

소크라테스 이후, 칸트 이전의 도덕철학은 하나같이 끊임없는 노력을 강조했습니다. 마치 무술처럼 도덕도 계속 반복하고 몸에 익혀 체득해야만 필요할 때 자신도 모르게 행동으로 옮길 수 있다고 믿었습니다. 그러나 칸트의 《도덕형이상학 원론》에는 인간의 도덕성에 큰 영향을 줄 새로운 사상이 담겨 있었습니다. 중세 시대 백성은 종교지도자와 군주의 수단으로 존재하였고 사람 그 자체가 목적인 경우는 없었습니다. 그러나 칸트는 어떤 경우에도 사람은 그 자체가 목적이며 다른 사람의 수단으로 이용되어서는 안 되고 스스로 자신을 존중할 때 다른 사람도 존중할 수 있다고 말합니다. 그리고 무엇보다 도덕성은 자유의지이며, 도덕법칙은 자율성을 가진다고 이야기합니다. 칸트는 중세 시대 군주와 종교지도자의 명령에 익숙해져 있던 사람들에게 자신을 존중하고 자율적으로 행동할 수 있는 문화를 정착시키기 위해 노력하였습니다. 칸트의 이런 노력은 쾨니히스베르크 시민들로부터 프로이센 제국 전체로 서서히 파고들었습니다.

1657년 쾨니히스베르크에서 태어난 프리드리히 1세는 1701년 프로이센의 초대 왕으로 즉위합니다. 무엇보다 나라의 안정을 먼저 생각한 프리드리히 1세는 학문을 중요하게 생각하고 학자들을 키우는 데 모든 열정을 쏟았습니다. 그의 아들 프리드리히 빌헬름 1세는 강한 나라를 만들기 위해 중앙집권제를 실시하고 왕권을 강화하여 절대왕권체제를 확립하였고, 많은 전쟁과 원정으로 영토도 넓혔습니다. 이후 절대왕권 국가로 발전한 프로이센은 유럽 대륙의 군사 대국으로 발전합니다. 칸트는 프리드리히 1세의 학문에 대한 애정이 뿌리 내리던 시기에 태어났고, 프리드리히 빌헬름 1세의 절대 권력이 만든 강한 프로이센에서 자신의 학문을 펼칩니다. 당시의 분위기 속에서 칸트는 자유로운 학문과 명령이라는 두 가지 입장 모두에 필요성을 느꼈고 무엇보다 도덕성을 위해 필요한 것은 스스로에 대한 존경심과 선의지를 펼치려는 자율성임을 강조하였습니다. 칸트는 철학적인 기초가 없이도 누구나 《도덕형이상학 원론》을 쉽게 읽을 수 있다고 말했지만 누구도 칸트의 도덕철학을 쉽게 이해했다고 말하기는 어려울 것입니다. 결국 칸트의 도덕철학이 오늘날까지도 유명한 것은 우리가 그의 사상을 이해해서라기보다 우리 삶의 모습이 그의 영향력에 놓여 있기 때문이라고 보아야 할 것입니다.

  칸트에 관한 가장 유명한 일화는 늘 정해진 시간에 하던 산책에 관한 것입니다. 쾨니히스베르크 시내를 북쪽과 남쪽으로 가르며 흐르는 프레겔 강에는 두 개의 섬이 있습니다. 칸트가 살던 시절 이 두 개의 섬에는 모두 일곱 개의 다리가 놓여 있었습니다. 서쪽에 있는 섬에는 북쪽과 남쪽에 각각 두 개의 다리가 있고, 동쪽에 있는 섬에는 북쪽과 남쪽에 각각 한 개의 다리가 있었습니다. 그리고 그 두 섬을 잇는 다리가 하나 있었습니다. 칸트는 매일 이 섬을 산책했는데 다리를 건널 때는 한번 건넌 다리는 다시 건너지 않고 마치 이어그리기 하듯 모든 다리를 한 번에 건넜다고 합니다. 직접 그려서 시도해본다면 알겠지만, 이것은 불가능합니다. 그러나 그는 매일 그렇게 산책을 했다고 합니다. 칸트는 그것이 불가능하다는 사실을 몰랐을까요?

　정언명령, 그것은 선의지를 행하기 위해 주어져 있습니다. 정언명령, 그것은 목적을 위해서가 아니라 동기를 위해 주어져 있습니다. 선의지를 위해 그리고 목적이 아닌 동기를 위해 주어진 이 명령을, 프레겔 강의 다리 건너기만큼이나 불가능해 보이는 이 일을 칸트는 왜 주장했을까요? 지금 당신이 자신의 자리에서 맡은 일을 하고 있다면, 해야만 하기 때문에 그 일을 하고 있다면, 산책을 하기 위해 대문을 나서는 칸트를 보고 시계를 맞추던 쾨니히스베르크 사람들처럼 당신도 칸트의 영향 아래 놓여 있습니다.

모든
서민에게
교육을

피히테《독일 국민에게 드리는 부탁》

Reden an die deutsche Nation (1807-1808)

nn Gottlieb
Fichte

행   동   하   는   양   심

아름답고 우아한 중년의 한 여성이 전장을 누비면서 부상 당한 병사들을 돌보는 데 여념이 없습니다. 귀티가 흐르는 이 간호사는 한때 총장의 부인으로 사회적인 지위와 명예를 누리던 귀부인이었습니다. 얼마 후 이 간호사는 발진티푸스에 감염되어 병상에 누웠고, 그 옆을 지키며 극진히 간호하는 남자의 정성에 병세는 호전되었습니다. 그러나 그녀를 간호하던 남자는 여자가 일어나자 같은 병상에 눕고 말았습니다. 그녀를 간호하다 결국 발진티푸스에 감염되고 말았던 것입니다. 여자는 남자를 위해 모든 정성을 쏟지만 남자는 끝내 일어나지 못했습니다. 그녀의 슬픔은 말로 표현할 수 없었지만 남자는 아주 편안한 모습으로 세상의 모든 것과 이별하였습니다. 이 남자의 죽음은 전 독일의 슬픔으로 번져 나갔습니다. 누구보다 독일을 사랑했던 이들은 지금까지도 독일 사람들로부터 사랑 받고 있는 요한나 마리 피히테Johanna Marie Fichte와 요한 고트리프 피히테Johann Gottlieb Fichte, 1762~1814입니다. 1793년 스위스 취리히에 잠시 머물던 피히테는 그곳에서 요한나를 만났습니다. 요한나의 아버지는 마차를 만드는 노동자였고, 피히테의 아버지는 장식용 끈이나 띠를 만드는 직공이었습니다. 취리히에서 만난 두 사람은 비록 가난하지만 너무나 사랑했고 결국 결혼하였습니다.

1762년, 피히테는 넉넉하지는 않지만 따뜻하고 사랑이 넘치는 집안에서 태어났습니다. 어렸을 때부터 유난히 좋았던 피히테의 기억력은 가난한 그가 공부를 할 수 있도록 길을 열어 주었습니다. 어느 날 유명한 봉건 영주였던 밀티츠의 남작이 당시 설교 잘하기로 유명한 목사의 설교를 듣기 위해 독일 작센의 작은 마을 람메나우에 있는 친척집을 방문합니다. 그런데 이 남작에게 갑자기 일이 생겨 설교를 들을 수 없게 되자 남작의 친척이 그에게 피히테를 소개하였습니다. 피히테는 일주일 전에 들은 설교 내용을 하나도 빠짐없이 들려주었고, 피히테의 기억력에 놀란 남작은 피히테를 후원하기로 약속하였습니다. 이때 피히테의 나이가 아홉 살이었습니다. 1780년, 남작의 도움으로 피히테는 어려운 형편에도 불구하고 예나대학 신학부에 입학하였으며, 다음 해에는 라이프치히대학에서 철학과 법학을 전공하였습니다. 대학을 졸업한 피히테는 취리히에 가정교사 자리를 얻어 몇 년 동안 생활하다 다시 라이프치히로 돌아왔습니다. 라이프치히로 돌아와서도 피히테는 가정교사 자리를 찾았고, 마침 어떤 학생이 칸트 철학을 배우겠다며 그를 찾아왔습니다. 생계를 위해 피히테는 칸트 철학을 공부하였고, 1791년 칸트를 찾아 쾨니히스베르크를 방문했습니다. 칸트를 만나고 돌아온 피히테는 〈모든 계시에 대한 비판 시도Versuch einer Kritik aller Offenbarung〉라는 논문을 썼고, 칸트는 이 책의 출간을 도와주었습니다. 그러나 발행인의 실수로 저자의 이름이 빠진 채 책이 출간되자 많은 독일 사람들은 이 책의 저자를 칸트라고 생각했습니다. 이 사실을 알게 된 칸트는 피히테에게 편지를 보내 발행인의 실수에 대해 정중하게 사과하고 피히테의 책을 높이 평가했다고 합니다.

1794년, 피히테는 독일의 유명한 문학가 괴테의 추천으로 꿈에 그리던 예나대학의 정교수로 초빙되었습니다. 그러나 피히테의 꿈은 오래가지 못했습니다. 1802년 프랑스의 황제가 된 나폴레옹이 4년 뒤 독일을 침공하자, 예나전투에 패한 프리드리히 빌헬름 3세는 나폴레옹에게 항복하고 말았습니다. 피히테는 늘 교육의 중요성을 강조했지만, 나폴레옹의 침공 이후 더욱 교육의 중요성을 느끼게 되었습니다. 프로이센의 프리드리히 빌헬름 3세는 피히테의 조언을 받아들여 1809년 베를린훔볼트대학을 개교하였고 피히테에게 총장직을 부탁하였습니다. 총장이 된 피히테는 나폴레옹과 프랑스 군대를 독일에서 몰아내기 위해 애국 단체를 만들고 학생들과 함께 데모를 하면서 독일이 변하기를 바랐습니다. 피히테는 총장 자리도 버리고 독일 국민을 계몽하기 시작했습니다. 계몽이 어떤 것에 대해서 잘 모르는 사람 혹은 알지 못하는 사람을 깨우치거나 교육을 통해 가르치는 것이라면, 피히테만큼 위대한 계몽주의자도 없을 것입니다. 당시 독일 사람들은 나폴레옹에 대해 좋은 감정을 가지고 있었고, 자신들을 왕으로부터 해방시켜 줄 황제라고 생각했습니다. 피히테는 연설을 통해 나폴레옹의 잘못된 생각과 왕권 정치의 부조리에 대해 과감하게 역설하였습니다. 부인 요한나 역시 스스로 간호사를 자처하고 나폴레옹 군인들과 싸우다 부상 당한 독일 군인을 치료하며 남편을 도왔습니다. 독일 사람들은 이런 두 사람의 모습을 보며 자신들도 무엇을 해야 할지 차츰 깨닫게 되었습니다. 1806년 독일이 예나전투에 패하자 피히테는 잠시 베를린을 떠나 칸트의 고향 쾨니히스베르크로 갔다가 다시 코펜하겐으로 피신합니다. 1807년 다시 베를린으로 돌아온 피히테는 베를린대학 개교와 연설을 함께 추진하였고, 1807년부터 2년 동안 나폴레옹의 독재에 맞서 죽음을 무릅쓰고 독일 국민을 상대로 연설하였습니다. 이때의 연설문을 모아 책으로 엮은 것이 바로 《독일 국민에게 드리는 부탁》입니다. 그가 목숨을 걸고 독일 사람들에게 부탁하고자 한 것은 과연 무엇이었을까요?

인 생 은 짧 고 교 육 은 길 다

피히테는 《독일 국민에게 드리는 부탁》에서 독일과 독일 사람을 위한 새로운 교육을 이야기합니다. 지금까지의 교육으로는 독일 국민의 사고와 행동을 바꿀 수 없다고 판단한 것입니다. 피히테는 먼저 인류 발달을 다섯 단계를 나누고 자신이 주장하는 새로운 교육의 특성에 대해서 설명합니다.

인류 발달의 첫 단계는 자연적인 상태로 인간에게 죄가 없는 시대입니다. 두 번째 단계는 죄가 시작되는 시대, 세 번째는 완전한 죄의 상태에 있는 시대, 네 번째는 이성을 인정하는 시대, 그리고 마지막 단계는 이성이 완전히 인정되고 인류가 정화되는 시대입니다. 피히테는 당시 독일이 과도한 이기심으로 인해 완전한 죄의 상태에 놓여 있다고 보았습니다. 이 단계는 또한 세계사가 생긴 이후 장족의 발전을 이룩한 시대이기도 하며, 한편으로는 이기심이 완전히 사라졌고, 또 한편으로는 여전히 남아 있지만, 이기심이 사라지면서 자주성도 상실하게 되었다고 말합니다. 자주성을 상실했다는 것은 역사의 흐름 속에 뛰어 들어 자유롭게 무언가를 결정할 능력을 상실했다는 뜻입니다. 더 심각한 것은 자신의 운명까지도 다른 사람에게 지배를 당하거나 외부의 힘에 의해 결정한다는 사실입니다. 이런 사람에게는 복종 외에 아무것도 남지 않습니다. 그래서 피히테는 이 책을 통해 독일 국민이야말로 세계 속의 존재임을 상기시키고 역사의 한 부분을 차지하고 있는 당당한 민족임을 보여 주고자 한 것입니다. 피히테는 먼저 독일 국민에 대한 강연을 해야 한다고 생각했습니다. 피히테는 독일을 침입한 나라와 타협하거나 슬픔에 빠지지 않고 모든 상실감과 치욕감을 떨치고 일어날 수 있는 독일 사람들, 그리고 당시 상태를 명확하게 파악하고 스스로 그 사태를 수습하고 해결할 수 있다고 믿는 독일 사람을 대상으로 강연하였습니다.

역사적으로 현재는 과거 사건에 대한 필연적인 결과입니다. 피히테는 먼저 독일 국민들에게 과거의 고통에 사로잡혀 있지 말고 진리를 바로 볼 수 있는 용기를 가질 것을 당부했습니다. 백성뿐 아니라 지배자까지 정복 당한 민족은 철저히 부패하게 됩니다. 이런 상태에 빠진 민족은 지금까지 살아온 방법으로는 결코 그 상태에서 벗어날 수 없습니다. 피히테는 먼저 이러한 상태에서 벗어나기 위해 정복자와 피정복지의 지배자가 할 일에 대해 이야기합니다. 정복자는 피정복지의 국민들이 공포 분위기에서 벗어날 수 있도록 끊임없이 노력하고 평화에 대한 희망을 가질 수 있도록 해야 하며 피정복지의 지배자와 좋은 관계를 유지해야 합니다. 그럼 피정복지의 지배자가 할 일은 무엇일까요? 피히테는 교육이라고 말합니다. 특히 어린이에게 좋은 교육은 아무리 강조해도 부족하지 않습니다. 피히테는 정복자로부터 독일이 벗어나기 위해서는 새로운 교육이 필요하다고 생각했습니다. 당시까지만 하여도 독일에서는 특권층에게만 도덕과 윤리를 바탕으로 한 교육을 실시하였으나 피히테는 독일의 모든 국민을 대상으로 과학기술 교육을 실시할 것을 주장합니다. 먼저 피히테는 독일의 교양 계급을 대상으로 강연을 준비하였습니다. 그러나 그의 궁극적인 목표는 자신의 강연을 독일의 모든 사람들에게 들려주는 것이었습니다. 피히테는 독일 국민들에게 희망과 용기를 심어주기 위해서는 교양 계급에 속한 사람들이 먼저 앞장서야 한다고 생각했습니다.

피히테는 자신이 주장하는 교육이란 지금까지 독일에는 존재하지 않았던 새로운 것이라고 말합니다. 이전까지의 교육은 전혀 실효성이 없는 훈계이거나 질서나 관습을 가르치는 교육이었습니다. 물론 훈계나 관습을 익히는 교육으로도 학생들은 자유의지에 따라 행동할 수 있는 법을 배울 수 있습니다. 그러나 이러한 자유의지에 따라 내린 결단이 현실 속에서 냉엄하고 필연적인 결과를 가져올 수 있음을 알아야 합니다. 자유의지가 확실하게 신뢰할 만한 것임을 믿게 하고, 그것에 전적으로 의지할 수 있도록 하려면 반드시 교육을 통해 내적으로 선한 사람을 만들어야 합니다. 결국 피히테가 원하는 새로운 교육이란 자유의지에서 나오는 선 자체를 사랑하게 하는 것입니다. 선에 대한 쾌감, 즉 선을 생활화하지 않고는 못 견디는 내면적인 쾌감을 사랑하게 하는 교육을 말하는 것입니다. 피히테 이전의 교육은 학생들이 원하는 원래의 모습을 가슴에 심어 줄 수 없는 흉내 내기 혹은 모방 교육이었습니다. 자유의지를 바탕으로 하는 새로운 교육은 학생들에게 능동적인 쾌감을 가져다주고, 그들이 원하는 모습을 마음속에 심어줄 수 있다고 피히테는 말합니다. 이때 필요한 것이 학생의 자주성입니다. 교육자는 학생들의 자주성을 자극하여 독자적인 정신 활동을 이끌어 내야 하고, 그렇게 함으로써 학생들의 정신 활동을 직접적으로 그리고 규칙적으로 자극하는 것이 교육의 목표입니다.

　피히테가 주장하는 새로운 교육의 첫 번째 특징이 자유의지를 바탕으로 학생들이 능동적인 쾌감을 느끼게 하는 것이라면, 두 번째 특징은 사랑을 바탕으로 스스로 행동으로 옮길 수 있는 능력을 기르는 것입니다. 인간은 자기 보존과 행복을 위해서 여러 가지 활동을 하는데, 교육도 그중 하나입니다. 이러한 특징을 가진 새로운 교육은 학생 스스로 자주적인 협동체를 구성하고 사회 전체를 위해 자신을 희생할 수 있도록 가르칩니다. 그들은 자신이 속한 사회가 개인보다 앞설 수도 있으며 개인은 전체를 위해 행동해야 한다는 질서의식을 배우게 될 것입니다. 피히테는 새로운 교육은 독일 국민 전체가 믿고 꾸준히 노력해야 현실화될 수 있으며 학생들은 새로운 교육을 통해 스스로 강해질 수 있다는 믿음을 가져야 한다고 말합니다. 이렇게 자기 자신을 믿고 사랑할 때 독일은 변할 것이고 새로운 나라가 될 것이라고 피히테는 믿었습니다.

자유의지와 사랑이라는 특징을 가진 피히테의 새로운 교육은 그 일차적 목표를 도덕성의 독립과 자주성에 두고 있습니다. 요행을 바라지 않는 새로운 교육은 학생들의 정신을 함양시켜 진리를 파악하게 하고 도덕적인 사랑으로 영원히 불타게 할 것입니다. 교육을 받는 사람의 삶은 짧지만 도덕적 세계 질서는 영원히 역사와 함께 합니다. 피히테는 이 새로운 교육 이론이 새로운 시대의 한가운데에서 사회와 국가를 위해 헌신하고 봉사할 것이며 개인에게는 행복과 빛을 가져다 줄 것이라고 믿었습니다. 또한 피히테는 새로운 교육을 통해 한 인간을 도덕적으로 육성하는 데 그치지 않고 완전무결한 인간으로 자랄 수 있도록 가르치고자 했습니다. 피히테 이전의 독일 교육은 계급에 따라 다르게 실시되었고, 특히 서민 교육을 받은 사람들은 결코 변하지 않을 자신의 위치와 역할에 무조건 복종하였습니다. 어떤 경우에도 다른 사람이 될 수 없다고 배운 그들은 더 나은 사람이 되기를 포기하고 살았습니다. 그러나 새로운 교육은 서민들에게도 다른 사람이 될 수 있다는 희망을 심어줄 것입니다.

새로운 교육의 이론을 책임질 학문은 당시 괄목할 만한 성장을 보인 독일철학이었습니다. 피히테는 철학 분야에서 많은 스승이 나타나 주길 기대했습니다. 뿐만 아니라 독일 사람들은 이렇게 발전한 독일철학을 새로운 교육보다 먼저 인정해야 한다고 말했습니다. 피히테는 언젠

가 새로운 독일철학이 인정받고 우호적으로 받아들여질 시대가 반드시
올 것이므로 절대로 희망을 버리지 말라고 역설하였습니다.

살 아 있 는 언 어, 생 동 하 는 민 족

역사상 가장 설명하기 어려운 민족이 게르만 민족입니다. 역사에는
수없이 많은 게르만 민족이 등장하는데 그리스 문화를 이어받은 로마
민족은 유럽에서 자신들과 다른 문화를 가진 민족을 모두 게르만 민족
이라고 불렀습니다. 독일 민족도 이 게르만 민족 중 하나입니다. 피히테
는 게르만 민족으로서 독일 민족과 유럽의 다른 게르만 민족을 다르다
고 생각했고, 그렇기 때문에 자신이 주장하는 새로운 교육은 독일 사람
들에게 국한되어야 한다고 말합니다. 그럼 게르만 민족으로서 독일 민
족은 다른 게르만 민족들과 어떻게 달랐을까요? 독일을 제외한 많은 게
르만 민족들은 자신들의 거주지를 떠나 다른 곳으로 이주하며 살았고
언어도 모두 달랐으며 정치 형태도 로마 제국을 따라 왕 중심 체제로
변했습니다. 그리스의 문화와 언어, 사상을 받아들인 로마 민족은 시간
이 지나면서 자신들만의 언어와 사상을 갖게 되었고 그것을 바탕으로
발전하였으나, 자신들의 언어와 문화가 로마에 비해 비천하고 야비하며
조잡하다고 느꼈던 게르만 민족들은 로마의 문화를 받아들이는 것만
이 문명한 나라가 되는 길이라고 생각하고 자신들의 언어와 사상을 버
렸습니다. 이것이 바로 게르만 민족 전체의 근본적인 병폐였습니다. 피

히테는 바로 이러한 거주 영역과 언어 때문에 다른 게르만 민족에 비해 독일이 보다 큰 발전을 이룩하였다고 주장합니다. 그중에서도 피히테는 언어의 중요성을 강조합니다. 인간은 언어를 만들고 언어는 인간을 만듭니다. 언어는 같은 시대를 사는 사람들을 서로 이어 줄뿐 아니라 시공을 넘어 다른 시대 사람들과 교감하게 합니다. 이런 역사적인 교감은 한 민족 혹은 한 나라의 사람들을 정신적으로 살아 있는 생동감 있는 민족이 되게 만듭니다. 독일 민족은 게르만 민족으로부터 분리되어 나온 이후 늘 같은 언어를 사용했습니다. 바로 이것이 독일 민족을 다른 게르만 민족과 달리 생동하게 만든 힘입니다. 민족의 정신 속에 살아 숨 쉬는 언어는 정신을 발달시키고, 정신적인 발달은 끊임없이 새로운 생명과 새로운 발달로 이어져 전에는 존재하지 않던 새로운 것들을 만들어 내게 됩니다.

피히테는 독일 민족의 정신적 발달을 주도하는 것이 철학과 시라고 말합니다. 독일의 철학과 시야말로 독일 민족을 다른 게르만 민족과 구별 되게 하고 정신적 발달을 주도한 원동력입니다. 피히테는 철학을 모든 정신적 생명의 영원한 근원으로 보았습니다. 그리고 살아 있는 언어를 사용하는 민족의 모든 학문은 최초의 학문인 철학을 통하거나 철학에 근거를 두고 생겨납니다. 살아 있는 언어는 사고의 차이를 하나의 학문으로 체계화시킬 수 있습니다. 그러나 죽은 언어를 사용하는 나라에서는 끊임없는 사고의 충돌만이 이어질 뿐, 하나의 통일된 철학이나 학문을 완성시킬 수 없습니다. 독일 민족은 다른 게르만 민족과 달리 살아 있는 언어를 가졌기 때문에 독일 철학을 바탕으로 발전한 다양한 학문과 살아 있는 정신을 갖게 된 것입니다.

사고가 일반적인 것이 되기 위해서는 무엇보다 먼저 개별적인 생명을 가져야 합니다. 시는 개별적인 생명 속에서 시작된 사고를 일반적인 생명 속으로 끌어들이는 가장 뛰어난 수단입니다. 사상가는 자신의 사상을 상징적인 언어로 표현합니다. 이 언어가 사회 환경을 넘어 새로운 어떤 것을 창조하면 이 사상가는 시인이 됩니다. 사상가가 표현한 언어를 함께한 모든 사람들의 정신은 승화되어 쾌감을 얻게 되고, 이 쾌감은 새로운 빛을 얻어 생명을 얻게 되기 때문입니다. 이렇듯 오직 살아 있는 언어만이 창조적인 사고를 확대시킬 수 있다고 피히테는 강조합니다. 살아 있는 언어로 만들어진 철학과 시를 가진 민족만이 민족의 정체성과 생명을 가지고 발전할 수 있습니다. 살아 있는 언어를 사용하는 민족은 부지런하고 진지하며 모든 일에 노력을 아끼지 않습니다. 부지런함, 진지함, 그리고 근면함, 이것이 바로 다른 게르만 민족과 독일 민족이 구별되는 매우 중요한 특징이라고 피히테는 말합니다. 반면 죽은 언어를 사용하는 민족은 한 사람의 천재나 지도자에 의해서 정신이 희롱 당하거나 휘둘립니다. 만약 이 천재나 지도자에게 행운이 따라준다면 모르겠지만, 그러한 민족은 오래가지 못할 것입니다.

'독 일 스 러 움 '에 관 해

피히테가 독일 민족을 다른 게르만 민족과 구별한 또 다른 이유는 독일 국민만의 특별한 민족애 혹은 조국 사랑을 강조하기 위해서입니다. 독일 사람들의 특별한 조국애는 그들만의 국민성에 기인하는데, 피히테는 독일인들의 국민성을 독일만의 독특한 철학과 정치 그리고 역사관에서 찾고 있습니다. 먼저 피히테는 독일철학과 다른 나라의 철학을 비교합니다. 다른 나라의 철학은 주로 근원적이고 고정적이며 불변하는 어떤 한계를 설정하고 그것을 철학으로 밝히고자 합니다. 그리고 이 한계를 넘기 위해 철학자들은 한 가지 주제에 대해 다양한 이론을 펼칩니다. 반면 피히테는 독일철학이 아직은 미미한 단계지만 과학적인 형식을 띠고, 철저한 통일성을 바탕으로 하며, 철학의 문제점과 한계를 잘 알고 있기 때문에 훨씬 우월한 사상을 만들어 낼 수 있다고 말합니다. 근본적이고 지속적인 철학을 원하지만, 근본적인 문제가 불완전하다는 사실을 알기 때문에 보다 신중하게 접근한다는 것입니다. 독일의 철학자들은 외국의 철학자들과는 다르게 같은 주제에 대해 한 가지 이론으로 접근합니다. 이 세상에 존재하는 수많은 현상들의 원천이 하나인지 여럿인지를 밝히는 것은 참으로 어려운 문제입니다. 피히테는 참된 철학이 되기 위해서는 아무리 많은 현상이라도 한 곳에서 나와야 한다고 주장합니다. 즉 일자 一者가 전제되어야 한다는 것입니다. 피히테는 모든 독일 사람들이 이와 같은 생각을 갖고 있다고 말합니다. 주어진 철학을 죽은 학문으로 만들지 않고 살아 있는 과학과 접목시킬 줄 아는 것이 바로 참된 독일인이며, 이것이 바로 참된 독일의 국민성이라고 피히테는 이야기합니다.

다음으로 피히테는 특별한 국민성을 대변하는 정치사상에 대해 이야기합니다. 피히테가 바라본 일반적인 국가의 정치체제는 시계의 톱니처럼 맞물려 돌아가며 사람들을 부품처럼 취급합니다. 부품 하나하나가 잘 돌아가야 기계가 제대로 움직이는 것처럼 국민 모두가 자신의 일에 충실해야 국가 전체가 제대로 움직일 수 있습니다. 이러한 군주정체는 외적으로 볼 때 일관성이 있으며 웅장하고, 군주는 존경 받는 것처럼 보입니다. 그리고 한 국가라는 조직이 움직이는 데 필요한 안전성과 확실성, 맹목적성을 거두는 효과도 분명 있습니다. 그러나 부품 하나가 움직이지 않으면 기계 전체에 영향을 주기 때문에 부품 하나하나로써 국민은 군주에 의해 통제를 당하며 살아야 합니다. 이런 정치체제에서는 사람들을 통제하고 감시하기 위한 귀족 교육이 주로 이루어지며 국민들은 점점 문맹이 되어 갈 것입니다. 독일 역시 국가라는 조직을 움직이는 데 있어 안전성과 확실성, 맹목적성을 강조하는 것은 다른 나라와 다르지 않습니다. 그러나 피히테는 앞으로의 교육은 지금까지 방임해 두었던 어른들을 꾸짖는 것이 아니라 아직 더렵혀지지 않은 젊은이들을 가르치는 데 힘을 쓰고, 귀족이나 상류 계층이 아닌 모든 국민을 위한 교육을 통해 지금의 독일 국민을 편협하거나 배타적이 아닌, 보편적이고 세계시민적인 정신을 가지고 행동할 수 있는 국민으로 만들어야 한다고 말합니다.

피히테가 독일의 국민성에 대해 마지막으로 이야기한 것은 그들만의 역사관입니다. 꿀을 모으며 사는 벌은 항상 같은 집을 짓고 삽니다. 그러나 인간은 기술과 문명의 진보를 거듭하며 때로는 역경의 시대를 때로는 찬란한 황금의 시대를 살아왔습니다. 피히테는 독일 국민들이 자신들만의 철학과 정치를 통해 이러한 역사관을 충분히 이해하고 분석한 후 진보와 퇴보를 되풀이하는 역사를 그저 받아들이는 것이 아니라 그 속에 자신들만의 새로운 역사를 창조해 넣을 수 있다고 생각했습니다. 이렇듯 철학과 정치사상, 그리고 역사에 남다른 시각을 갖고 있는 독일 민족은 조국 사랑 역시 남다를 수밖에 없을 것입니다.

독일 민족은 로마로부터 다양한 문화와 근대적인 군대 전술 등을 배웠지만 자유를 얻기 위해 끊임없이 로마에 대항했습니다. 그래서 독일 민족은 로마제국과의 투쟁에서 얻은 자유를 자손에게 물려 줄 수 있었습니다. 그리고 그 자손들은 그들만의 철학, 정치제도, 그리고 역사를 중심으로 독일 국민만의 국민성을 만들었습니다. 그리고 이 민족성을 바탕으로 게르만 민족으로서의 끈끈한 민족애를 잘 지켜가고 있습니다. 또한 독일 민족은 한 나라가 평화롭게 진보하기 위해 통치 기관은 단순한 수단에 불과하다는 사실을 잘 알고 있었습니다. 독일의 왕국이나 공화국에 잘 나타나 있는 그들의 사회 제도는 성문법 속에 살아 있는 것이 아니라 독일 민족의 마음속에 살아 있는 제도였습니다. 그들은 관습과 제도를 바탕으로 그들만의 사회와 국가 제도를 만들었습니다. 독일어가 통용되는 지역에 태어나 살고 있는 모든 독일 사람들은 직접적으로 그 제도의 보호를 받는 공통된 조국의 시민이라는 생각으로 더욱 끈끈한 조국애를 갖게 되었고, 이러한 민족성과 조국애는 독일이 존재하는 한 영원히 사라지지 않을 것이라고 피히테는 강조합니다.

독서로 철학하기

페 스 탈 로 치 교 육 론

    피히테는 독일 민족의 독특한 민족성과 조국애에 걸맞은 새로운 교
육이 실시되어야 한다고 주장합니다. 피히테는 과거 어느 나라 못지않
은 최고의 지도력을 가졌던 독일이 조국애를 잊자마자 모든 고귀함과
유능함을 잃고 멸망의 길을 걷게 되었다고 말합니다. 그러나 이렇게 분
열되어 멸망의 길을 걸었던 독일 민족은 스스로 다시 일어섰습니다. 이
런 측면에서 피히테는 독일 민족은 언제라도 다시 각성하고 일어난다
는 희망을 갖고 있었습니다. 이러한 희망의 바탕이 되는 조국애야말로
교육으로 반드시 가르쳐야 한다는 것이 피히테의 생각이었습니다. 또한
경험 세계에서 얻은 지식보다 사고의 세계에서 얻은 지식을 더 중요하
게 생각한 피히테는 새로운 교육은 사고에 의해서 파악되는 세계만이
참되고 현실적으로 존재하는 세계임을 가르쳐야 한다고 강조합니다. 지
금까지의 교육이 육체, 물질, 혹은 자연만을 중시했다면, 새로운 교육은
정신의 중요성을 강조해야 한다고 주장합니다. 새로운 교육에 의해 탄
생된 정신은 보다 높은 조국 사랑으로 이어져 영원히 생명을 이어갈 것
이며, 이런 교육을 받은 독일 사람들이 국가를 확립하고 이끌어 나간다
면 자신들의 조국애가 자신들이 만든 사회의 필연적인 부분이 되어 있
음을 깨닫게 될 것이라고 피히테는 말합니다.

    피히테는 조국애와 정신의 중요성을 가르치기 위해 새로운 교육의
필요성을 강조하면서 기존에 훌륭하게 실시되고 있던 페스탈로치Johann
Heinrich Pestalozzi의 교육 방법을 출발점으로 삼고자 했습니다. 당시 페

스탈로치의 교육 이론은 공허한 유희라든가 전시용으로 타락되었다고 폄하되기도 했지만, 창안자의 근본 사상은 이와 아무런 관계가 없다고 피히테는 주장합니다. 페스탈로치는 충실하고 정감이 넘치는 솔직한 표현으로 자신의 교육 이론을 전개하였으며 버림받은 가엾은 민중들에 대한 사랑으로 독일인의 마음을 감동시켰습니다. 물론 페스탈로치의 교육 이론도 완전한 것은 아니었습니다. 페스탈로치는 교육이야말로 서민들이 가난에서 벗어날 수 있는 최고의 수단이라고 생각했고, 그래서 서민들이 가능한 빨리 학교를 졸업하고 밥벌이라도 할 수 있도록 읽기와 쓰기 교육에 집중하였습니다. 이런 페스탈로치의 교육이 너무 편중되어 있다는 평가도 많았지만 피히테는 페스탈로치의 기본 사상을 알고 있다면 충분히 이해할 수 있는 부분이라고 생각했습니다.

페스탈로치는 학생들의 정신적 발달을 위해서는 먼저 간단한 운동 능력에서부터 원숙한 기술을 구사할 수 있는 능력으로 이행하는 과정, 즉 육체적 능력을 점차적으로 끌어올리는 교육이 필요하다고 이야기하는데 이것이 바로 페스탈로치의 체육론입니다. 피히테 역시 이렇게 자연스러운 단계를 밟는 체육 교육을 중요하게 생각했습니다. 이런 단계를 밟으며 학생들은 해부학과 기계학, 철학까지도 배우게 될 것이며, 이런 교육을 받고 자란 사람은 건전한 인체를 기계처럼 발달시키기 때문에 정신과 육체가 서로를 도울 것이며 어떤 하나가 다른 것을 해치는 일이 없을 것이라고 생각했습니다. 피히테는 또한 어린 학생들을 충동적인 쾌감으로부터 보호하기 위해서는 어른으로부터 격리시켜 교육해야 하며, 남자와 여자는 차별 없이 동일한 교육을 받아야 한다고 주장합니다. 또한 공부와 함께 기술 교육을 가르쳐야 한다는 페스탈로치의 생각에 피히테는 크게 공감했습니다. 농사, 원예, 목축, 식물 재배, 동물의 신체적 특성 등에 대해 배우는 것은 새로운 교육에서 매우 중요한 부분을 차지합니다. 피히테는 농사를 지으며 농기구를 다루어 보거나 목축을 위한 기계를 다룰 줄 아는 것은 학생의 경제 활동을 위해서 꼭 필요한 부분이라고 생각했습니다.

마지막으로 피히테는 학자들에 대한 교육을 말합니다. 이미 독일에는 많은 학자들이 있지만 이들을 어떻게 교육시킬 것인가에 대해서는 언급을 피합니다. 피히테의 고민은 새로운 교육을 받은 사람 중에서 배출될 학자들에 대한 것입니다. 피히테는 무엇보다도 새로운 교육을 받은 학생 중에서 학자로서의 소질을 가진 사람을 찾는 일이 중요하다고 보았습니다. 학자로서의 자질이나 능력이 있다면 가난한 사람이든 부자든 상관없이 누구나 학자 교육을 받을 수 있게 해야 한다고 말합니다. 학자의 재능은 자신의 것이 아니라 국민으로부터 빼앗을 수 없는 국민의 귀중한 재산이기 때문입니다.

역 사 의   마 지 막   사 람 ,   역 사 의   시 작 인   사 람

피히테는 《독일 국민에게 드리는 부탁》에서 게르만 민족에 대해 많은 이야기를 하고 있습니다. 세계사에서 가장 정의 내리기 힘든 민족이 게르만족이라고 합니다. 로마제국은 자신들보다 미개한 유럽의 여러 종족을 모두 게르만족이라고 불렀습니다. 조직적인 전투 능력을 가진 게르만족이 있는가 하면 용병으로 활동한 게르만족도 있었습니다. 그 규모는 가족 단위에서부터 한 국가를 형성하기까지 다양했습니다. 발트해를 중심으로 한 유럽의 여러 게르만족들은 기원전 2세기부터 남으로 이동을 시작하였지만, 로마제국의 북상에 막혀 독일의 라인 강과 도나우 강을 경계로 더 이상 남하하지 못했습니다. 동쪽에서 살던 훈, 반달, 고트 족 등도 유럽의 게르만족만큼이나 로마제국을 괴롭힌 게르만족들입니다. 동고트족 출신의 오도아케르는 476년 8월 23일 서로마제국의 황제 로물루스 아우구스툴루스를 폐위시키고 스스로 로마제국의 황제가 되었습니다. 역사에서는 이 날을 서로마제국이 멸망한 날로 기록하고 있습니다. 결국 로마제국은 자신들이 그렇게 두려워했던 게르만족에 의해서 멸망하고 말았습니다. 피히테는 독일 민족도 이런 많은 게르만족 중 하나라고 말합니다. 하지만 독일 민족은 다른 게르만족과 다르게 이동하지 않고 한 지역에 머물렀으며 같은 언어를 사용했습니다. 이런 독일은 로마제국을 지배하면서 유럽의 종주국으로 성장하였습니다. 독일이 유럽의 종주국이 된 것은 오토 1세가 로마 교황으로부터 왕관을 받아 쓴 962년부터입니다. 오토 1세는 로마제국과 신의 부활을 꿈꾸며 독일이 지배하고 있는 영역을 신성로마제국이라 명명하였습니다. 이후 신성로마제국으로서 독일은 종교 전쟁과 왕들 간의 세력 다툼으로 분열되었고, 오스트리아와 프로이센을 제외한 신성로마제국의 제후들은 1806년 7월 12일 나폴레옹의 후원을 받아 결성한 라인동맹에서 제국의 분리에 동의하고 나폴레옹의 편에 섰습니다. 이 결과 신성로마제국은 멸망했고, 신성로마제국의 멸망과 함께 나폴레옹은 독일을 발판으로 러시아에 대한 공격을 시작했습니다. 그러나 예나전투에서 패한 프로이센공화국은 다시 위기에 빠졌습니다.

피히테는 자신이 독일과 독일 국민을 위해 무엇을 해야 할지 알았습니다. 독일 민족은 한 곳에 머물면서 자신들만의 언어를 갖고 있었지만, 로마 문화에 익숙해져 있었습니다. 로마 문화는 로마의 언어로 발달하였고 당시 독일의 귀족과 학자들은 백성을 통치하기 위해 로마 언어를 사용하였습니다. 피히테는 백성의 자각 없이는 독일 민족의 발전도 없다고 판단하였고 백성을 깨우치기 위해 가장 필요한 것은 귀족이나 통치자를 위한 교육이 아닌 모든 백성을 위한 교육이라고 생각했습니다. 프로이센의 프리드리히 빌헬름 3세를 설득하여 대학을 세우고 총장이 된 피히테는 나폴레옹 군대의 삼엄한 경계에도 아랑곳하지 않고 독일 국민들을 상대로 강연을 시작하였습니다. 그리고 학생들과 함께 데모도 하였습니다. 피히테는 자신의 연설을 듣는 사람이 깨우치기를 바랐지만, 사실은 독일 국민 전체, 더 나아가 독일어를 사용하는 모든 사람들이 자신의 강연을 듣기 바랐습니다. 그리고 그들의 두근거리는 가슴에서 생명의 불꽃이 일기를 바랐습니다.

피히테는 어린아이 같은 순진함으로 자연을 접하고 범상치 않은 사상적 능력을 가졌으며 선과 덕에 감격할 줄 아는 청년에게 자신의 강연을 들어줄 것을 부탁합니다. 다음으로 자신이 듣고 보고 느낀 것을 직설적으로 말할 수 있는 사람, 지난 역사를 비판하고 종합하여 들려줄 수 있는 사람, 뿐만 아니라 풍부한 경험을 바탕으로 젊은이들의 존경을 받으며 그들을 격려해줄 수 있는 사람, 즉 노인들에게 자신의 강연을 경청해줄 것을 부탁합니다. 그리고 교육 실무자들에게 자신의 강연을 들려주고자 합니다. 피히테는 지금까지의 교육을 받은 사람들은 형식적으로 학교를 스쳐지나 간 것에 불과하므로 수다쟁이에 엉뚱한 허풍선이들뿐이라고 말합니다. 실무자들은 이제 행동을 통해 그들을 벌하고 사고와 학문을 경멸하는 풍토를 바로 잡아야 한다고 이야기합니다. 그리고 사상가, 학자, 문필가들에게 고합니다. 이들은 지금까지 천박함, 경솔함, 애매함, 혹은 잔재주와 수다로 국민들을 참 많이 속였습니다. 이제 그들은 질타와 비난을 받을 것이며, 국민들은 그들을 경멸하고 핍박하게 될 것입니다. 또한 피히테는 자신의 강연을 아첨꾼들과 악랄한 비방꾼들에게 둘러싸인 독일의 영주들이 들어주기를 원했습니다. 영주들은 독일을 위해 전쟁에 참여했지만 대다수는 백성이 아닌 자신을 위해 전투를 치렀습니다. 그러나 백성들은 나라의 독립과 자주성을 위해 영주의 전쟁에 기꺼이 참여하였습니다. 이러한 백성들의 충심과 헌신을 영주들은 깨달아야 한다고 피히테는 말합니다. 마지막으로 피히테는 독일 국민 모두에게 부탁합니다. 한 나라의 국민은 지위 고하를 막론하고 자신이 살고 있는 나라의 중요한 구성원입니다. 피히테는 그들이 자신의 자리에서 가장 쉽게 할 수 있는 일이 무엇인지 생각하고 그것부터 시작하길 바랐습니다.

피히테가 독일 국민에게 이런 부탁을 한 이유는 무엇일까요? 위대한 게르만 민족의 부활을 원했던 것일까요? 아니면 신성로마제국의 부활을? 아니면 독일 민족의 통일을 원했을까요?

피히테 이후 독일의 한 공화국이었던 프로이센이 첫 번째 독일 통일을 이룩하였습니다. 이것이 피히테의 힘인지 아닌지는 모르겠습니다. 이후 독일은 1, 2차 세계대전을 주도하면서 더욱더 게르만 민족의 부활을 열망했지만 뜻을 이루지 못했습니다. 그러나 1990년, 독일은 마침내 두 번째 통일을 이룩하였습니다. 이렇게 본다면 피히테가 원했던 것을 오늘날 독일은 모두 이루었습니다. 그러나 정작 피히테는 게르만 민족의 통일도 독일의 통일도 보지 못하고 죽었습니다. 피히테는 자신의 강연이 독일 국민의 귀에서 귀로 수백 년 동안 이어지기를 원했습니다.

❝인간은 약하고 작은 존재이기 때문에 현재의 달콤함과 자기만족에 빠져 살기를 원합니다. 그러나 역사는 이 모든 것을 기록하고 있습니다. 아무리 수치스러운 역사라도 우리에게 그것을 지울 자격은 없습니다. 다만 현재를 살고 있는 우리에게는 수치스러운 역사를 남들이 부러워하는 역사로 바꿀 기회가 있습니다. 독일 민족은 영광스러운 민족으로 다시 부활할 것이라고 피히테는 믿었습니다. 뿐만 아니라 독일 국민이 세계를 재건하게 될 것이라는 말도 잊지 않습니다. 역사 속에서 지금 현재를 살고 있는 마지막 사람이 될지 아니면 시작하는 사람이 될지는 바로 우리의 손에 달렸다고 피히테는 힘주어 말합니다. 역사를 이끌어갈 우리가 할 일은 단지 정신을 차리고 우리 눈앞에 벌어지고 있는 일을 직시하는 것, 그리고 생각하는 것입니다.**❞**

한 사상가의 강연이 게르만 민족의 통일과 독일의 통일을 이룩했다고 말하기는 힘들 것입니다. 그러나 독일을 바라보는 사람들은 언제나 피히테를 주목합니다. 피히테의 새로운 교육 이론은 피히테처럼 가난하지만 능력 있는 사람들에게 길을 열어 주었고, 어쩌면 이 열린 교육이 오늘의 독일을 만들었는지도 모릅니다. 분단국가이면서 여전히 참된 교육이 무엇인지 분명하게 정의 내리지 못하고 있는 우리에게 피히테와 독일은 부러워할 만한 철학자이자 나라임이 분명합니다.

삶을 누리려 하지 말 것!

쇼펜하우어 《행복의 철학》

Die Kunst glücklich zu Sein (?)

염세주의자의 행복론: 체념하거나 빼앗지 않아도 얻을 수 있는 것

서른한 살이던 해에 그는 로마, 베니스, 플로렌스 등 이탈리아 각지에서 고대 문물의 연구와 미술품 감상에 몰두하였습니다. 같은 해 7월에는 하이델베르크에 머물며 대학 교수가 되기 위해 베를린대학에 이력서를 제출합니다. 쇼펜하우어Arthur Schopenhauer, 1788~1860가 제출한 라틴어로 쓰인 아주 긴 이력서에서 우리는 그의 어린 시절과 집안 환경 그리고 꿈을 읽을 수 있습니다. 쇼펜하우어는 1788년 폴란드의 단치히에서 태어났습니다. 그의 아버지는 정의심 강하고 신의를 중시했으며 사업 수완이 뛰어난 상인이었고 어머니는 몇 권의 책을 남긴 문필가였습니다. 부유한 아버지 덕택에 쇼펜하우어는 자유로운 삶을 즐길 수 있었고, 학자로서의 교양을 쌓는 데 아무런 불편함이 없었습니다. 쇼펜하우어는 자신의 성격이나 기질로 볼 때 돈을 벌지 않고도 생활고에 대한 걱정 없이 자유롭게 하고 싶은 일을 할 수 있다는 것에 대해 부자인 아버지에게 감사했습니다. 사업가였지만 자유를 사랑하고 독립을 중요하게 생각했던 쇼펜하우어의 아버지는 자유민주적 공화제도를 지지하였습니다. 특히 그는 문학을 좋아하여 볼테르를 즐겨 읽었고, 38세 때 19세의 나이 차이에도 불구하고 역시 문학을 좋아했던 요한나 헨리테와 결혼했습니다.

단치히는 1260년에 폴란드로부터 자치권을 인정받은 자유도시였으나 1772년 프로이센에 점령되어, 1793년 프로이센으로 편입되었습니다. 자유와 여행을 좋아했던 쇼펜하우어의 아버지는 단치히를 떠나 역시 자유도시였던 함부르크로 이사를 하게 됩니다. 그곳에서 아내인 요한나는 문필가로서 명성을 쌓았고 집은 늘 문학하는 사람들로 북적였습니다. 열한 살이 된 쇼펜하우어는 사업보다는 어머니와 그 친구들의 영향으로 문학에 뜻을 두었고, 그런 쇼펜하우어에게 아버지는 고등학교 진학과 여행 중 한 가지를 택하도록 했습니다. 그래서 쇼펜하우어는 1803년부터 2년 동안 부모님과 함께 유럽 대부분의 나라를 여행하게 됩니다. 그러나 아들 교육만은 철저했던 부모님 덕에 쇼펜하우어는 여행 중에도 어머니의 명령으로 매일 일기를 써야 했고, 아버지의 뜻에 따라 외국어 교육과 기숙학교 생활을 해야 했습니다. 쇼펜하우어가 열일곱 살 되던 해인 1805년 아버지가 갑자기 돌아가시자 어머니는 유산을 정리하여 당시 괴테, 슈레겔과 같은 유명한 문인들이 많이 모여 살던 바이마르로 이사하였습니다. 함부르크에 남아 아버지의 사업을 이어가던 쇼펜하우어도 일 년을 채 견디지 못하고 어머니에게로 갔습니다. 그러나 사색적이고 조용한 쇼펜하우어는 화려하고 사치스러우며 자유분방한 어머니와 뜻이 맞지 않아 따로 생활하다 1809년 괴팅엔대학 의학부에 입학하게 됩니다. 2년 후 베를린대학에서 철학을 전공하기 시작한 쇼펜하우어는 스물다섯 살에 예나대학에서 박사 학위를 받고 동양 사상, 특히 인도 사상에 심취하게 됩니다. 쇼펜하우어는 1819년과 1836년 두 번에 걸쳐 베를린대학에서 철학을 강의했는데, 당시 유명했던 헤겔과 늘 같은 시간에 강좌를 열었으나 두 번 모두 학생들이 들어오지 않아 폐강되어 버린 일화도 있습니다. 어머니와의 불화를 참지 못한 쇼펜하우어는 스물여섯 살에 바이마르를 떠난 이후 다시는 어머니를 만나지 않았습니다. 1831년 독일에 콜레라가 유행하자 베를린을 떠난 쇼펜하우어는 삶을 마감할 때까지 프랑크푸르트에서 조용히 책을 쓰며 살았습니다. 쇼펜하우어의 어머니인 요한나는 평소 자신 때문에 아들이 유명해질 거라고 입버릇처럼 말했고, 쇼펜하우어는 자신 때문에 어머니가 유명해질 거라고 이야기했습니다. 그전까지 소설가 요한나의 아들로 알려졌던 쇼펜하우어는 프랑크푸르트에서의 생활 이후 조금씩 명성을 얻기 시작했습니다. 1860년 2월 심한 호흡 곤란을 일으킨 쇼펜하우어는 의사로부터 평소 즐기던 냉수마찰을 하지 말라는 경고를 들었지만 무시한 채 냉수마찰을 즐겼고, 그것이 직접적인 원인이었는지는 알 수 없지만 그해 9월 식사 도중 심장발작으로 세상을 떠났습니다.

라틴어에서 '좋다'와 '나쁘다'의 최상급은 'optimum'과 'pessimum'입니다. 이 단어에서 유래된 것이 낙천주의optimism와 염세주의pessimism입니다. 그중에서도 염세주의는 쇼펜하우어의 철학 사상을 대표하는 말이라고 할 수 있습니다. 쇼펜하우어에 따르면 우리 인간은 맹목적인 생명의 의지에 이끌려 불행하고도 비참한 삶을 살아가는 존재이며, 스스로 자신의 속박에서 벗어나 생명의 의지를 부정해야만 삶의 고통에서 벗어날 수 있습니다. 어쩔 수 없이 사는 삶에는 고통뿐이고, 이런 삶에서 벗어나고자 하는 것이 염세주의라면, 염세주의자에게도 행복이 있을까요? 염세주의와 행복은 도저히 어울리지 않을 것 같지만 대표적인 염세주의자였던 쇼펜하우어도 행복에 관한 글을 남겼습니다. 염세주의자 쇼펜하우어가 말하는 행복이란 어떤 것일까요? 먼저 행복한 삶이란 무엇인지에 대한 정의가 필요합니다. 행복은 주관적이기 때문에 행복한 삶에 대한 설명도 주관적일 수밖에 없습니다. 그러나 쇼펜하우어는 객관적으로 행복한 삶이란 아예 살지 않은 삶보다 나은 것이라고 말하고, 인간은 죽음을 두려워하는 것이 아니라 행복에 집착하는 것이며 그것이 무한히 계속되길 바란다고 말합니다. 어쩌면 인간의 삶 그 자체가 행복을 추구하는 것입니다. 그렇다면 삶을 배운다는 것은 곧 행복하게 사는 법을 배우는 것과 같습니다.

쇼펜하우어는 행복하게 살기 위해서는 스토아주의, 즉 금욕주의와 마키아벨리즘을 피해야 한다고 주장합니다. 금욕주의는 스스로 원하는 것들을 체념하고 쾌락을 피하면서 행복을 추구합니다. 마키아벨리즘은 다른 사람의 행복을 제물로 삼아 자신의 행복을 추구합니다. 방법은 다르지만 금욕주의와 마키아벨리즘 모두 양극단에서 완벽한 행복을 얻고자 합니다. 그러나 인간의 삶 자체가 행복을 추구하기 위해 존재한다면 갖고 싶은 것이나 쾌락을 멀리할 필요가 없으며, 남의 행복을 위해서 나의 행복을 포기할 필요도 없습니다. 결국 금욕주의와 마키아벨리즘 사이에 쇼펜하우어가 주장하는 행복이 놓여 있습니다. 행복은 자신을 체념하거나 타인의 행복을 빼앗지 않고도 얻을 수 있습니다. 금욕주의와 마키아벨리즘 사이에서 얻어진 이 행복은 그 둘이 추구하는 완벽한 행복에는 결코 이르지 못할 것입니다. 그러나 인간에게 있어서 완벽하고 적극적인 행복은 애초에 불가능한 일인지도 모릅니다. 비교적 '덜 고통스러운 상태'가 인간이 기대할 수 있는 최고의 행복일지 모릅니다. 쇼펜하우어는 이런 행복을 누리기 위해서는 네 가지 조건이 필요하다고 말합니다. 첫째, 인간이 누리는 괴로움과 기쁨의 정도를 결정하는 명랑한 정서, 즉 행복한 활기가 필요합니다. 둘째, 인간이 명랑하기 위한 필수 조건은 몸의 건강입니다. 셋째, 소포클레스는 《안티고네》에서 인간의 즐거움을 위해 가장 기본이 되는 삶의 자세는 무념무상이라고 했습니다. 즉 정신적인 평온이 중요합니다. 넷째, 인간이 살아가는 데에는 의식주가 필요합니다. 사치가 전혀 없는 의식주를 마련하기 위한 재산이 필요합니다. 기본적인 의식주를 걱정하지 않고, 건강한 몸과 평온한 정신 상태를 가지고 명랑한 정서 생활을 하는 것, 이것이 바로 염세주의자 쇼펜하우어가 말하는 행복입니다.

운 명 이 란 투 박 한 손

세상에 태어난 인간은 어리석은 희망인 줄도 모른 채 살아가면서 갖

가지 행복과 즐거움을 누리고 싶은 마음으로 가득 찹니다. 하지만 운명이란 투박한 손은 인간의 어리석은 희망을 가로채 갑니다. 그제야 비로소 인간은 행복과 즐거움은 환상 혹은 허상임을 알게 되고, 세상에는 번민과 고통만이 가득하다는 사실을 깨우칩니다. 이제 인간은 더 이상 행복과 즐거움을 찾으려 하지 않고 어떻게 하면 고통과 번민에서 벗어날수 있을까를 생각합니다. 그 결과 인간은 고통 없고 평온한 현재를 견딜만하다고, 살 만하다고 위안하며 최선을 다해 살게 됩니다. 운명은 이렇게 인간의 어리석은 희망을 모른 체하고 행복이 환상임을 일깨워 줍니다. 얄궂은 운명은 그것으로 끝내지 않고 늘 다른 사람이 나보다 더 행복하다는 생각이 들게 해 나를 힘들게 만듭니다. 내 앞에 나보다 더 행복한 사람이 있다는 생각이 들 때면 나보다 덜 행복한 많은 사람이 내뒤에 있다고 생각하라고, 그러면 나의 행복을 앗아가는 운명을 탓하지 않아도 된다고 쇼펜하우어는 말합니다.

　　이성적인 동물인 인간은 스스로 본능적인 성향을 억제하고 견제하기 때문에 자신만의 개성을 발휘하기 어렵습니다. 그리고 운명은 우리 인간으로 하여금 평탄하고 안전한 곳이 아닌 위태로운 선 위를 걷게 합니다. 만약 앞에 놓인 무언가를 잡으려 한다면 좌우에 있는 수많은 것들을 포기해야 합니다. 그러지 않고서는 아무것도 얻지 못하고 결국 선 위에서 버틸 수가 없을 것입니다. 이렇게 위태로운 선 위에 서 있는 인간이 한 가지 목표가 아닌 쾌락, 명예, 부, 혹은 덕과 같은 여러 가지를 한꺼번에 얻을 수 있을까요? 인간의 의욕이나 능력만으로는 불가능할 것입니다. 인간은 자신이 하고 싶은 것과 할 수 있는 것을 분명히 알아야 한다고 쇼펜하우어는 말합니다. 자신의 특성과 성격을 분명하게 알고 있는 인간만이 자신이 할 수 있는 일을 알게 되고 그것을 통해 행복을 얻을 수 있다는 것입니다. 그러나 운명은 인간이 얻을 수 있는 많은 것 중에서 무엇이 가장 적당하고 즐거움을 주는지 알 수 없게 만듭니다. 그래서 인간은 스스로 무엇이든 할 수 있다고 믿게 되고 인간의 모든 불행은 여기에서 시작된다고 쇼펜하우어는 말합니다. 어떤 보물이 됐든 그것을 갖고 싶은 마음이 없다면 그것을 손에 넣고자 애태우지 않고 만족하며 살 수 있습니다. 반대로 아무리 많은 보물을 가졌어도 필요한 한 가지를 갖지 못한 사람은 스스로를 불행하다고 느끼게 됩니다. 아무리 많은 재물에도 위안을 얻지 못하는 것은 재물이란 마치 바닷물과 같아서 마시면 마실수록 갈증이 나기 때문입니다. 명예나 명성도 이와 다르지 않습니다. 운명의 투박한 손은 이렇게 우리를 끝없는 고통으로 끌고 갑니다. 부와 명예를 잃은 사람은 처음에는 고통을 이기지 못하고 괴로워하지만 시간이 지나면 습관적으로 이전의 생활로 돌아갑니다. 반대로 행복이나 행운이 닥치면 운명의 도움을 받은 인간의 욕심은 풍선처럼 커지고 점점 더 많은 것들을 요구하며 행복감에 젖어듭니다. 그러나 기쁨도 행복도 영원히 지속되지 않습니다. 인간은 이미 자신의 행복에 익숙해졌기 때문에 더 많은 행복을 얻지 않는 한 결코 행복을 느낄 수 없습니다. 운명이란 투박한 손은 우리에게 욕구를 억제하라고 요구하지 않습니다. 오히려 운명은 인간의 욕구를 극대화하려고 끊임없이 속삭입니다. 인간은 운명의 손아귀에서 더 큰 행복을 위해 끊임없이 노력합니다. 이런 시도가 곧 불만의 원천임을 너무나 잘 알고 있지만 인간은 운명의 손아귀에서 벗어날 수 없습니다.

피할 수 없는 고통은 꼬리에 꼬리를 물고 등장하며, 한 가지 고통이 사라지면 새로운 고통이 나타납니다. 쇼펜하우어는 이런 고통이 개인의 본성과 관계있다고 보고, 개개인이 겪는 고통은 각자의 본성에 따라 그 범위와 양이 정해지고 유지된다는 가설을 세웁니다. 인간이 겪는 고통의 외적인 모습은 변하지만 그 양은 정해진 범위 안에서 움직이고, 고통에 상한선과 하한선이 있는지는 모르겠지만 모든 고통이 그 범위 안에 있다는 뜻입니다. 결국 고통과 행복은 외적인 요인에 의해서 좌우되며 개인에 따라 고통은 커질 수도 작아질 수도 있습니다. 쇼펜하우어는 이것을 '개인의 기질'이라고 말합니다. 인간은 누구나 기질적으로 몹시 괴로운 일이 생기면 사소한 걱정거리는 관심 밖이 됩니다. 반대로 별다른 걱정거리가 없으면 사소한 일들이 인간을 괴롭히고 성가시게 만듭니다. 이렇게 행복과 불행이 찾아오는 순간에는 환호하거나 고통에 빠지지만, 그러한 순간들은 어느새 지나갑니다. 그것은 행복과 불행이 현재의 상황에 좌우되는 것이 아니라 미래에 예상되는 상황에 좌우되기 때문입니다. 가난한 사람이 부유한 사람보다 더 즐거워 보이거나 행복하게 사는 모습을 볼 때면 우리는 인간의 기쁨이나 슬픔이 재산이나 지위와도 상관없음을 깨닫게 됩니다. 이렇듯 인간의 행복과 불행은 내적 상황, 즉 인간의 기질 혹은 본성에 기인하는 것입니다.

우리는 아무런 이유 없이 조금씩 명랑해지다가 기쁨에 넘치는가 하면 온전히 외부의 영향으로 우울해지기도 합니다. 이때 우리는 외부의 요인이 사라지면 행복해질 수 있다고 생각합니다. 그러나 우리는 또한 괴로움도 즐거움도 지극히 주관적이기 때문에 이 모든 것이 착각임을 너무나 잘 알고 있습니다. 인간의 불행이나 우울은 마치 병균처럼 우리 몸의 여기저기에 퍼져 있습니다. 한 가지 병이 치료되면 다른 병이 나타나듯이 한 가지 불행이 사라지면 또 다른 괴로움이 그 자리를 침범합니다. 우리는 이것을 새로운 불행이나 근심이라고 생각하지만, 그것은 이미 오래전부터 우리 몸에 자리하고 있는 것입니다. 그렇기 때문에 인간은 어떤 불행도 견뎌낼 수 있다고 쇼펜하우어는 말합니다. 지나친 행복도 극심한 고통도 모두 한 사람에게 일어날 수 있습니다. 이것은 모두 우리의 착각과 오해에서 비롯되는 것이며 삶의 본질적인 요소인 고통은 외부로부터 인간의 내부로 흘러들어오는 것이 아닙니다. 인간은 사라지지 않는 고통의 원천을 자신의 내부에 안고 살아가며 자신의 기질이나 본성에 따라 고통의 양을 정합니다. 그래서 현자들은 쾌락이 아닌 고통이 없는 상태를 추구하는 것인지도 모릅니다. 일단 불행한 일이 생기면 그것을 벗어나려고 애쓰지 말고, 상황이 바뀔 것이라는 기대도 하지 말며, 단지 그 고통에 익숙해져야 합니다. 쇼펜하우어의 말대로라면, 인간이 느끼는 고통의 크기는 개개인의 기질에 달렸으니 말입니다.

삶을 누리려 하지 말 것·쇼펜하우어 《행복의 철학》

행 복 이 란 현 재 에 있 는 것

인간은 누구나 남에게 자신의 단점을 드러내고 싶어 하지 않습니다. 그러려면 남의 눈에 띄지 않게 행동해야 하며 가능한 다른 사람과의 대화를 줄이고 자신과의 대화를 많이 해야 합니다. 유혹은 술이나 사랑처럼 몰래 들어와 남으로부터 들은 이야기를 결코 혼자 간직하지 않습니다. 이야기를 하는 사람은 듣는 사람을 믿습니다. 그러나 그 이야기를 들은 사람은 자신이 믿는 사람이 따로 있기 때문에 그 이야기를 남에게 들려줍니다. 유혹은 자신의 간지러운 입을 다스리지 못하고 속삭이는 만족감을 느낍니다. 입의 만족감은 결국 모든 사람들에게 누군가의 비밀을 알립니다. 이렇게 해서 이 세상의 모든 비밀이 다른 사람들의 입을 통해 오르내리게 되는 것입니다.

쇼펜하우어는 황제 네로의 스승이었던 세네카가 이야기한 대화의 유혹에 관해 들려줍니다. 세네카의 이야기를 바탕으로 쇼펜하우어는 명랑한 기질에 대해 설명합니다. 우리 주변에는 항상 명랑한 사람들이 있습니다. 명랑함에는 이유가 없습니다. 누구도 왜 명랑한지 묻지 않고, 이렇게 명랑해도 되는지 의심하지 않습니다. 명랑 그 자체가 인간의 정신이 준 선물입니다. 쇼펜하우어는 이 명랑성을 행복과 연관시킵니다.

권력, 부, 아름다움, 그리고 젊음을 모두 가진 사람이 있다고 가정합시다. 누가 봐도 이 사람은 행복할 것입니다. 그러나 쇼펜하우어는 이 사람이 행복하기 위해서는 얼마나 명랑한가를 봐야 한다고 말합니다. 반대로 어떤 사람이 명랑하다면 그 사람의 조건은 볼 필요가 없다고 말합니다. 즉 그 사람이 남자인지 여자인지, 늙었는지 아니면 젊었는지, 부유한 사람인지, 권력가인지와 같은 조건을 볼 필요가 없다는 것입니다. 그 사람은 그냥 행복한 사람입니다. 그렇기 때문에 명랑이 우리를 찾아온다면 그 이유를 묻지 말고, 심사숙고하지 말고, 대문을 활짝 열어 환영해야 합니다. 그러나 많은 사람들이 명랑을 들어오게 할까 말까 망설입니다. 망설임은 곧 근심의 무게에 눌려 있다는 뜻입니다. 한 가지 분명한 사실은 망설이는 동안 명랑은 사라져 버린다는 것입니다. 이렇게 중요한 명랑성은 인간에게 있어서 무엇과도 바꿀 수 없고 가장 먼저 얻어야 할 최고의 자산이라고 쇼펜하우어는 말합니다. 명랑성을 얻기 위해 가장 중요한 것은 건강이며, 가장 보잘것없는 것은 행복입니다. 건강이라는 토양 위에 자란 것이 명랑성이기 때문에 사람들은 건강을 유지하기 위해서 많은 노력을 해야 합니다. 격심한 정서적 동요, 정신적인 긴장과 같은 것은 명랑성을 얻는 데 최고의 적임을 명심해야 한다고 쇼펜하우어는 말합니다.

❝불안과 근심에 시달리는 사람은 과거에 매달려 삽니다. 끊임없이 무엇인가 추구하는 사람은 오지도 않은 미래 속에서 삽니다. 이렇게 현재는 사람들의 관심을 끌지 못하고, 사람들은 현재를 즐기지 못합니다. 당나귀 머리 앞에 건초더미를 달아 놓으면 당나귀는 닿지도 않는 건초를 먹으려고 열심히 혀를 날름거리며 앞으로 걸어갑니다. 우리 인간도 이런 당나귀와 다르지 않습니다. 있을지 없을지 모르는 가능성을 안고 언제 닥칠지 모르는 미래의 불안으로 현재의 편안함을 깨트립니다. 틀림없이 겪게 될 불행, 언제 겪을지 분명한 불행은 흔하지 않습니다. 불확실하고 불분명한 불행 때문에 인간은 마음의 평화와 행복을 잃고 평생을 살아갑니다. 삶의 온갖

풍파와 고난에 초연한 사람은 살아 가면서 겪어야 할 불행과 기쁨이 너무나 많고 다양하며 현재의 불행이나 행복은 아주 작은 것에 불과하다는 사실을 알고 있습니다. 스스로의 경험에서 나온 믿음만이 인간을 삶에 초연하게 만들 수 있습니다. 이렇듯 행복의 이면에는 부정적인 면이, 고통의 이면에는 긍정적인 면이 있기 때문에 삶이란 누리는 것이 아니라고 쇼펜하우어는 말합니다.

삶이란 단지 경험하고 행동하기 위해 있는 것입니다. 행복, 행운, 기쁨 등은 부정적인 요소를 가지고 있기 때문에 삶의 지표로 삼아서는 안 되며 기쁨이 행복을 가져다준다는 생각은 버려야 합니다. 쇼펜하우어에 따르면 고통이야말로 행복의 지표가 됩니다. 따라서 고통이 없으면 행복한 것입니다. 삶의 가치가 기쁨과 즐거움에 있다는 망상을 버리고 고통만이 긍정적인 것임을 일찍 깨닫는다면 인간은 진정 행복해질 수 있다고 쇼펜하우어는 말합니다."

인간의 삶에는 주관적이며 내적인 측면과 객관적이며 외적인 측면이 존재합니다. 행복과 고통, 기쁨과 슬픔은 주관적이고도 내적인 측면입니다. 그렇기 때문에 가능한 고통의 횟수와 양을 줄이는 것이 인간이 할 수 있는 최선의 방법임을 우리는 경험을 통해서 잘 알고 있습니다. 반면 객관적이고 외적인 측면은 삶의 성공 여부를 보여 줍니다. 즉 성공한 인생인가 실패한 삶인가, 영웅적인 삶을 살았는가 혹은 정신적인 성

취를 이루었는가와 같은 적극적인 측면을 말합니다. 주관적이고 내적인 측면은 고통이 크고 보이는 차이는 작습니다. 그러나 객관적이고 외적인 측면은 사람마다 차이가 크고 그 차이가 눈에 보입니다. 그래서 사람들은 행복과 고통이 함께 있는 주관적 삶보다 멋진 모습으로 보여지는 객관적인 삶에 더 신경을 쓰며 살아갑니다. 그러나 우리는 행복과 고통이라는 환상에 대해 미리 걱정할 필요가 없습니다. 행복 다음에 올 고통을 상상한다면 우리는 결코 행복할 수 없으며, 실제보다 더 불행해질 수도 있습니다. 환상은 우리로 하여금 모래 위에 누각을 짓게 합니다. 문제는 우리가 그 환상을 측정할 어떤 잣대도 갖고 있지 않다는 것입니다. 그런데도 우리는 형체도 없는 그 잣대로 우리의 불행을 재려 합니다. 쇼펜하우어는 우리의 행복과 불행을 좌우하는 이 환상을 제거하기 위해 수단과 방법을 가리지 말아야 한다고 말합니다. 확실한 것은 행복은 현재 이루어진다는 것입니다. 그리고 그 현재에 확실한 행복을 가져다주는 것은 명랑성입니다. 하지만 현재는 매 순간 과거가 되고 아무 일도 없었던 것처럼 무의미해집니다. 그렇다면 우리의 행복이 머무는 지점은 어디일까요? 우리의 삶은 잘게 쪼개진 조각입니다. 지금 무슨 일인가를 겪고 있다면, 다른 것은 개의치 말고 오직 그 한 가지만 깊이 생각하고 걱정하고 참아내야 합니다. 이때 필요한 것이 자기 억제입니다. 쇼펜하우어는 자기 억제를 통해 다가올 고통을 예방할 수 있고 현재의 행복을 느낄 수 있다고 생각했습니다.

이제 우리는 행복한 삶이란 조금이나마 덜 불행한, 그럭저럭 견딜만한 삶임을 알았습니다. 결국 참된 삶의 지혜는 즐거움이나 행복에 연연하지 않고 가능한 수많은 불행과 고통을 피하는 일에 최선을 다하는 것입니다. 이런 삶의 지혜를 잘못 이해하면 행복은 결국 망상이 되고 맙니다. 그리고 행복과 즐거움은 본질적으로 부정적이며, 고통과 불행은 긍정적임을 잊지 않는 것, 그제야 우리는 행복이라는 망상에서 벗어날 수 있음도 알았습니다. 쇼펜하우어는 인간의 삶은 주사위 놀이나 체스와 같다고 말합니다. 우리가 원하는 주사위의 숫자는 좀처럼 나오지 않습니다. 우연히 나온 주사위의 숫자가 우리에게 행운을 가져다 줄 뿐입니다. 체스도 마찬가지입니다. 체스를 둘 때 사람들은 치밀하게 계획을 세우지만 정작 시합이 시작되면 상대방의 전술에 따라가기 쉽고, 결국 처음 계획은 아무 의미가 없어집니다. 삶에서도 우리는 체스처럼 많은 계획을 세우지만 살다보면 나의 계획이 아닌 다른 사람의 계획에 의해 끌려가고 있는 자신을 발견하기도 합니다. 이 모든 것을 이겨낼 수 있는 힘이 명랑성입니다. 쇼펜하우어는 명랑성만이 행복한 사람의 조건이며, 행복의 조건이 고통임을 아는 사람만이 행복해질 수 있다고 말합니다.

나 이 듦 의 현 명 함 에 대 하 여

인생의 전반기는 후반기에 비해 많은 장점을 갖고 있습니다. 그러나 사람들은 언젠가는 반드시 행복하게 될 것이라는 생각 때문에 인생의 전반기를 불행하게 보냅니다. 이런 생각은 시간이 지나면서 점점 기만당하고 희망은 사라집니다. 사람들은 심지어 불확실한 행복을 상상해서 만들어 내며 눈앞에서 어른거리는 행복을 잊을 수가 없습니다. 인생의 후반기에 이르러서야 한 번도 보지 못한 행복에 대한 동경은 사라지고 불행에 대한 염려만 남게 됩니다. 그러나 쇼펜하우어에 따르면 인생의 후반기에 찾아올 이런 불행을 막을 방법은 충분히 있습니다. 행복이 긍정적인 것이 아니라는 사실을 인정하는 순간 인간은 행복하며, 가능한 덜 고통스러운 삶을 바라는 순간 인생의 후반기는 훨씬 만족스러울 것입니다. 이런 사실을 인생 전반기에 깨닫기만 한다면 우리는 후반기의 부족함과 아쉬움을 메우고도 남을 만큼 넉넉한 삶을 살 수 있을 것이라고 쇼펜하우어는 말합니다.

우리는 살아가면서 재산, 건강, 친구, 연인, 가족 등 참 많은 것을 잃습니다. 소중한 것을 잃을 때마다 우리가 갖게 되는 마음가짐을 현재 우리 곁에 있는 것들에 가져야 합니다. 불행한 사람들은 자신이 갖지 못한 것에 대해서 '내가 저것을 가지면 어떨까' 생각합니다. 하지만 행복을 원한다면, '지금 가지고 있는 것을 잃어버리면 어떻게 될까'를 생각하고, 얻고자하는 것에 목표를 정한 후 욕구가 꼼짝하지 못하게 고삐를 조이고, 분노를 길들여야 합니다. 원하는 것을 얻기는 어렵고 피할 수 있는 불행은 많지 않음을 명심해야 합니다. 그렇지 않으면 아무리 막강한 부나 명예, 권력을 쥐고 있어도 스스로를 가난하고 불행한 사람으로 만들 뿐이라고 쇼펜하우어는 말합니다.

사람들은 나이가 들어 인생의 많은 즐거움을 누리지 못하는 노인들을 동정합니다. 그러나 즐거움이란 상대적이며 욕구를 진정시키는 단순한 만족이기 때문에 이런 걱정은 할 필요가 없다고 쇼펜하우어는 말합니다. 노인들은 사랑보다는 식사의 기쁨에서 욕구를 충족시키며, 공부하고 싶은 욕구, 보고 싶은 욕구, 혹은 여행에 관한 욕구를 가르치거나 대화하는 기쁨으로 대신합니다. 하지만 노인에게 젊은이와 같은 사랑, 음악과 연극을 즐기는 정열이 남아 있다면 그것도 행복입니다. 무엇인가를 추진하거나 배우는 것, 스스로 노력하고 무언가에 저항하여 싸우는 것도 인간의 큰 즐거움 중 하나이기 때문입니다. 중요한 건 무엇인가 얻고자 할 때, 그것이 환영이나 상상이 아닌 분명한 것이어야 한다는 점입니다. 어린 시절 행복이란 목표는, 예를 들어 사랑 같은 것은 단지 환상의 조합에 불과합니다. 이 모든 환상과 상상에서 깨어나는 시기가 바로 노년기라고 쇼펜하우어는 말합니다. 쇼펜하우어가 강조한 행복의 원천이 건강임을 아는 것도 나이와 깊은 관계가 있습니다. 건강 그리고 명랑성이 없다면 바깥에서 찾아오는 어떤 행복이나 즐거움도 누릴 수 없기 때문입니다.

만약 삶의 한 지점에서 이제껏 우리가 걸어온 길을 돌아보게 된다면, 삶이 결코 우리 자신의 작품이 아님을 알 수 있습니다. 삶은 끊임없이 나타나는 사건과 그 사건에 대해 우리가 내린 결정이라는 두 가지 요소로 만들어집니다. 문제는 우리의 경험은 늘 부족하고 시각은 좁다는 것입니다. 결정하기도 예측하기도 어려운 것이 삶입니다. 그래서 우리는 계획을 세웁니다. 그러나 시간의 흐름에 따라 우리에게 일어날 변화 역시 우리는 예측하지 못합니다. 이 모든 것을 이해하고 깨닫게 될 나이가 되어서야 사람들은 불행해지지 않기 위한 확실한 방법이 절대로 행복해지기를 원하지 않는 것임을 터득하게 된다고 쇼펜하우어는 말합니다. 나이가 든 사람들은 커다란 행복이 커다란 불행을 불러온다는 사실을 알기 때문에 즐거움에 대한 욕구, 재산, 지위, 명예 등에 대한 욕구를 최대한 자제하고 절제하는 것입니다.

많은 사람들이 다양한 방식으로 세상 속에서 살아갑니다. 많은 사람들이 만들어 내는 다양한 경험에 비해 한 사람이 만드는 세계는 아주 단순합니다. 우리는 타인의 삶을 부러워하지만 그와 똑같은 삶을 살 수 있게 된다고 해서 반드시 행복해지리란 법은 없습니다. 우울한 사람에게는 비극적일 수 있는 사건이 쾌활한 성품의 사람에게는 약간의 슬픈 경험일 수 있듯이 결국 명랑하고 낙천적인 기질과 건전한 감각을 유지하는 것이 삶을 살아가는 데 있어 가장 중요한 요소입니다. 쇼펜하우어는 우리가 살아가면서 겪는 많은 사건들의 뒤에는 그것을 주재하는 비밀스러운 힘, 즉 운명이 있으며 사람들이 이 피할 수 없는 운명을 인정한다면 많은 위안을 얻게 될 것이라고 말합니다. 모든 사건은 인과법칙에 따라 발생하고 언제든 일어날 일은 일어나게 되어 있습니다. 그렇기 때문에 쇼펜하우어는 '가능성'을 인정하지 않습니다. 가능성이란 일어날 수 있는 일이고, 일어날 수 있는 일은 결국 모두 일어나기 때문입니다. 만약 가능성을 인정한다면 어떤 원인이 있다고 해서 반드시 그에 따른 결과가 나타나지는 않을 것입니다. 그래서 사람들은 일어난 모든 일은 필연적이라고 믿습니다. 그러나 쇼펜하우어는 가능성과 필연성을 다른 것으로 보지 않습니다. 가능성을 인정하는 사람들은 현재의 불행을 언젠가 찾아올 행복의 징조로 보고 그 불안을 걷어 내려고 하지만 돌아오는 것은 실망뿐입니다. 그렇기 때문에 앞으로의 삶을 위해서 무언가를 준비하는 것만큼 어리석은 일은 없다고 쇼펜하우어는 말합니다. 우리는 목표한 대로 살 수 없으며 시간이 지남에 따라 능력도 취향도 목표도 변합니다. 우리의 삶은 출발점에서 보면 무한히 길고, 도착점에서 보면 너무나 짧습니다. 하지만 대체로 우리는 우리의 삶이 이와 반대라고 착각합니다. 이러한 사실을 깨달을 때쯤이면 우리는 이미 도착점에 서 있을 것입니다. 그러나 또한 이러한 착각이 아니면 우리는 아무 일도 시작할 수 없을 것이고 어떤 목표도 정할 수 없을 것입니다.

쇼펜하우어에 따르면 행복의 가장 큰 적은 고통과 권태입니다. 다행히 자연은 우리에게 이 두 가지와 맞설 수 있는 힘, 즉 고통에는 명랑성을 권태에는 정신을 주었습니다. 그런데 문제는 명랑성과 정신은 가까이 있는 것이 아니라 양쪽 극단에 놓여 있다는 것입니다. 천재적 인간은 우울하고, 지나치게 명랑한 기분은 천박한 정신의 산물이 되고 말았습니다. 그래서 고통과 권태 중 한 가지를 잘 다루는 사람은 다른 하나를 다루는 데에 부족함이 많습니다. 이렇게 행복의 최대의 적이 고통과 권태이고, 그것을 막을 수 있는 명랑성과 정신이 양 극단에 놓여 있다면, 우리는 과연 어디서 행복을 찾을 수 있을까요? 쇼펜하우어는 아리스토텔레스와 맥락을 같이하여 행복이란 스스로 만족하는 사람의 것이라고 말합니다. 그러나 행복하기란 쉬운 일이 아니기 때문에 인간의 내부에서 행복을 찾는 일은 너무 어렵고, 외부에서 찾는 것은 불가능하다고 말합니다.

평판이나 재산은 나이를 먹는 것과 상관없지만 다행한 것은 나이가 정신력만 감소시키는 것이 아니라 고통의 근원인 정열도 감소시킨다는 점입니다. 이렇게 본다면 자연은 인간에게 모든 것을 공평하게 나누어 준 것 같습니다. 쇼펜하우어는 행복을 논하며 인간의 경험을 믿는 것만큼 나이듦의 중요성을 강조하고 있습니다. 행복하고자 한다면 행복을 바랄 것이 아니라 고통을 억제해야 하며 그 모든 방법이 인간의 경험에서 나오는 것이라면 나이는 곧 경험의 원천인 것입니다.

고 통 과 행 복 이 시 작 되 는 곳

염세주의와 행복, 정말 어울리지 않는 단어입니다. 염세주의자는 왠지 행복을 경멸할 것만 같습니다. 그러나 염세주의자 쇼펜하우어는 행복에 대한 자신의 철학을 작품 여기저기에 남겨 두었습니다. 우리는 이것을 쇼펜하우어의 '행복철학'이라고 부릅니다. 쇼펜하우어와 같은 염세주의자가 주장하는 행복의 조건은 다른 철학자와 조금 다릅니다. 그는 무엇을 가졌는가가 아니라 무엇이 있다는 사실에서 행복의 조건을 찾습니다. 사람들은 명예, 부, 권력 등을 가지려고 애쓰지만 쇼펜하우어에게 이런 것들은 행복의 조건이 아닙니다. 사람이 정말로 즐겨야 할 것은 자기 자신입니다. '나'라는 존재가 없다면 온갖 즐거움도 아무런 가치가 없다고 쇼펜하우어는 말합니다.

인간은 언젠가 죽는다는 공통적인 운명을 갖고 있지만 서로 다른 삶속에서 행복과 고통을 느끼며 살아갑니다. 행복과 불행을 좌우하는 것은 무엇일까요? 쇼펜하우어는 다음 세 가지를 이야기합니다. 첫째, 누구인가? 정신, 교양, 건강, 힘, 아름다움과 같은 개인의 특성을 말합니다. 둘째, 무엇을 갖고 있는가? 재물, 재력과 같은 물질적인 능력입니다. 셋째, 무엇을 내세우는가? 명예, 평판, 위신 등과 같은 나에 대한 다른 사람들의 생각입니다. 이 세 가지 중에서 첫 번째가 의심할 것 없이 행복과 불행을 좌우하는 가장 본질적인 요소입니다. 사람들은 자신만의 소우주라 할 수 있는 각자의 세계에서 살아가기 때문에 외부에서 일어나는 같은 사건에 대해 전혀 다르게 반응합니다. 누구든 자신의 생각, 감정, 혹은 의지가 먼저입니다. "시장이 반찬"이라는 말도 있듯이 주관이 객관보다 본질적이고 더 큰 즐거움을 주기 때문입니다. 사람들은 저마다 자기가 지니고 있는 것으로 자신을 위로할 수 있습니다. 정신적으로 풍요로운 사람은 완전한 고독을 즐길 줄 알고, 선량하고 온화한 사람은 아주 궁핍한 상태에서도 만족할 수 있습니다. 가끔 타인에게는 전혀 도움이 안 되지만 자기만의 세계에서 자신만의 즐거움을 누리고 사는 사람들도 있습니다. 이렇게 모든 사람들이 자신의 인격, 성격, 혹은 기질에 따라 자신이 추구하는 행복을 누리며 살아가는 것입니다. 반면 둘째와 셋째는 조금 다릅니다. 재산과 평판은 서로 상관관계에 있습니다. 가진 사람이 인정받는 사회인 것은 예나 지금이나 똑같고 재산보다 위신을 선호하는 사람을 찾기가 힘들 정도로 재물의 위력은 대단해 보입니다. 재산에 비해 위신은 신기루와 같은 것입니다. 다른 사람의 생각에 좌우되는 평판의 가치는 불확실하며, 허영 위에 놓여 있습니다. 그러나 평판의 위력도 무시할 수 없습니다. 잘못된 평판으로 한 사람의 인생이 위기에 처할 수도 있습니다. 위신이나 평판이 행복과 아무런 연관이 없음을 너무나 잘 알고 있지만 인간의 허영심은 우리로 하여금 위신과 평판에 큰 가치를 두게 합니다. 인간의 기쁨은 허영심의 충족에서 나오기 때문입니다. 이 허영심을 부추기는 것이 또한 아부와 모욕입니다. 같은 뿌리를 가진 아부와 모욕으로부터 해방되려면 엄청난 억제력이 필요합니다. 아부와 모욕의 감정에서 풀려나지 못하면 평판의 노예에서 절대 벗어날 수 없습니다. 재산과 평판은 이렇게 상대적이기 때문에 다른 사람이 가진 것과 비교됩니다. 반면 인격의 가치는 절대적입니다. 인간이 자신의 삶에서 행복을 추구하는 것은 곧 자신의 가치를 인정받고자 하는 것이며 이것을 가능하게 하는 것이 바로 인격입니다. 인격은 평판보다 훨씬 건강한 사람을 만들어 줍니다. 인격은 재산이나 평판처럼 우연한 행복에 흔들리지 않고 누구로부터 어떤 인격도 빼앗을 수 없듯이 나의 인격도 남에게 빼앗길 수 없습니다.

행복철학을 논한 쇼펜하우어가 염세주의자가 된 이유를 많은 철학자들은 그의 성장 환경에서 찾습니다. 쇼펜하우어의 성장에는 어머니의 영향이 컸습니다. 자유분방하고 화려한 삶을 지향했던 어머니에 대한 환멸은 쇼펜하우어의 《부인론》에 잘 나타나 있습니다. 이 책에서 쇼펜하우어는 "여자 때문에 태어났고 여자 때문에 중년에 즐거움이 없고 여자 때문에 말년에 위로가 없다"는 말로 여자 때문에 남자의 권리는 반으로 줄고 의무만 배로 늘었다고 주장합니다. 그 외에도 일부다처제를 옹호하는 표현이라든가 서양에서 숙녀는 잘못된 지위를 차지하고 있다는 발언 등 여자에 대한 좋지 않은 감정을 드러내기도 합니다. 1823년 나폴레옹이 독일을 침공하였을 때, 쇼펜하우어는 베를린을 떠나 다시는

삶을 누리려 하지 말 것! · 쇼펜하우어 《행복의 철학》

만나지 않을 것 같았던 어머니를 찾아 갑니다. 그러나 1년을 넘기지 못하고 어머니와 결별하고 다시는 만나지 않았습니다. 그런가하면 쇼펜하우어의 염세주의를 당시 유행했던 낭만주의에서 찾는 사람들도 있습니다. 당시 많은 젊은이들은 봉건 영주와 귀족의 몰락과 함께 찾아온 낭만주의에 큰 기대를 하였습니다. 그러나 낭만주의는 젊은이들이 생각하는 것과는 다른 방향으로 흘렀고 이런 환멸이 염세주의를 불러왔습니다. 어머니로부터 비롯된 불행한 성장 환경, 전쟁으로 인한 혼란한 사회의 경험, 그리고 낭만주의라는 문화에서 느낀 환멸, 이 모든 것을 쇼펜하우어는 몸소 체험했고 그것이 그의 철학에 밑바탕이 된 것입니다. 이런 쇼펜하우어의 삶에도 행복한 시간들은 있었습니다. 늘 자신이 기르던 개와 함께 식당을 찾았던 쇼펜하우어는 다른 테이블에서 들려오는 대화를 들으며 내기를 했던 것으로 유명합니다. 그는 식사를 하기 전 항상 식탁 위에 금화 한 닢을 올려놓고 다른 사람의 대화를 들었다고 합니다. 그들의 대화 중에 여자와 개에 관한 얘기가 나오지 않으면 그 금화 한 닢을 식당 종업원에게 주기로 자신과 약속한 것입니다. 그러나 쇼펜하우어가 죽을 때까지 그 금화 한 닢을 받은 식당 종업원은 없었다고 합니다.

여러분은 아침에 누구의 허락을 받고 집을 나섭니까? 아마도 거울일 것입니다. 거울의 허락이 없으면 여러분은 아무 곳에도 가지 못합니다. 거울의 허락이 떨어지는 순간 여러분은 행복합니다. 그러나 그 행복을 고통으로 변하게 할 수도, 더 큰 행복으로 이어지게 할 수도 있는 것이 바로 주변 사람입니다. "너 오늘 보기 좋다", "오늘 얼굴이 왜 그래?" 이 한 마디로 여러분의 행복이 배가되거나 깨어져 버리니 말입니다. 무엇이 거울로 하여금 당신의 외출을 허락할까요? 무엇이 주변 사람들로 하여금 당신의 행복을 깨거나 배가시키도록 만들까요? 바로 당신입니다. 당신이 허락한 것을 당신 스스로 망가뜨리거나 배가시키는 것입니다. 그렇지 않습니까?

지배 계급은
무엇을
두려워하는가

마르크스 · 엥겔스 《공산당 선언》

Manifest der kommunistischen Partei (1848)

세 기 의 만 남

'운명적인 만남'이라 하면 우리는 보통 연인들을 떠올립니다. 그러나 마르크스Karl Heinrich Marx, 1818~1883와 엥겔스Friedrich Engels, 1820~1895의 만남이야말로 운명적이란 말만으로는 부족합니다. 아마도 세기의 만남 정도는 되어야 할 것 같습니다.

카를 마르크스는 1818년 5월 5일 독일 트리어에서 7남매 중 셋째로 태어났습니다. 마르크스의 아버지는 루터파 그리스도교로 개종한 유대인이었고, 아들도 자신과 같은 변호사가 되어 중산층의 삶을 누릴 수 있도록 1835년 본대학 법학부에 마르크스를 입학시켰습니다. 그곳에서 마르크스는 고대 신화와 미술사 등을 청강하면서 교양을 쌓았습니다. 엥겔스는 마르크스보다 2년 뒤인 1820년 11월 28일 바르멘에서 태어났습니다. 장남이었던 엥겔스는 방직 공장주였던 아버지의 강요로 고등학교를 그만두고 아버지의 공장에서 1년, 친척의 공장에서 2년 정도 일을 하였습니다. 그러나 살고 있던 도시의 분위기와 보헤미안 출신답게 타고난 방랑기는 엥겔스로 하여금 아버지의 가업을 잇게 내버려 두지 않았습니다.

트리어와 바르멘은 당시 프로이센의 도시였지만 프랑스혁명과 산업화의 영향으로 두 도시 모두 독일의 다른 도시들과는 다르게 자유로운 분위기가 강했습니다. 이러한 환경이 두 사람으로 하여금 조용히 아버지의 뜻을 따르게 두지 않았습니다. 본대학에 입학한 마르크스는 아버지의 그늘에서 벗어나자마자 베를린대학 법학부에 입학하였고, 그곳에서 소위 말하는 운동권 학생들과 어울리기 시작했습니다. 마르크스는 운동권 학생들의 철학 모임인 '박사클럽'에 가입하여 프로이센의 전제 군주정치를 몰락시키겠다는 꿈을 키우게 됩니다. 1841년 예나대학에서 철학 박사 학위를 받은 마르크스는 다음 해 쾰른에서 일간지 편집장을 맡아 반정부 활동을 시작하였으나 검열 당국의 눈을 피하지 못해 결국 일간지는 폐간되고 마르크스는 체포령을 피해 파리로 망명하여 자신의 꿈을 키우게 됩니다. 한편 아버지의 눈을 피해 포병으로 자원입대한 엥겔스는 지원병으로 병역 의무를 마치고 틈틈이 베를린대학에서 헤겔 철학 등을 청강하며 청년 헤겔파와 어울렸습니다. 1842년 쾰른을 여행하던 엥겔스는 우연히 마르크스를 만났고 이때까지만 해도 두 사람은 서로에게 별다른 관심을 갖지 않았습니다. 같은 해 엥겔스는 해외 공장 견학이라는 명목으로 아버지에게 떠밀려 영국 맨체스터로 떠나게 됩니다. 그리고 1844년 8월 파리, 운명의 날은 다가왔습니다. 독일에서 쫓겨나 실업자가 된 마르크스는 박사클럽의 옛 친구들과 다시 뭉쳤고, 다른 한편으로는 파리에서 만난 프랑스 혁명가와 함께 독일 혁명을 꿈꾸었습니다. 마르크스는 새로운 혁명을 위해서는 노동자 계급인 프롤레타리아 계급이 중심이 되어야 한다고 목소리를 높였습니다. 그리고 헤겔 철학 외에 정치경제학을 연구하며 이론적으로 이들을 도왔습니다. 맨체스터에 머물던 엥겔스는 발달한 영국의 산업에 비해 여전히 배고픈 노동자의 현실을 보았고 독일노동조합에 대해 생각하게 되었습니다. 또한 이 무렵 엥겔스 역시 정치경제학에 관심을 갖고 영국 신문에 노동자를 위한 내용의 글들을 싣기 시작했습니다. 아버지의 부름을 받고 독일로 돌아가기 위해 파리에 들른 엥겔스는 그곳에서 마르크스를 다시 만났고, 이후 두 사람은 평생 동안 우정을 나누고 협력하였습니다.

프랑스와 프로이센의 우호적인 관계는 마르크스에게는 아무런 도움이 되지 않았습니다. 1845년 마르크스는 결국 벨기에로 추방되었습니다. 그리고 다음 해 엥겔스가 벨기에로 마르크스를 찾아옵니다. 1847년 마르크스와 엥겔스는 런던에서 개최된 제2차 공산주의자 동맹에 가입하였고, 동맹의 강령을 작성하여 1848년 2월에 발표하였습니다. 이렇게 탄생한 것이 바로 《공산당 선언》입니다. 《공산당 선언》의 발표와 함께 1848년 유럽의 3대 혁명인 프랑스, 독일, 오스트리아 노동자 혁명이 일어납니다. 《공산당 선언》이 발표되자 벨기에 정부는 마르크스를 추방하였고, 마르크스가 엥겔스와 함께 1848년 4월 독일 혁명의 중심에 서자 프로이센 정부 역시 마르크스에게 국외 추방령을 내립니다. 1849년

지배 계급은 무엇을 두려워하는가 · 마르크스 · 엥겔스 《공산당 선언》

런던으로 망명한 그는 죽을 때까지 경제적인 궁핍을 면치 못하였습니다. 그나마 아버지의 공장에 취직하여 여유로운 삶을 살았던 엥겔스의 도움이 없었다면 마르크스의 삶은 더 비참하였을 것입니다. 경제적으로 어려운 상황 속에서도 마르크스는 많은 저서를 남겼고, 1882년 엥겔스의 도움으로 알제리, 스위스, 프랑스 등을 여행하고 돌아온 다음 해 평생 동지인 엥겔스가 지켜보는 가운데 조용히 숨을 거두었습니다. 엥겔스는 이후 마르크스의 저서들을 모아 출간하는 일에 많은 시간과 돈을 투자하였습니다. 뿐만 아니라 1890년 런던에서 열린 제1차 노동자의 날 기념식에 참석하는 등 국제 노동 운동과 사회주의 운동에 적극 참여하였습니다. 1894년 마르크스의 《자본론》3권을 모두 출간한 엥겔스는 다음 해인 1895년 세상을 떠났습니다.

부 르 주 아 와 프 롤 레 타 리 아 의 생 김 새

함께 생산해 공동으로 나누자는 의미의 공산주의라는 말을 처음 접한 사람들의 반응은 어땠을까요? 당시 많은 나라의 왕, 수상, 혹은 경찰들에게 공산주의는 유령이라 불릴 만큼 공포와 두려움의 대상이었습니다. 당시 공산주의는 이미 한 나라의 정권을 넘보는 큰 세력으로 자리잡았고, 공산주의자들의 입장과 목적 혹은 의도를 충분히 전달할 단체도 만들어졌습니다. 이 단체가 바로 공산주의자들의 모임인 '공산주의자 동맹'입니다. 마르크스와 엥겔스는 바로 이 동맹에서 빼놓을 수 없는 중요한 인물들이었습니다.

　공산주의자들은 지금까지의 역사를 계급 간 투쟁의 역사라고 생각합니다. 즉 자유 시민과 노예, 귀족과 평민, 영주와 농노, 공장의 장인과 직공 등 계급 간에는 항상 투쟁이 있었으며, '가진 자'와 '가지지 못한 자'로 구별되는 이들의 투쟁은 은밀하게 때로는 공공연하게 끊임없이 이어졌다는 것입니다. 그리고 이 투쟁은 전 국가적 혁명으로 이어지거나 투쟁하는 계급이 함께 몰락하는 것으로 끝이 납니다. 고대 로마 시대의 귀족, 기사, 평민, 그리고 노예, 중세의 봉건 영주, 가신, 공장의 장인 혹은 농사를 짓는 농노처럼 시대마다 신분과 계급은 존재했습니다. 그러나 봉건 사회가 몰락하면서 근대에는 아주 단순하지만 대립적인 계급이 만들어졌습니다. 바로 재산을 가진 부르주아와 단순 노동력만을 가진 프롤레타리아입니다. 근대 사회를 대표하는 부르주아와 프롤레타리아는 어떻게 생겨났을까요? 마르크스와 엥겔스는 이 두 계급이 생겨난 원인을 봉건 사회의 몰락에서 찾습니다. 봉건 사회가 몰락하면서 농노들은 성 밖에 머물며 대부분 수공업에 종사하였습니다. 바로 이런 수공업 기술을 가진 사람들에게서 마르크스와 엥겔스는 부르주아 계급, 즉 부르주아지 최초의 모습을 찾았습니다. 이들은 붕괴하고 있던 봉건 사회 안에서 혁명적인 요소로 급속히 발전하였습니다. 특히 이들은 아메리카 식민지 개척, 아프리카로 돌아가는 항로의 발견, 동인도 회사 건설, 중국 시장 개척 등과 함께 무역, 상업, 항해, 공업 등의 분야에서 비약적인 발전을 이룩하였습니다. 시장이 확대되고 상품에 대한 수요가 증가하면서 수공업은 공장제 수공업으로 발전하였지만 이것도 오래가지는 못했습니다. 공장 내 분업이 발전하면서 대량 생산이 가능해졌고 곧 근대적인 공장제 기계 공업이 나타났기 때문입니다. 이렇게 등장한 공장의 공장주, 즉 근대의 부르주아 계급은 혁명적인 역할을 수행합니다. 부르주아지는 그들이 지배권을 장악한 모든 곳에서 봉건적, 가부장적, 목가적인 요소를 철저하게 파괴했습니다. 그들은 이해관계 외에는 사람들 사이의 어떤 관계도 인정하지 않았으며 의사와 변호사 같은 전문직 종사자들까지 고용하여 임금 노동자로 전락시킨 후 가혹하게 그리고 노골적으로 착취하였습니다. 부르주아지는 이집트의 피라미드나 로마의 수로보다 더 경이로운 대공사를 완료했으며, 십자군을 능가하는 원정을 수행하기도 했습니다. 그들은 생산 도구와 생산관계를 비롯한 사회 전체를 끊임없이 바꾸지 않고는 살아남을 수 없음을 너무나 잘 알고 있었습니다. 그 외에도 그들은 사회적 불안감을 고조시키고 노동자를 억압하였으며 자신들의 부를 축적하고 호화로운 삶을 이어갔습니다. 부르주아지 앞에 신분은 연기처럼 사라지고, 신성은 모독으로 더럽혀졌습니다. 그들은 자신들의 생산물을 팔기 위해, 끊임없이 세계 시장을 개척하기 위해 지구를 누볐습니다. 생산품을 늘리기 위해 가장 필요한 것은 원료 확보였습니다. 그들은 전쟁을 통해 식민지를 개척하고 생산 도구를 개량하며 교통을 확충하면서 미개한 나라의 국민들을 급속하게 문명화시켰습니다. 농촌 사람들이 공장 노동자로 문명화되자 농촌은 사라지고 도시는 거대해져 갔습니다. 그들은 농촌을 도시에 편입시키듯 미개국을 문명국으로, 농민을 도시민으로, 동양을 서양으로 편입시켰습니다. 그 결과 인구 밀도는 높아지고 생산 수단은 한 곳에 집중되었으며 재산은 소수의 사람에게 몰렸고 정치는 중앙으로 집권되었습니다. 부르주아지는 결국 독립된 지방을 하나의 정부와 법률로 묶는 데 성공하였으나 이러한 근대 부르주아 사회는 스스로 족쇄로 변하고 파괴되기 시작합니다.

어느 시대나 나타나는 사회적인 전염병이 바로 과잉 생산입니다. 사회 문명은 지나치게 발달하고 생활용품은 너무 많고 공업과 상업은 비대해지면서 사회는 일시적으로 미개한 상태로 되돌아갑니다. 부르주아지는 대량의 생산품을 스스로 파괴하거나 새로운 시장을 개척하고 기존 시장을 철저하게 관리함으로써 이 문제를 해결하고자 합니다. 그러나 문제는 이것으로 해결되지 않았습니다. 그래서 부르주아지는 새로운 돌파구를 찾았고 그것이 바로 노동자를 뜻하는 프롤레타리아 혹은 노동자 계급을 의미하는 프롤레타리아트입니다. 근대 노동자는 공장에 일자리가 있는 한 존재하기 때문에 부르주아가 존재하는 한 프롤레타리아도 존재합니다. 부르주아와 다르게 프롤레타리아는 자신을 팔아야 돈이 생기고 생계를 유지할 수 있습니다. 부르주아의 눈에 프롤레타리아는 단지 하나의 상품에 불과합니다. 그렇기 때문에 프롤레타리아는 경쟁과 시장의 변동에 노출되어 있습니다. 기계와 분업이 발달하면서 프롤레타리아는 더 이상 매력 있는 노동자가 아니며 기계의 단순한 부속품에 불과한, 매우 단순하고 단조로운 손 기술자에 불과합니다. 노동자는 고된 노동 뒤에 받은 임금으로 생계를 유지하기도 힘이 듭니다. 새로운 기계가 발달할수록 숙련공은 필요 없어지고 비싼 남자 노동자의 자리는 값싼 여성 노동자가 대신하게 되었습니다. 이제 더 이상 노동자의 성별이나 연령은 아무런 의미가 없습니다. 부르주아지 눈에는 여러 종류의 기계처럼 노동자도 한 종류의 기계에 불과하기 때문입니다. 다음으로 부르주아지가 착취하는 것은 노동자의 임금입니다. 부르주아지는 집을 짓고 가게를 열고 고리 대금업을 합니다. 노동자가 받은 임금은 거주비, 생활비, 그리고 고리대금 이자로 다시 지출되어 부르주아지에게 되돌아갑니다. 더 이상 참지 못한 프롤레타리아트는 부르주아지를 상대로 투쟁을 시작하지만 전국 각지에 흩어져 경쟁으로 분열된 집단인 프롤레타리아트가 단결하기란 쉽지 않습니다. 그러나 이런 프롤레타리아트도 단결할 때가 있는데 이러한 단결은 그들 자신을 위한 것이 아니라 부르주아지를 위한 것입니다. 부르주아지는 자신들이 필요할 때 노동자를 단결시켜 군주나 지주에게 투쟁하게 합니다. 결국 프롤레타리아트는 그들의 적인 부르주아지를 향해서가 아니라 적의 적을 공격하여 오히려 자신들의 적을 도와주게 됩니다. 다행인 것은 공업이 발달할수록 프롤레타리아의 수는 증가하고 자주 집결하며 힘도 강해진다는 점입니다. 이를 막기 위해 부르주아지는 더 많은 기계를 구입하고 끊임없이 새로운 기계를 개발하여 노동자의 지위를 불안하게 만듭니다. 위기를 느낀 노동자는 단결하여 부르주아지에 대항하는 동맹을 맺고, 임금을 유지시키기 위해 단결하며, 연맹을 만들어 투쟁하기도 합니다. 일시적이긴 하지만 때때로 노동자가 승리하기도 하며 이러한 승리를 통해 노동자의 단결은 확산됩니다. 프롤레타리아트는 공장주들이 자신들의 생산품을 파는 데 용이하도록 구축한 교통수단과 도로망을 이용하여 자신들의 투쟁을 전국적으로 발전시킵니다. 이러한 모든 계급투쟁을 마르크스와 엥겔스는 정치적인 투쟁으로 보았습니다.

상황이 이렇게 되면 이제 부르주아지가 투쟁할 차례입니다. 그들은 정부, 동료 부르주아, 외국의 부르주아와도 맞서야 합니다. 마지막으로 부르주아지는 노동자에게 호소하고 도움을 요청합니다. 결국 프롤레타리아트는 부르주아지의 정치 운동에 휘말릴 수밖에 없습니다. 이렇게 두 계급의 투쟁이 절정에 다다르면 지배 계급 내부에서도 격렬하고 첨예한 투쟁이 일어납니다. 일부 지배 계급, 즉 귀족이나 부르주아 사상가들이 프롤레타리아트의 편에 서는 것입니다. 이런 상황이 계속되면 결국 부르주아지에 대립하는 모든 계급 중에서 프롤레타리아트만이 진정 혁명적인 계급으로 우뚝 섭니다. 공장제 공업이 발달하면서 다른 계급들은 점점 몰락하고 프롤레타리아트만이 가장 고유한 산물이며 계급이 되는 것입니다. 내용적으로는 아니지만 부르주아지에 대한 프롤레타리아트의 투쟁은 하나의 국가적인 형태를 띠고 있습니다. 프롤레타리아트는 가장 먼저 자기 나라의 부르주아지에 대항하여 혁명을 일으켜 투쟁하고 폭력으로 부르주아지를 타도해 자신들의 지위와 지배권을 확립합니다. 이렇게 되면 부르주아지는 더 이상 사회를 지배할 계급이 될 수 없습니다. 결국 부르주아지의 생존과 지배를 가능하게 하는 자본과 그 자본을 가져다 줄 임금 노동자들이 경쟁적으로 발달한 공업으로 인해 고립되었고, 그것이 다시 노동자들을 혁명적으로 단결하게 만든 것입니다. 즉 부르주아지는 자신들의 무덤을 팠고, 부르주아지의 몰락으로 두 계급 모두 피할 수 없는 상황을 만들었다는 것이 마르크스와 엥겔스의 설명입니다.

지배 계급은 무엇을 두려워하는가·마르크스·엥겔스 《공산당 선언》

공산주의는 다르지 않다, 공산주의는 다르다

부르주아지와 프롤레타리아트가 어떻게 생겼는지를 먼저 살펴본 마르크스와 엥겔스는 다음으로 프롤레타리아와 공산주의자가 어떤 관계인지 설명합니다. 마르크스와 엥겔스는 먼저 일반인들이 생각하는 것과는 달리 공산주의가 노동당과 대립하는 개념은 아니라고 말합니다. 그러나 공산주의자들은 프롤레타리아트 전체의 이해관계와 대립되는 특별한 이해관계를 갖지 않으며 민족이나 나라와 관계없이 프롤레타리아 전체를 대변하고 지지한다는 점에서 여타의 사회주의 당들과 구별되어야 한다는 점을 강조합니다. 공산주의자들은 실천적인 면에서 여타의 노동자 당보다 진보적이고 강하지만 공산주의자가 직면한 시급한 과제들은 프롤레타리아 당들과 다르지 않다고 이야기합니다. 즉 프롤레타리아트를 계급으로 조직하고, 부르주아지의 지배를 타도하며, 프롤레타리아트가 정권을 획득하는 것 등입니다. 그중에서도 가장 분명한 공산주의자의 목적은 부르주아적 소유를 폐지하는 것이라고 강조합니다. 공산주의자의 이론을 한마디로 요약하면 '개인의 사적 소유 폐지'라고 할 수 있습니다. 소유라는 개념이야말로 개인의 자유, 자유로운 활동, 혹은 자립의 기초입니다. 공산주의자들은 개인의 노동으로 얻은 귀한 대가를 빼앗아간다는 이유로 부르주아들로부터 비난을 받았습니다. 그러나 마르크스와 엥겔스는 그들의 소유가 진정 자신들의 노동으로 얻은 것인가를 묻고 있습니다. 부르주아지가 생기기 전 노동자의 소유였던 것들이 공업이 발달하면서 모두 부르주아의 소유가 된 것입니다. 그리고 공장에서 노동으로 얻은 새로운 임금이라면 그것도 절대 소유가 아닌 자본입니다. 공장주는 노동자의 임금을 착취해야만 자신의 공장을 움직일 수 있기 때문에 노동자의 임금은 결코 노동자의 소유가 아닌 부르주아지의 자본을 불려 주는 자본입니다. 이렇게 자본은 사회 구성원 공동의 노력 없이는 움직이지 않기 때문에 개인적인 힘이 아니라 사회적인 힘입니다. 그리고 이 자본의 가장 기본을 이루는 것이 노동자의 임금입니다. 공장주로서 부르주아지는 노동자들에게 겨우 살아갈 수 있을 만큼의 노동 임금을 책정합니다. 이런 작은 노동 임금이 바로 노동자의 소유입니다. 공산주의자들이 폐지하려는 것은 노동자의 생명과 직결되는 이와 같은 노동 임금이 아닙니다. 그들이 폐지하고자 하는 것은 노동 임금이 자본으로 다시 돌아가고 노동자는 겨우 생명을 유지하며 살게 되는 노동 임금의 성격을 폐지하자는 것입니다. 부르주아 사회에서는 아무리 일을 해도 먹고 살기 힘들고 노동이 노동을 증가시키는 수단으로만 사용되지만, 공산주의 사회에서는 노동이 노동자의 생활을 향상시키고 풍부하게 하며 증진시키는 수단으로 사용됩니다. 노동 구조를 바꾸지 않는 한 노동자에게는 어떤 소유도 자유도 없다는 것이 마르크스와 엥겔스의 생각입니다.

❝부르주아지는 공산주의자가 개인의 사적 소유와 자유, 인격을 빼앗는 공포스러운 존재라고 이야기합니다. 보는 관점에 따라서는 이런 말이 나올 수도 있습니다. 그러나 공업이 발달하고 부르주아지가 생기면서 사적 소유가 가능해진 사람은 사회 전체의 10%에 불과한

부르주아뿐이었습니다. 나머지 90%의 노동 임금자에게 사적 소유는 존재하지 않는 제도입니다. 존재하지도 않는 것을 폐지하려 한다고 비난하는 일이 가능한 걸까요? 부르주아지에 있어서 노동이란 곧 다시 투자하기 위한 자본이나 화폐 혹은 공장을 확대할 대지 비용입니다. 그러나 공산주의자에게 노동은 노동자의 삶을 향상시키고 풍요롭게 하는 수단입니다. 부르주아지에게 노동자는 개인 소유물이지만 공산주의에서는 개인 그 자체입니다. 공산주의자는 바로 이런 노동자의 신분을 폐지하고자 합니다. 즉 공산주의자는 사회의 생산성을 향상시키는 힘인 노동자를 어느 누구로부터 빼앗자는 것이 아니라, 그 힘을 수단으로 다른 사람의 노동을 구속하는 힘을 빼앗자고 주장하는 것입니다. 부르주아지는 사적 소유가 폐지되면 모든 경제 활동이 멈추고 게으름이 만연하여 결국 사회는 망한다고 주장합니다. 그러나 공산주의자의 생각은 다릅니다. 만약 이러한 공식이 적용된다면 부르주아지는 훨씬 오래전에 망했어야 한다는 것입니다. 부르주아 사회에서 '일하는 부르주아'는 없습니다. 그들에게는 자신들 대신 일하는 노동자가 있을 뿐입니다.**"**

다음으로 마르크스와 엥겔스는 공산주의자의 교육에 관해 이야기합니다. 가정교육이라는 명목으로 자식들을 학교에 보내지 않고 노동을 착취하는 일을 막기 위해 공산주의자들은 가정교육을 폐지하고 사회교육으로 환원할 것을 주장합니다. 사회교육은 공산주의자가 처음 주장한 것은 아닙니다. 이미 있는 제도를 악용하는 부르주아들로부터 본래의 사회교육의 성격을 되찾고자 한 것입니다. 공장제 수공업이 발달하면서 프롤레타리아 가족의 유대는 완전히 무너졌습니다. 자녀들은 거래되는 상품이나 노동에 필요한 도구로 변했습니다. 부르주아지는 프롤레타리아의 가정이 파괴되고 가족 간의 친밀한 관계가 무너지는 것을 방치하고 있었습니다. 지금까지 지배 계급의 영향 아래 놓여 있던 사회교육을 그들로부터 분리시키자는 게 공산주의자들의 주장입니다. 공산주의자는 바로 선 사회교육을 통해 자식들을 가정으로 돌아오게 할 수 있으며 생산도구로 전락한 한 가정의 아내이자 어머니들도 다시 그들의 자리를 찾을 수 있게 된다고 믿었습니다.

부르주아지는 공산주의자들이 조국과 국민성을 폐지하려한다고 비난하기도 합니다. 마르크스와 엥겔스는 다시 한 번 그들에게 묻습니다. 노동자에게 과연 조국이 있을까요? 만약 노동자에게 조국이 없다면 있지도 않은 것을 어떻게 빼앗을 수 있겠습니까? 노동자는 임금을 쫓아 움직일 수밖에 없습니다. 그들에게 자유와 안정된 생활을 보장해주는 곳이 바로 그들의 안식처입니다. 그러나 그들에게도 분명 조국이 있습니다. 부르주아적 생활 경제가 자리 잡을수록 자유무역은 발달하고 세계 시장은 넓어져 대부분의 나라들이 비슷한 모습을 하게 되었습니다. 그러면서 조국이나 국민성에 대한 개념은 점점 약해졌습니다. 만약 프롤레타리아트가 권력을 장악하게 되면 국가는 더 이상 필요하지 않게 될 것이라고 마르크스와 엥겔스는 말합니다. 공산주의자들은 국가란 기본적으로 한 계급이 다른 계급을 착취하기 위해 존재하는 것이라고 생각하기 때문입니다. 프롤레타리아트는 문명국들의 공동 행동을 촉구합니다. 한 개인이 다른 개인을 착취하는 구조가 사라지면 당연히 한 국가가 다른 국가를 착취하는 일도 사라질 것입니다. 개인과 국가 간의 착취가 사라지면 계급간의 착취와 대립이 사라지고 사람들끼리 미워할 일도 없을 것입니다. 이런 세상이야말로 프롤레타리아트가 바라는 진정한 조국이며 국민의 모습입니다.

마르크스와 엥겔스는 종교와 철학 등 사상계의 비난에 대해서도 자신들의 주장을 펼칩니다. 사회가 변하면 사회적 관념, 견해, 혹은 의식도 변합니다. 역사적으로 정신적인 생산물은 물질적인 생산물과 더불어 변해왔습니다. 그리고 한 시대를 지배한 사상은 그 시대를 지배한 사람들의 생각일 뿐입니다. 한 사회 전체를 변혁시키는 사상이 있다면 그것은 낡은 사상을 분쇄하고 새로운 사상을 받아들인다는 뜻과 다르지 않습니다. 종교도 마찬가지입니다. 고대 사회가 몰락하면서 고대의 종교는 그리스도교에 의해 정복 당했습니다. 그리스도교는 18세기 계몽사상에 패했으며, 봉건 사회는 부르주아지의 필사적인 혁명으로 무너졌습니다. 여러 가지 종교가 생겨나면서 결국 신앙의 자유 혹은 종교의 자유라는 새로운 사상이 나타났습니다. 이러한 상황들에 대해 부르주아지는 공산주의자들에게 비난의 화살을 겨눕니다. 마르크스와 엥겔스는 이러한 비난이 무엇을 뜻하는지 묻습니다. 지금까지 모든 사회의 역사는 계급 간의 대립 속에서 설명됩니다. 이런 계급의 대립은 시대의 변화에 따라 여러 가지 형태를 띠지만 어떤 형태든 계급 사회의 공통점은 착취에 있습니다. 사상과 종교가 다양해지면서 착취의 모습도 여러 형태로 나타나게 되었습니다. 마르크스와 엥겔스는 계급 대립이 사라져야 착취의 다양한 형태들도 사라진다고 주장합니다. 공산주의 혁명이야말로 계급과 소유관계에 대한 철저한 이별의 시작일 것이라고 그들은 주장합니다. 마르크스와 엥겔스는 부르주아지를 몰락시킨 프롤레타리아트가 정치적인 지배권을 가지고 민주주의를 쟁취하려면 우선적으로 다음의 열 가지를 모든 국가에서 해결해야 한다고 주장합니다.

첫째, 개인의 토지 소유를 막고 지대를 국가의 경비로 충당합니다.

둘째, 수입이 많을수록 더 많은 세금을 내는 누진세를 적용합니다.

셋째, 모든 상속권을 폐지합니다.

넷째, 모든 망명자와 반역자의 재산을 몰수합니다.

다섯째, 국가의 신용은 국가의 모든 자본을 가지고 있는 국립은행을 통해서만 정합니다.

여섯째, 모든 교통과 운송 수단은 국가에서 관리 감독합니다.

일곱째, 국가 소유의 공장과 생산도구를 늘리고, 공동 계획에 따라 토지를 개간하고 개량합니다.

여덟째, 모든 사람에게 평등한 노동의 의무를 지우며, 농업을 위한 산업과 군대를 새로 만듭니다.

아홉째, 농업과 공업을 결합시켜 도시와 농촌 간의 격차를 줄입니다.

열째, 어린이의 공장 노동을 폐지하고 모든 어린이는 국가 책임 아래 무상교육을 받습니다.

정치권력은 다른 계급을 억압하기 위한 계급 폭력입니다. 프롤레타리아트는 부르주아지에 대한 투쟁 속에서 필연적으로 계급으로 결합되어 혁명을 통해 지배 계급이 될 것이며, 프롤레타리아트가 지배 계급이 되면 낡은 생산관계와 계급 간의 대립을 폐지한 다음, 마지막으로 스스로의 지배 계급도 폐지할 것입니다. 그 결과 계급과 계급 사이의 대립은 사라지고 모두를 위한 자유로운 발전의 조건이 되는 하나의 연합체가 나타날 것입니다. 이것이 마르크스와 엥겔스가 바라는 프롤레타리아트 혁명이며 공산주의자의 꿈입니다.

사 회 주 의 와 공 산 주 의 의 계 보

부르주아와 프롤레타리아, 프롤레타리아와 공산주의자에 대해 이야기한 마르크스와 엥겔스는 다음으로 당시에 유행하던 사회주의와 공산주의의 유형과 계보 및 그 내용과 성격 등을 분류하고 비판하였습니다. 이런 작업을 한 이유는 마르크스와 엥겔스가 주창한 새로운 공산주의가 기존의 사회주의나 공산주의와는 다르다는 것을 먼저 설명한 다음, 자신들의 공산주의가 가장 혁명적이고 과학적임을 알리기 위해서였습니다.

마르크스와 엥겔스는 지금까지의 사회주의와 공산주의를 반동적 사회주의, 보수적 또는 부르주아 사회주의, 그리고 비판적·공상적 사회주의 및 공산주의 이렇게 모두 세 가지로 나누었습니다. 먼저 반동적 사회주의에 대해서 살펴봅시다. 마르크스와 엥겔스는 반동적 사회주의를 다시 셋으로 나누어 설명하는데 첫 번째가 바로 봉건적 사회주의입니다. 프랑스혁명을 성공적으로 끝낸 나폴레옹 보나파르트는 프랑스의 황제로 취임하였고 이후 프랑스에서는 약 20년간 왕정복고가 이루어졌습니다. 봉건 귀족들은 자신들의 명성과 이익을 얻기 위해 당시 부르주아지로부터 착취 당하던 노동자 계급의 편에 섰고, 자신들의 새로운 지배자를 비방하면서 스스로는 어떤 이익에도 관심 없는 척했습니다. 이렇게 하여 봉건 귀족들을 중심으로 한 봉건적 사회주의가 생겨났습니다. 귀족들은 부르주아지의 급소를 찌르는 신랄하고도 재기 넘치는 날카로운 비평을 했지만 역사의 흐름을 이해하지 못했습니다. 그 결과 귀족들의 주장은 반은 슬픈 노래요 반은 풍자 섞인 한탄이었으며, 반은 과거의 메아리요 반은 미래에 대한 위협이었습니다. 귀족들은 노동자를 자신들의 편으로 끌어들이기 위해 노력하였지만, 프롤레타리아트는 귀족들로부터 봉건주의의 모습을 보았습니다. 봉건 귀족들은 프롤레타리아트에 대한 자신들의 착취 방법과 지배 방법이 근대 부르주아지의 그것과 다르다고 주장합니다. 귀족들이 이렇게 부르주아지를 비난했던 이유는 부르주아지를 통해 일반 노동자가 아닌 혁명적 프롤레타리아트가 생겨날 수 있음을 예견했기 때문입니다. 그래서 귀족들은 프롤레타리아트에 대한 과장된 문구와 허울 좋은 표어에도 불구하고 정치적인 노동자 계급에 대한 강압 조치들에 빠지지 않고 참여하였던 것입니다. 봉건적 사회주의는 이렇게 한편으로는 부르주아지를 견제하고, 다른 한편으로는 프롤레타리아트를 생각해주는 척하는 봉건 귀족들에 의해서 만들어진 것입니다.

반동적 사회주의의 두 번째 모습은 소부르주아 사회주의입니다. 근대의 부르주아지는 대부분 성 밖에서 소공업으로 자본을 축적하여 새롭게 등장한 계급입니다. 봉건 귀족들은 프롤레타리아트를 등에 업고 부르주아지를 맹비난하면서 몰락시키려 했지만 오히려 귀족들이 부르주아 사회 속에서 쇠퇴하고 소멸되었습니다. 근대 문명이 발달하면서 새롭게 등장한 부르주아들은 부르주아지와 프롤레타리아트 사이를 오가며 자신들의 지위를 확보하려고 노력했습니다. 이런 부르주아를 마르크스와 엥겔스는 작은 단위의 부르주아라는 뜻으로 소부르주아라고 부릅니다. 그러나 소부르주아들은 부르주아와의 경쟁에서 밀려 결국 프롤레타리아트 속으로 내던져졌습니다. 뿐만 아니라 그들은 공장제 수공업이 발달하면서 자신의 공장이나 농장이 아닌 부르주아의 공장이나 농장을 관리하거나 감독하는 신분으로 떨어졌습니다. 스위스의 역사가이자 경제학자인 시스몽디Jean Charles Léonard Simonde de Sismondi가 바로 이런 소부르주아의 입장에서 부르주아지를 비판하고 공장제 수공업이 아닌 소규모 생산을 이상화시킨 인물입니다. 그는 프롤레타리아트를 지지하고 부르주아 제도를 비판함에 있어 소부르주아적이고 소농민적인 기준을 적용하였습니다. 바로 이것이 시스몽디가 주장한 소부르주아 사회주의입니다. 소부르주아 사회주의는 근대 생산관계의 모순을 지적하고 소부르주아의 몰락과 프롤레타리아트의 빈곤 그리고 부의 분배 사이의 심각한 불균형을 지적하였습니다. 그러나 소부르주아 사회주의는 낡은 생산 수단과 교역 수단을 복구하려는 공상에 젖어 있었기 때문에 개혁에 성공하지 못했다고 마르크스와 엥겔스는 비판합니다.

반동적 사회주의의 세 번째 모습은 '진정'한 사회주의로서 독일 사회주의입니다. 마르크스와 엥겔스는 봉건적 사회주의를 봉건주의 혹은 귀족주의로, 소부르주아 사회주의를 반동적 혹은 공상적 사회주의로 칭하며 매우 강력하게 비난하였습니다. 독일 사회주의 또한 마찬가지였습니다. 프랑스 사회주의 또는 공산주의 사상은 부르주아지의 지배권에서 벗어나려는 강한 의지에서 혁명적인 사상으로 태어났으나 이 사상이 독일로 들어오면서 실천적이고 경험적인 내용은 사라진 채 순수하게 학문으로만 받아들여진 것입니다. 그 결과 프랑스의 혁명적인 사회주의 사상이 독일에서는 순수한 의지, 당연한 진실로서 인간적인 의지에 불과한 것이 되었습니다. 투쟁적인 프랑스의 사회주의와 공산주의 사상이 독일 사람들의 눈에는 단지 순수한 학문에 불과했던 것입니다. 그렇기 때문에 독일 사회주의는 프롤레타리아의 이익이 아니라 인간의 본질적인 이익을 대변하며 독일 사회주의에서 인간은 어떤 계급에도 속하지 않을 뿐 아니라 현실에도 결코 존재하지 않습니다. 그들에게 있어서 인간이란 단지 철학적인 환상 속에 사는 안개와 같은 존재에 불과합니다. 인간적인 의지를 앞세운 독일의 사회주의는 부르주아지와 투쟁하면서 소부르주아를 유지하고자 하였습니다. 그 결과 성 밖의 소상공인이었던 소부르주아는 프롤레타리아트를 등에 업고 부르주아를 몰아내는 것이 자신들의 사명이라 믿었고, 독일 국민과 독일의 소부르주아를 표준으로 여기는 독일 사회주의는 난폭하고 파괴적인 경향의 공산주의에 노골적으로 반대하고 투쟁해야 한다고 생각하게 된 것입니다.

지배 계급은 무엇을 두려워하는가 · 마르크스 · 엥겔스 《공산당 선언》

마르크스와 엥겔스는 경제학자, 박애주의자, 인도주의자, 자선사업가, 동물애호가, 금주협회 회원 등과 같이 사회를 바꾸려는 사상을 가진 사회주의를 보수적 사회주의 혹은 부르주아 사회주의라고 부릅니다. 부르주아 사회주의는 개혁을 꿈꾼다는 점에서는 프롤레타리아트와 같지만 개혁 과정에서 생기는 필연적인 투쟁이나 위험은 없애고자 한다는 점에서 프롤레타리아트와 다릅니다. 부르주아 사회주의는 프롤레타리아트 없는 부르주아지를 원하기 때문에 자신들이 지배하는 세계가 가장 좋은 세계라고 믿었으며, 노동자 계급에게는 혁명이야말로 가장 기피해야 하며 혐오스러운 것이라고 가르쳤습니다. 그들은 정치적 변화나 혁명이 아닌 물질적인 생활의 변화를 원했습니다. 부르주아적 생산관계는 혁명적인 방법이 아니면 결코 폐지할 수 없음에도 불구하고 그들은 생산관계 위에서의 행정 개혁을 부르짖었습니다. 마르크스와 엥겔스에 의하면 부르주아 사회주의는 실제 개혁이나 혁명이 아닌 연설로만 다음과 같이 외칩니다. '노동자 계급을 위한 자유무역!' '노동자 계급을 위한 보호 관세!' '노동자 계급을 위한 독방 형무소!'

마지막으로 마르크스와 엥겔스가 비판한 것이 비판적·공상적 사회주의 및 공산주의입니다. 봉건 귀족이 무너지면서 물질적인 부를 가진 부르주아지와 그렇지 못한 프롤레타리아트가 등장했습니다. 프롤레타리아트는 자신들의 계급 사회를 만들기 위해 노력했지만 미숙했고 부를 갖지 못해 실패했습니다. 미숙한 프롤레타리아트를 선동하여 혁명의 길을 걷게 한 것이 바로 비판적·공상적 사회주의 혹은 공산주의라고 마르크스와 엥겔스는 주장합니다. 비판적·공상적 사회주의는 금욕적인 삶을 요구했으며 영글지 못한 평등주의를 주장하였습니다. 뿐만 아니라 그들은 모든 정치적인 행동과 혁명을 비난하며 분명히 실패할 줄 알면서도 평화적인 방법으로 자신들의 목적을 달성하려 했습니다. 결국 부르주아 사회주의와 다를 바 없이 공상적이었던 이 사회주의는 계급 투쟁을 둔화시켰고, 대립을 조정하는 일로 많은 정력과 시간을 소비하였습니다.

사 라 진 것 과 남 은 것 , 그 리 고 잊 지 말 아 야 할 것

"빵이 없으면 고기를 먹으면 될 것 아닌가?"라는 말로 유명한 마리 앙투아네트는 남편인 루이 16세와 함께 1793년 프랑스 혁명군에 의해서 처형되었습니다. 이후 혁명군은 새로운 헌법을 만들고 프랑스 공화국 재건을 위해 노력했습니다. 그러나 프로이센이 중심이 된 유럽 연합군은 프랑스를 공격하여 포위하였고, 공화국은 프랑스 국민이 살 길은 보다 강한 법이 지배하는 공포 정치라고 판단하였습니다. 1795년 10월 새로운 법과 함께 프랑스는 총재정부체제를 갖추었습니다. 1796년, 프랑스에서는 혁명군에 찬성하고 총재 정부에 반대하여 1793년의 헌법으로 돌아가자는 내용의 반란을 준비하는 사람들이 있었습니다. 그중 한 사람이 바로 바뵈프François Noël Babeuf입니다. 토지와 수입의 균등한 분배와 평등주의 원칙을 주장한 바뵈프는 새로운 프랑스 헌법에 도전하여 정치적, 경제적 평등을 요구하였습니다. 소시민과 노동자들이 함께한 반란 계획은 치밀하게 준비되었지만 내부자의 고발로 체포된 그는 1796년 단두대의 이슬로 사라졌습니다. 바로 이 바뵈프가 프랑스혁명의 평등사상에서 나타난 최초의 공산주의자입니다. 하지만 그의 사상과 실천은 많은 나라의 공산주의 운동에 큰 영향을 미쳤고 마르크스와 엥겔스도 그의 영향 아래 있었습니다.

제2차 공산주의자 동맹이 개최되면서 마르크스와 엥겔스는 공산주의자의 신조를 문답식으로 작성해줄 것을 부탁 받습니다. 이런 부탁을 받은 마르크스와 엥겔스가 공산주의자 동맹의 뜻에 따르지 않고《공산당 선언》을 작성한 것은 그저 신조로써가 아닌, 영원히 역사에 남을 만한 가치를 지닌 선언문에 대한 욕심과 의욕에 따른 결과라고 할 수 있습니다. 또한 강령이나 신조가 아닌 '선언'이란 단어를 사용한 것은 최초의 공산주의자 바뵈프가 반란을 도모하면서 "평등사회"에 대한 선언을 하였던 것에 영향 받은 것으로 보입니다. 마르크스는 바뵈프를 '행동적 공산당'의 창시자로 보았습니다. 마르크스가 세상을 떠난 뒤 엥겔스는《공산당 선언》영어판을 출판하였고 이 책의 서문에서 제목에 대한 고민을 토로하고 있습니다. 1847년 유럽의 사회주의는 점차적으로 몰락하고 있었기 때문에 사회주의 선언이라고 할 수 없었다는 것입니다. 또한 책에서 독일 사회주의를 비판하며 공산주의와 사회주의는 분명히 다르다고 선언한 것으로 보아 처음부터 혼동의 위험성을 배제하고자 제목을 이와 같이 결정한 것으로 보입니다.

공산주의자는 노동자 계급의 당면한 이익과 목적을 위해 투쟁한다고 마르크스와 엥겔스는 주장합니다. 그렇기 때문에 공산주의자들은 나라마다 다양한 방법으로 투쟁을 합니다. 그러나 공산주의자들은 여러 나라 중에서도 특히 독일의 공산당에 주목합니다. 독일의 경우 부르주아지가 군주와 봉건 귀족 그리고 소부르주아를 상대로 개혁을 요구했기 때문입니다. 그리고 독일의 공산당은 부르주아지와 프롤레타리아트가 적대적인 대립에 처했을 때도 명확한 의식을 노동자에게 심어 주며 잠시도 게으름을 피우지 않았습니다. 마르크스와 엥겔스는 독일이 부르주아 혁명의 전야에 놓여 있으며, 독일의 부르주아지는 프롤레타리아트와 함께 변혁을 수행하고자 한다고 말했습니다. 둘의 생각대로라면 독일의 부르주아 혁명은 프롤레타리아 혁명의 서막이 될 수 있고, 전 유럽으로 퍼져나갈 수 있었습니다. 마르크스와 엥겔스의 예견은 《공산당 선언》이 발표되고 1년 후인 1848년에 적중되었습니다. 1848년 독일, 프랑스, 그리고 오스트리아에서 일어난 유럽의 3대 혁명이 바로 그것으로, 역사학자들은 이 혁명을 유럽의 역사와 생활 문화를 송두리째 바꾸어 놓은 사건이라고 이야기합니다.

1846년부터 2년 동안 지속된 유럽의 극심한 가뭄은 많은 사람들을 굶주림과 질병으로 내몰았고 분노케했습니다. 백성들의 분노는 왕과 귀족들을 향했으며, 자유를 얻고자 하는 갈망으로 이어졌고, 이는 곧 혁명의 도화선이 되었습니다. 가장 먼저 자유를 외친 나라는 프랑스였습니다. 당시 프랑스는 왕권이 부활하여 루이 필리프가 왕이 되었으나 귀족들에게만 선거권을 주는 등 샤를만큼 현명하지 못한 정치를 한 탓에 은행가, 사업가, 법률가, 그리고 흉년으로 고통 받던 시민, 교수, 학생 등 불만이 쌓인 사람들이 자유를 외치며 거리로 쏟아져 나왔습니다. 이것

지배 계급은 무엇을 두려워하는가 · 마르크스 · 엥겔스 《공산당 선언》

이 바로 프랑스 2월 혁명입니다. 루이 필리프는 군대를 동원하여 시위를 막으려 했으나 시위를 막던 군인 중 한 명이 실수로 시민을 향해 총을 쏘았고 흥분한 시민들은 군대와 충돌하였습니다. 이 사건으로 루이 필리프는 왕좌에서 쫓겨났고 시민들의 절대적인 지지를 얻은 나폴레옹의 조카 루이 나폴레옹이 대통령으로 당선되었으나 귀족들의 반대로 취임하지 못했습니다. 시민과 노동자인 프롤레타리아트는 자신들과 함께 목숨을 걸고 왕을 몰아낸 돈 많은 부르주아지들이 자유와 평화를 가져다 주리라 믿었습니다. 그러나 부르주아지는 자신의 이익만 챙길 뿐 결코 노동자 편에 서지 않았습니다. 노동자들은 굶주린 가족과 함께 거리로 다시 몰려 나왔고, 군대와 충돌하여 많은 사람이 다치거나 죽었습니다. 이렇게 프랑스 사회에 아주 깊은 상처를 남긴 프랑스 2월 혁명은 결국 실패로 끝이 나고 말았습니다.

　프랑스 2월 혁명과 비슷한 시기에 독일에서도 혁명이 일어났습니다. 흉년은 독일도 예외가 아니었고, 끼니를 걱정하는 노동자들과 시민들이 점점 늘어나면서 지배층에 대한 불만은 쌓여갔습니다. 설상가상으로 프랑스 2월 혁명의 영향까지 밀려와 절대왕권과 봉건 귀족들이 만든 제도에 묶여 있던 독일의 시민들과 노동자들은 목숨을 걸고 자유를 외치면서 새로운 헌법을 만들 것을 주장하였습니다. 프리드리히 빌헬름 4세는 새로운 제도와 정치를 마련하겠다는 약속을 하였고 사건은 진정되는 것 같았습니다. 그러나 1848년 3월 베를린에서 민중시위를 막던 군대에서 총기 오발 사건이 일어났고 프리드리히 빌헬름 4세는 결국 자신의 약속을 서둘러 실천에 옮기는 것으로 사건을 마무리 지었습니다.

그리고 1848년 5월 독일 프랑크푸르트에서는 독일의 모든 제후들이 모여 프랑크푸르트 국민의회를 구성하고 독일연방공화국을 세울 것을 결의하였지만 의견을 통일하지 못했습니다. 국민의회를 믿지 못한 시민들은 계속 시위를 하였고 프리드리히 빌헬름 4세는 다시 군대를 동원하여 시위를 막았습니다. 군대의 힘에 눌린 시민혁명은 결국 실패로 끝나고 왕정 정치는 계속되었습니다.

1814년 유럽의 대표들은 나폴레옹 전쟁 이후 사태를 수습하기 위해 오스트리아 빈에서 국제회의를 개최하였습니다. 바로 이 빈회의를 주도한 사람이 오스트리아의 수상 메테르니히Klemens Wenzel Nepomuk Lothar von Metternich입니다. 그는 서로 다른 민족들을 하나로 묶는 정책을 폈습니다. 먼저 오스트리아와 독일을 통일하고, 나아가 헝가리, 체코, 폴란드 등 동유럽의 모든 나라를 편입하여 거대한 오스트리아 제국을 꿈꾸었습니다. 그러나 프랑스 2월 혁명의 자유정신이 메테르니히의 발목을 잡았습니다. 혁명이야말로 안정되고 평화로운 사회를 깨뜨리는 악이라고 생각한 메테르니히는 철저하게 이를 막으려 했지만 대학으로부터 부는 자유정신의 바람만은 막을 수 없었습니다. 교수들과 학생들로 구성된 자유주의 단체는 노동자와 시민들에게 자유정신을 알리기 위해 최선의 노력을 하였습니다. 그 결과 1848년 3월 합스부르크 왕국이었던 오스트리아 제국의 여러 나라에서 동시다발적으로 혁명이 일어났습니다. 특히 빈에서는 새로운 헌법을 제정하라는 노동자와 시민들의 투쟁이 계속되었고 결국 시민혁명은 메테르니히를 쫓아내고 새로운 헌법을 만들기에 이르렀습니다. 합스부르크 왕국에 속한 체코, 폴란드, 슬라

브족, 북이탈리아 등 여러 민족과 나라의 시민들 또한 민족성과 자유를 부르짖으며 혁명을 일으켰습니다. 노동자와 시민의 힘에 눌린 오스트리아의 귀족들은 처음에는 어리둥절하여 어찌할 바를 몰랐지만 시간이 지나면서 군대를 정비해 시민혁명을 제압하기 시작했습니다. 이런 어수선한 틈을 타 프란츠 요셉Franz Joseph 1세가 황제로 즉위했습니다. 프란츠 요셉은 러시아에 도움을 청해 노동자를 탄압했고, 조직적이고 강한 힘을 가진 군대를 상대로 자유를 외치며 투쟁한 노동자와 시민들은 결국 무릎을 꿇을 수밖에 없었습니다. 비록 유럽의 3대 혁명은 실패로 끝났지만 자유를 쟁취하려 했던 시민들의 투쟁의 기록은 세계사에 길이 빛나고 있습니다.

마르크스와 엥겔스는 1847년 《공산당 선언》을 발표하면서 유럽, 특히 독일의 프롤레타리아트를 주시하였습니다. 마르크스와 엥겔스는 《공산당 선언》 마지막 부분에서, "공산주의자는 자신의 견해와 의도를 감추는 것을 경멸하며, 종래의 사회 질서를 폭력으로 타도하지 않고는 목적을 달성할 수 없다"고 말합니다. 특히 지배 계급으로 하여금 공산주의 혁명 앞에서 전율케 하자고 외칩니다. 이 혁명으로 프롤레타리아가 잃을 것은 쇠사슬밖에 없지만 얻는 것은 전 세계라고. 마르크스와 엥겔스는 다음과 같이 외칩니다. "만국의 프롤레타리아여, 단결하라!"

이후 공산주의자 세력은 유럽 전역으로 퍼져 나갔습니다. 이후 오늘날까지 모두 일곱 종류의 서로 다른 공산주의가 생겨났다 사라지고, 그리고 남아 있습니다. 러시아, 동유럽, 동독, 유고, 중국, 그리고 쿠바와 북한의 공산주의가 그것입니다. 우리말에 사흘을 굶으면 담을 넘지 않는 사람이 없다고 합니다. 공산주의를 표방했지만 자본시장에 잠식 당한 나라들을 보면 혁명도, 사람을 현혹하는 정치가의 아름다운 구호도, 배고픔 앞에서는 아무런 의미가 없는 것 같습니다. 마르크스와 엥겔스는 공산주의는 어느 나라에서나 그곳의 민주주의 정당들 간의 연합과 이해를 도모하기 위해 노력한다고 말했습니다. 지구상의 유일한 분단국가인 우리에게 의미 있는 이야기로 들립니다. 역사적으로 공산주의는 권력을 잡고 있는 모든 정당으로부터 비방을 당했습니다. 그리고 공산주의는 생겨났고 사라졌으며, 아직 남아 있습니다. 이런 사실을 놓고 지금 우리가 물어야 할 것은 마르크스와 엥겔스가 주장한 공산주의란 정말 모순투성이고 단점 밖에 없는가 하는 것입니다. 물론 이것에 답하기 위해서는 이론과 실제를 구별해야 할 것입니다. 마르크스와 엥겔스는 공산주의에 관한 이론을 세웠고, 그 이론을 자신들의 기준에 맞게 계승한 사람들은 공산주의를 자신들의 국가에 적용한 정치가들이었습니다. 과연 마르크스와 엥겔스의 정신이 온전히 실현된 공산주의 국가는 어떤 모습일까요? 가진 것 없는 프롤레타리아에게도 공산주의는 유령의 모습일까요?

새로운
사회를
건설하는 방법

니체 《도덕계보학: 하나의 논박서》

Zur Genealogie der Moral: Eine Streitschrift (1887)

Friedrich Wilhelm Nietzsche

세 번 의 운 명 적 인 만 남

독일의 동쪽 지역인 작센안할트 주 뢰켄 마을의 목사였던 카를 루드비히 니체는 프로이센의 왕 프리드리히 빌헬름 4세를 아주 좋아하였는데, 공교롭게도 왕의 생일날 그의 장남이 태어났습니다. 카를은 주저 없이 왕과 같은 이름을 그의 장남에게 지어 주었습니다. 1844년 10월 15일에 태어난 그의 아들이 바로 프리드리히 빌헬름 니체Friedrich Wilhelm Nietzsche, 1844~1900입니다. 니체에게는 할머니와 두 고모, 그리고 부모님과 동생 둘이 있었습니다.

마르크스와 엥겔스의 만남처럼 마르크스와 니체의 만남도 운명적이었습니다. 《공산당 선언》 이후 유럽은 3대 혁명에 시달렸습니다. 독일도 예외는 아니어서 1848년 독일 혁명은 프리드리히 빌헬름 4세에게 큰 시련이었습니다. 군주제를 신봉하고 프로이센 왕에 충성심을 갖고 있던 니체의 아버지는 독일 혁명에 놀라 신경쇠약에 시달렸고 뇌에도 이상이 생겼습니다. 결국 그 충격을 이기지 못하고 카를은 뇌경색으로 죽고 맙니다. 설상가상으로 몇 달 후 남동생이 죽자 어머니는 할머니의 강압에 못 이겨 뢰켄과 멀리 떨어지지 않은 도시 나움부르크로 이사를 하였습니다. 어린 나이에 경험한 아버지와 동생의 죽음, 낯선 곳으로의 이사 등은 니체를 정신적으로 매우 불안하게 만들었습니다. 손자가 또래의 친구들과 어울리면서 평범하게 자라기를 원했던 할머니는 니체를 보통학교에 입학시키지만 니체가 이를 견디지 못하자 어머니는 니체를 사립학교에 입학시켜 음악, 라틴 어, 그리스 어 등을 가르칩니다. 특히 음악에 큰 관심을 보인 니체에게 어머니는 피아노를 선물하였고, 여덟 살이 된 니체는 작사와 작곡을 할 정도로 음악에 천부적인 재능을 보였습니다. 니체는 음악 못지않게 인문학에도 재능을 발휘하였지만, 열두 살 무렵 평생 고질병이면서 아버지로부터 받은 유전병인 두통과 눈병이 처음 나타나기 시작합니다. 고등학교 시절, 감수성이 예민했던 니체는 불화가 끊이지 않는 집안 환경에 늘 우울했습니다. 할머니는 위압적이었고, 남편을 먼저 보낸 어머니는 죄책감에 늘 저자세였습니다. 그러나 니체와 두 동생에 대해서만큼은 너무나 자상한 어머니였습니다. 고등학교를 졸업한 니체는 1864년 본대학 신학과에 입학하였으나 신학보다는 음악과 예술에 관심을 보였고, 결국 한 학기 만에 신학 공부를 접음으로써 처음으로 어머니의 뜻을 어기게 됩니다. 다음 해 라이프치히로 학교를 옮긴 니체는 그곳에서 쇼펜하우어의 저서를 접하면서 철학을 전공하게 되었고, 고대 그리스 문헌학, 철학, 화학을 놓고 박사 논문 주제를 정하지 못해 고민하였습니다. 그러나 스위스 바젤대학에서 학위가 없는 니체를 문헌학 교수로 초빙하겠다는 제의가 들어왔고 모든 고민은 해결되었습니다.

마르크스와의 만남이 니체에게 첫 번째 운명적인 만남이라면, 1868년 11월 8일, 독일이 낳은 세계적인 작곡가 바그너와의 만남은 니체의 인생에서 두 번째 운명적인 만남입니다. 니체에게 바젤에서의 첫 해는 희망적이었습니다. 니체의 열정적이고 수준 높은 강의를 우수한 학생들이 아주 좋아했기 때문입니다. 그러나 니체는 늘 철학 교수로 초빙되기를 원했기 때문에 바젤 생활이 즐겁지만은 않았습니다. 설상가상으로 1870년 7월 프랑스의 나폴레옹 3세는 실추된 황제의 명예를 회복하기 위해 프로이센을 공격하였고, 하루하루를 힘겹게 보내던 니체는 의무병으로 자원하여 대학을 휴직하고 전쟁터로 갑니다. 그러나 한 달 만에 이질과 디프테리아로 의가사 제대를 한 니체는 10월 바젤로 다시 돌아왔고 이때부터 또 다른 싸움이 시작되었습니다. 어릴 때부터 앓았던 유전적인 병과 군대에서 얻은 병, 그리고 바그너라는 거장과의 즐거우면서도 불편한 관계가 니체를 고통스럽게 한 것입니다. 1813년에 태어나 독일 낭만파 음악의 대표 주자로 유명세를 떨치던 바그너와 좋은 관계를 유지하던 니체는 바그너가 점차 국수주의와 반유대주의에 빠지자 그에게서 멀어지기 시작합니다. 더욱이 니체는 그 시절 자연과학에 관심을 갖고 있었고 또한 악몽 같은 구토와 편두통으로 힘든 시간을 보내고 있었습니다. 1881년 3월, 니체는 자신보다 높은 곳에서 자신을 내려다 봐줄 수 있는 사람을 오랫동안 찾았고, 그 사람이 바로 바그너였으며 그래서 행복했다고 동생에게 편지를 씁니다. 그러나 이제 그와 헤어짐으로써 자유와 건강을 찾았기 때문에 더 이상 원망도 후회도 없다고 고백합니다. 니체의 두 번째 운명적 만남은 이렇게 끝이 납니다. 그러나 이 만남의 끝에는 세 번째의 운명적인 만남이 기다리고 있었습니다.

1882년 4월, 로마에 살고 있던 니체의 친구가 좋은 여자를 소개시켜 주겠다며 니체를 로마로 초대합니다. 1861년 상트페테르부르크에서 군인의 딸로 태어난 살로메는 문학과 철학을 공부했고 지성적이었지만 자유분방한 여인이었습니다. 사귀던 애인이 다른 여자와 결혼하자 잠시 로마에 머물면서 마음을 달래던 살로메는 유명한 철학 교수를 소개시켜 주겠다는 친구의 말에 흔쾌히 니체를 만났습니다. 니체는 살로메의 첫 인상을 "예쁘지는 않지만 정신적 매력을 찾는 훈련을 했다"고 표현했습니다. 니체는 살로메에게 한눈에 반했지만 살로메는 사랑이나 결혼보다는 철학적이고 정신적인 교류를 원했습니다. 이런 살로메에게 니체가 청혼하였기에 거절은 당연한 것이었습니다. 더구나 니체를 살로메에게 소개한 친구 또한 그녀를 사랑했고 결혼을 원했으므로 니체가 없을 때면 그녀 앞에서 니체를 험담하는 일이 잦았습니다. 더 이상 참지 못한 니체는 살로메에게 결별의 편지를 보냈고 이후 그녀는 라이너 마리아 릴케와 사랑에 빠졌다가 다시 프로이트의 제자가 되어 염문을 뿌리기도 했습니다. 살로메에게 빠져 있는 동안 어머니와 누이동생과의 관계마저 나빠진 니체는《차라투스트라는 이렇게 말했다》의 집필에 몰두합니다. 그러나《차라투스트라는 이렇게 말했다》를 발표한 1888년부터 니체는 다시 고통의 나날을 보내게 됩니다. 특히 그는 유대인을 옹호한다는 바그너주의자들의 비난을 참지 못했습니다. 정신적인 고통에 시달리던 니체는 1889년 발작 증세를 보여 정신병원으로 옮겨졌다가 나움부르크의 집으로 돌아와 어머니의 간호를 받았습니다. 이러한 니체의 정신병은 두통과 불면증으로 인해 과다하게 복용한 약물 때문이었다고 합니다. 1897년, 10여 년 동안 아들을 돌보던 어머니마저 세상을 떠나자 결국 파라과이에서 남편을 잃은 여동생이 니체의 곁을 지켰습니다. 1900년 8월, 감기에 이어 폐렴에 걸린 니체는 호흡 곤란을 겪었고, 천둥과 번개를 동반한 엄청난 비가 쏟아지던 25일 새벽, 동생의 품에 안겨 숨을 거두었습니다. 길지도 짧지도 않은 56년의 생이었습니다.

새로운 사회를 건설하는 방법 • 니체 《도덕 계보학: 하나의 논박서》

선 과 악 , 그 리 고 우 와 열

인간은 자기 자신에 대해서 얼마나 알고 있을까요? 니체는 1887년 《도덕 계보학》을 출판합니다. 니체의 책은 아주 복잡하게 구성되어 있기 때문에 어렵다는 평가를 받지만 《도덕 계보학》은 니체의 많은 책들 중에서도 가장 체계적인 책이라고 평가됩니다. 제목이 보여 주듯이 도덕을 학문으로서 체계화하여 계보를 잇겠다는 니체의 생각이 분명하게 드러난 책입니다. 도덕적 현상의 기원을 다룬 《도덕 계보학》은 모두 세 편의 에세이로 구성되지만 서로 연관성이 있습니다. 선과 악, 우와 열을 다룬 첫 번째 에세이에서는 주인도덕과 노예도덕에 대해서 이야기합니다. 두 번째는 죄와 양심의 가책에 대해서 이야기합니다. 마지막 세 번째 에세이에서 니체는 금욕주의적 이상이란 무엇을 의미하는가 묻습니다. 니체는 세 편의 에세이 모두에 소제목을 붙였는데 이 제목 때문에 책에 대한 오해가 종종 일어납니다. 즉 니체는 노예의 도덕이나 양심의 가책 혹은 금욕적인 이상을 나쁘게만 보고 있는 것은 아닌가 하는 오해입니다. 한 가지 분명한 것은 만약 이런 것이 없었다면 인간은 좀 더 행복했을지도 모른다는 것이 니체의 생각입니다. 즉 비양심적이고 야수와 같은 인간에게는 양심의 가책이나 금욕적인 이상은 필요 없으며 그들에게는 오직 노예의 도덕만이 필요하다는 것입니다. 《도덕 계보학》 서문에서 니체는 어떻게 하면 자신을 찾을 수 있을까 묻습니다. 인식하는 모든 인간은 자신에 대해서 탐구해 본 적이 없기 때문에 자신을 모른다고 니체는 말합니다. 뿐만 아니라 모든 인간은 자기 자신에 대해서 가장 먼 존재입니다. 그렇기 때문에 니체는 인간의 이중성을 이용하여 인간에게 있는 도덕의 기원을 찾습니다.

니체는 도덕의 기원을 이야기하면서 가장 처음으로 해결해야 할 문제는 선과 악이라고 말합니다. 지금까지 우리는 좋은 것, 즉 선을 습관적으로 인간의 행동에서 찾았고 선한 행동이야말로 고귀한 것이라고 생각했습니다. 그렇다면 이 선은 어디에서 나왔을까요? 니체는 선이란 단어가 근본적으로 잘못된 곳에서 나왔다고 주장합니다. 니체에 따르면 선은 행동이 아니라 그것을 판단하는 인간에서 비롯된 단어입니다. 사회에는 고귀한 사람, 강력한 힘을 가진 사람, 지위가 높은 사람, 고매한 사람 등 남을 지배하는 사람이 있는가 하면, 저급하고 비천한 사람, 범

속한 사람, 천민 등 남에게 지배 당하는 사람들도 있습니다. 니체는 바로 남을 지배하는 사람들이 자신과 자신의 행동에 이 선이란 말을 사용하였다고 주장합니다. 그렇게 함으로써 지배 당하는 사람이 지배하는 사람을 최고로 선한 최상급의 사람으로 느끼게 되는 것입니다. 니체는 '우'와 '열' 또한 지배자와 피지배자의 관계에서 나왔다고 말합니다. 지배 계급은 상위층으로 '우', 피지배 계급은 하위층으로 '열'로 나뉘었고, 이것이 바로 우와 열이 대립하게 된 기원이라는 것입니다. 이 우열이란 가치는 시간이 지나면서 귀족적인 가치로 발전하였고, 귀족이 몰락하자 이 단어는 더 이상 상위층과 하위층을 구별하는 단어가 아닌 선과 악처럼 좋고 나쁨을 나타내게 되었습니다. 하지만 선은 여전히 남아 있습니다. 많은 사람들에게 이익이 되는 것 중에서 이 선과 악에 관한 단어도 포함됩니다. 비록 지배층이 자신들의 행동에 정당성을 부여하기 위해 사용하기 시작했지만, 선이라는 단어는 이제 한 사회의 공리성을 대변하는 말이 되었습니다. 즉 선한 행동은 사회에 많은 이익을 가져다주기 때문에 선이란 단어는 '최고로 가치 있는' 혹은 '그 자체로 가치 있는' 것이란 뜻을 갖게 된 것입니다.

　선, 즉 좋음과 항상 짝을 이루는 단어가 바로 악, 즉 나쁨입니다. 선이란 단어가 지배자 혹은 상위층을 지칭하는 단어로 사용되면서 고귀한, 귀족적인, 고결한, 특권을 지닌 영혼 등의 의미로 사용되었다면, 비속한, 평민적인, 저급함과 같은 부정적인 단어가 이와 짝을 이룹니다. 이렇듯 악은 귀족과 대립되는 짝으로써 소박한 자, 평민 등을 지칭하는 단어로 사용되었습니다. 시간이 지나면서 선은 다시 세력가, 지배자, 명령하는 자, 부자의 의미로 사용되었고, 최고의 세습적 계급, 성직자 계급을 의미하게 되었습니다. 이런 사람들은 대부분 한 국가나 사회에서 정치적으로 우위를 차지하는 사람들입니다. 정치적으로 우위란 곧 영혼의 우위와 일치한다고 니체는 주장합니다. 영혼의 개념으로 선과 악이 사용되면서 성직자는 상류층 내지 지배층에 속하게 됩니다. 이렇게 선과 악은 계급과 함께 결코 만나지 못할 평행선을 만들었습니다. 그러나 이와 전혀 반대의 개념을 가진 것이 바로 유대인들의 가치입니다. 유대인들은 가난하고 비천한 사람이 선한 사람이며, 괴로워하고 빼앗기고 추한 사람을 경건하다고 말합니다. 반대로 강한 힘을 가진 사람이야말로 사악하고 잔인하며 탐욕스럽고 영원히 축복받지 못할 사람입니다. 유대인의 이런 선전 포고와 같은 근본적인 도덕관을 니체는 '도덕의 노예 반란'이라고 말합니다.

니체는 도덕에는 두 가지가 있다고 말하는데, 하나는 귀족도덕으로 지배자들이 피지배자에게 행하는 도덕이며, 다른 하나는 노예도덕으로 지배자에 대한 피지배자의 도덕입니다. 그런데 특이할 만한 것은 니체는 성직자들의 도덕을 노예도덕이라고 말한다는 것입니다. 니체의 입장에서 볼 때 생동감이 없는 성직자는 전쟁과 내란 상태에서 그저 무력할 뿐이며 사람들은 성직자에 대해 증오심만 커질 뿐입니다. 이런 측면에서 니체는 성직자들의 힘없는 도덕을 노예도덕이라고 불렀습니다. 귀족들은 무조건 선이고 더 나은 것이며, 서민들은 무조건 악하고 그보다 못한 것이란 기존의 생각은 유대인의 도덕관과 정면으로 충돌하였습니다. 그 결과 귀족도덕은 유대교화 내지 그리스도교화 되었고 이를 막을 사람은 없었습니다. 귀족도덕에서 선하고 우위에 있던 귀족들은 고귀하고 강력한 힘을 가진 지배자였지만, 도덕성의 노예 반란 이후 악한 것이 바로 귀족도덕이 됩니다. 도덕뿐만 아니라 귀족들은 그들이 지나가는 모든 곳에 야만인이라는 발자국도 남겼습니다. 그러나 피지배자의 '반동 본능'과 '원한 본능'은 이 모든 것들을 뒤집어 놓았습니다. 그래서 니체는 이러한 반동 본능과 원한 본능이야말로 실질적인 문화의 도구라고 말합니다. 귀족은 늘 자신들이 피지배자를 보호한다고 생각하지만 피지배자의 입장에서 귀족이 앞세우는 보호는 항상 악한 것이었습니다. 니체는 어린 양과 맹수의 예로 이 관계를 설명합니다. 어린 양은 스스로 자신은 선하며 맹수는 악하다고 생각합니다. 그래서 어린 양은 가능한 맹수와 거리를 두고 멀리 떨어져 생활합니다. 반면 맹수는 자신들은 어린 양을 조금도 싫어하지 않고 오히려 사랑한다고 생각하기 때문에 늘 가까이하려 합니다. 그러나 맹수가 어린 양과 가까이 하는 순간 어린 양은 맹수의 희생물이 됩니다. 이렇게 하여 어린 양은 항상 반동 본능과 원한 본능을 갖게 된다는 것입니다. 피지배자와 귀족의 관계도 이와 같습니다. 어린 양이나 피지배자는 약하기 때문에 어떤 경우에도 강한 힘을 발휘할 수 없지만 스스로는 늘 강한 힘을 갖기를 원하고 바랍니다. 또한 자신들이 강한 힘을 발휘할 수 없듯이 맹수나 귀족들도 강한 힘을 발휘하지 않기를 바랍니다. 그러나 피지배자가 귀족의 강한 힘이 강하게 나타나지 않기를 바라는 것은 피지배자의 약한 힘이 강한 힘으로 나타나기를 바라는 것만큼이나 모순입니다. 억압 당하거나 짓밟히는 사람은 자신을 선한 사람이라고 생각합니다. 선한 사람은 보복하지 않고 공격하지 않으며 어떤 누구에게도 상처를 입히지 않기 때문입니다. 뿐만 아니라 선한 사람은 복수심이 없으며 인내심이 강하고 살아가면서 원하는 것이 적은 사람입니다. 지배층이 보는 피지배층은 열등하기 때문에 악합니다. 그러나 피지배층은 자신들이야말로 선하다고 생각합니다. 피지배층은 도덕성의 노예 반란으로 선한 사람이 되었지만 그들의 권리는 바뀌지 않습니다. 아무리 지배층과 피지배층의 도덕이 바뀌었다고 해도 지배층은 여전히 우위에 있으며 피지배층을 억압합니다. 반면 피지배층의 도덕이 아무리 선하다 해도 그들은 여전히 억압 당하며 짓밟히고 있습니다. 인류가 존재한 이래 수천 년 동안 선과 악, 그리고 우와 열이라는 두 쌍은 대립하면서 무서운 싸움을 해왔습니다. 그 투쟁은 아직도 끝나지 않았고, 선과 악의 문제가 해결된 것도 아니라고 니체는 말합니다.

양 심 이 라 는 이 름 의 괴 물 을 넘 어

인간이 약속을 할 수 있다는 것은 무엇을 뜻할까요? 니체는 이 약속이란 단어를 설명하기 위해서 잊어버리는 '건망'과 잊어버리지 않는 '기억'을 끌어냅니다. 니체는 건망이란 인간 의지의 문과 창을 일시적으로 폐쇄하는 것, 즉 세상의 소음에서 도피하는 것이라고 말합니다. 뿐만 아니라 새로운 지식을 받아들이기 위해 남겨둔 의지의 자유로운 공간이라고도 말합니다. 건강한 동물은 이렇게 건망이라는 하나의 능력을 갖고 있습니다. 문제는 이 건망이란 힘을 제거하려는 반대 능력, 즉 기억입니다. 인간은 기억을 총동원하여 건망을 제거하는 역할을 담당하게 했습니다. 인간으로부터 능력을 인정받은 기억은 의지의 활동이 끊어지지 않고 연쇄적으로 이어질 수 있도록 최선의 노력을 아끼지 않습니다. 그리하여 기억은 인간이 새로운 지식을 받아들이기 위해 비워 놓은 건망을 밀어내고 인간에게 가장 고귀한 약속을 지키도록 도와줍니다.

　니체는 약속을 지킨다는 것은 곧 책임을 다하는 것이라고 말합니다. 약속을 지키기 위해서 먼저 해야 할 일은 약속을 하는 일입니다. 한 사회 안에서 인정되는 도덕을 지키고, 자율적이며 자유로운 개인만이 약속을 할 수 있습니다. 이런 사람은 자신이 얼마나 뛰어난 사람이며 신뢰를 얻고 있는 사람인지 스스로 알게 될 것입니다. 약속을 할 수 있는 사람은 자신과 같은 무리의 사람을 강자 혹은 신뢰할 수 있는 사람이라고 생각하고, 그렇지 못한 사람은 허풍쟁이 혹은 거짓말쟁이라고 생각하여 응징할 것입니다. 또한 니체는 양심 때문에 약속이 가능하다고도 말합니다. 기억이 약속을 할 수 있게 만들고, 그 약속을 하기 위해서는 양심이 필요하다는 것입니다. 그렇다면 기억이란 도대체 무엇일까요? 기억에 대한 니체의 주장은 색다릅니다. 니체는 인간에게 기억만큼 무섭고 섬뜩한 것은 없다고 말합니다. 형법의 준엄함은 인간의 건망증을 극복하고 사회적 공동생활을 가능하게 합니다. 어느 민족에게나 공동생활을 유지하기 위한 잔인하고 모진 형벌은 있었습니다. 사지를 찢는다거나 끓는 기름에 죄인을 담그는 형벌, 짐승의 발에 뭉개지는 형벌, 가슴의 살을 저미는 형벌 등 사람으로 대접 받지 못하고 견디기 힘든 사회적인 형벌을 통해 인간은 '다시는 그런 짓을 하지 않겠다'는 약속을 하고 기억에 새긴다고 니체는 말합니다.

　이제 잔혹한 희생을 치른 인간은 약속을 할 수 있는 사람이 되었습니다. 이렇듯 모든 도덕적인 원리 뒤에는 음울한 사실이 숨겨져 있다고 니체는 말합니다. 그렇다면 죄의식이나 양심의 가책과 같은 것은 어떻게 생겨났을까요? 우리는 보통 죄를 지은 사람이 받는 것을 형벌이라고 생각합니다. 그러나 니체는 형벌이란 죄를 지은 사람이 받는 것이 아니라 피해를 입은 사람에게 그 고통에 대한 보상으로 주어지는 것이라고 말합니다. 니체는 이런 죄에 대한 형벌이 채무법에서 생겨났다고 말합니다. 돈을 갚지 못하는 채무자는 채권자에 의해서 잔인하게 죄 값을 치르고 시간이 지나면서 사회적인 지위까지 얻게 된 채권자는 가해자를 법적으로는 처벌하지 않지만 기생충이나 벌레 취급하며 자신의 힘을 과시합니다. 채권자의 관대함, 죄의 형벌을 감해 주는 이러한 자비는 권력자의 특권이 되었습니다.

　죄를 지은 사람에게 내려지는 형벌은 죄인의 마음에 죄책감을 심어 주려는 의도를 갖습니다. 니체는 이러한 양심의 가책이야말로 지구상에서 가장 괴기스럽고 흥미로운 식물이라고 말합니다. 감옥은 양심의 가책이나 회한이 자라기에는 적합하지 않으며 오히려 죄인에게 소외감과 반항심만을 생겨나게 한다는 것입니다. 그렇다면 양심의 가책이란 어디에서 오는 것일까요? 원시 사회에서 인간은 자유롭게 방랑하는 본능을 가지고 살며 관습에 억눌릴 필요가 없었습니다. 그러나 정복자나 지배자가 생기면서 적이 생겨나고 변혁, 공격, 혹은 파괴하려는 본능이 생겨났습니다. 그 결과 외부의 적은 사라졌지만 이제 인간은 관습과 법에 묶

이게 되었습니다. 이때부터 인간은 위험한 황야의 향수에 빠져 보이지 않는 창살 속에서 불안과 절망으로 몸부림치게 되었다고 니체는 말합니다. 이렇게 감옥에 갇힌 죄수 스스로가 찾아낸 것이 바로 양심의 가책이며 이것은 인간이 동물적인 과거로부터 억지로 떼어져 새로운 환경 혹은 새로운 생존 조건에 뛰어든 결과로 생긴 것입니다. 과거의 인간에게는 자연이 공포 그 자체였지만 그들에게는 또한 극복할 수 있다는 용기와 기쁨이라는 본능이 있었습니다.

    ❝그러나 인간이 양심의 가책을 느끼기 시작하면서 오늘날까지도 치료가 불가능한 또 다른 하나의 병, 즉 자기 자신에 대해 괴로워하는 병이 생겼습니다. 공동생활을 하게 되면서 영혼이 빈약한 인간은 제사나 축제를 통해 조상에게 감사했습니다. 하지만 관습은 그것만으로 조상에 대한 은덕을 충분히 갚는다고 생각하지 않고 사람의 피로 희생 재물을 강요했습니다. 더 나아가 조상들은 신들의 기원이 되어 두려움의 대상으로 변했습니다. 공동체의 조직이 사라지고 귀족이 등장하면서 우와 열의 개념이 생겨났고 스스로 열등한 인간이 된 사람들은 자신이 무언가 빚을 지고 있다고 느끼며 채무자가 되었습니다. 그것도 부족해서 인간은 양심의 가책까지 느껴 가며 스스로의 양심을 학대하고 내면의 동물성을 학대하는 벌까지 상속 받게 되었습니다. 이렇게 하여 인간이 가진 자연성과 본능은 양심의 가책과도 뗄 수 없

는 관계가 되었고, 심지어 병으로 치부되기에 이른 것이라고 니체는 주장합니다."

원래 자연적이고 동물적이며, 감각적이고도 본능적인 모습을 갖고 있던 인간을 관습이나 법으로 억누르고 양심에 가책을 느끼도록 만든 무리가 있다고 니체는 말합니다. 즉 반자연적, 반동물적, 반감각적, 반본능적인 것으로 인간을 매어 두려는 시도가 생겨난 것입니다. 귀족과 같이 준엄함과 고매함으로 인간을 대하는 것보다 더 사람을 화나게 하는 일은 없다고 니체는 말합니다. 이런 시도는 근본적으로 사람의 편을 나누기 위한 것으로, 귀족들은 모든 세상 사람들이 똑같이 생각하고 그저 되는 대로 살아가기를 바랍니다. 이런 귀족들의 생각을 바꿀 색다른 정신, 전쟁과 승리로 단련된 정신을 바탕으로 모험심과 정복욕, 위험과 고통을 무릅쓸 용기까지도 필수품으로 무장한 초인이 나타난다면, 자연의 성질과 본능을 가진 인간의 모든 죄와 양심의 가책은 사라지게 될 것이라고 니체는 생각했습니다.

금 욕 주 의 라 는 허 상 그 리 고 허 무 에 의 의 지

《도덕 계보학》의 세 번째 에세이에서 니체는 금욕주의적 이상이 무엇인지 그 의미를 묻고 있습니다. 먼저 니체는 사람마다 금욕주의가 의미하는 것이 어떻게 다른지에 대해서 설명합니다. 예술가에게 금욕은 아무런 의미가 없을 수도 있지만 사실은 아주 많은 것을 의미하며, 철학자의 경우에는 보다 높은 영적 상태를 의미하고, 성직자에게는 신념과 권력 추구의 도구로, 여자에게는 매력으로 또는 아름다운 동물의 천사 같은 모습으로 나타나며, 죽음을 맞이하는 사람에게는 이 세상에서 아주 선량한 사람으로 보이고자 하는 하나의 시도입니다.

예술가에게 있어서 금욕주의적 이상이 의미하는 바가 무엇인지 그 답을 니체는 작곡가 바그너에게서 찾습니다. 니체에 의하면 바그너는 늘 정숙함을 숭상했고, 금욕주의적인 의미에서 정숙함은 노년기에 나타납니다. 사람들은 예술가를 그의 작품과 동일하게 생각하는 경향이 있습니다. 그러나 작품과 예술가의 삶은 다릅니다. 물론 예술가의 삶은 그의 작품의 모태이며 토양일 뿐 아니라 작품이 성장할 수 있는 비료이며 거름임에는 틀림없습니다. 그러나 작품을 즐기려면 예술가는 반드시 잊어버려야 할 존재라고 니체는 말합니다. 만약 아킬레우스가 호메로스였거나 파우스트가 괴테였다면 그들의 작품은 존재할 수 없었을 것입니다. 이렇게 예술가는 현실적이고도 실제적인 것과 완전히 분리되어 살아가는 존재이며 그렇기 때문에 현실에서 살아야 하는 예술가가 혼자 독립해서 서는 일은 거의 불가능합니다. 바그너도 유럽에서 주도권을 잡고 있던 쇼펜하우어의 도움과 버팀목이 된 그의 철학이 없었다면 자신의 의지대로 금욕주의적 이상을 추구하진 못했을 것입니다.

철학자를 포함한 학자들에게 금욕은 무엇을 의미할까요? 니체는 고통에서 벗어나려는 것이라고 했습니다. 지구상에 존재하는 모든 철학자는 성욕에 대한 남다른 증오심을 가지고 있기 때문에 금욕주의적 이상에 대한 특별한 편견이나 애정이 존재한다는 것입니다. 이런 편견이나 애정이 없다면 그 철학자는 단지 사이비 철학자라고 니체는 주장합니다. 철학자를 포함한 모든 동물은 본능적으로 자신의 감정이 '최적 상태'가 되려는 것을 막으려 하거나 방해하는 모든 것을 혐오합니다. 니체는 결혼이야말로 인간을 최적 상태에 이르게 하는 통로에 놓인 방해물이라고 주장합니다. 그 증거로 위대한 철학자인 헤라클레이토스, 플라톤, 데카르트, 스피노자, 라이프니츠, 칸트, 그리고 쇼펜하우어는 결혼을 하지 않았을 뿐 아니라 상상도 하지 않았다고 이야기합니다. 금욕주의적인 이상 속에서 가장 높고 대담한 정신을 추구하며 최적 상태를 바라보고 웃음 지을 수 있는 사람들이 바로 철학자나 학자라는 것입니다. 니체는 이들 철학자나 학자에게는 금욕주의적 이상을 실현하기 위한 청빈, 겸손, 그리고 순결이라는 세 가지 덕이 필요하다고 말합니다. 이들에게 청빈은 최고의 생존 조건이며, 아름답고도 풍부한 삶의 결실을 위한 가장 합당하고도 자연스러운 요소입니다. 많은 사람들이 사치나 아름다움을 좋아하여 마음이나 손이 지나치게 자유롭게 움직이고 이 자유로움을 막기는 쉽지 않습니다. 이를 막아낸 철학자의 삶은 사막과도 같이 황량하고 거칠며 낭만적이지 않습니다. 그러나 그들은 이런 삶을 감추려 하거나 도피하려 하거나 혐오하지 않습니다. 오히려 그들은 이런 삶을 청량제로 생각하고 무해하게 삶을 즐기는 산짐승이나 날짐승과 벗 삼는 청빈함을 보여 줍니다. 철학자에게도 명예나 봉건 영주, 여자가 다가오지만 철학자는 이것을 회피합니다. 철학자는 너무 밝은 빛보다 그림자를 좋아합니다. 그래서 서쪽으로 기우는 태양의 빛이 약해지면 철학자의 그림자는 반대로 점점 커집니다. 이렇게 철학자는 암흑을 참아 내듯이 어떠한 명예의 실추도 참아 내는 겸손함을 갖고 있습니다. 여자는 모성 본능으로 누군가를 소유하고자 하지만 철학자는 소유하려는 자는 소유 당한다는 아주 평범한 원칙으로 살기 때문에 겸손할 수밖에 없다고 니체는 말합니다. 마지막으로 니체는 철학자의 순결에 대해서 이야기합니다. 늘 커다란 정신적 긴장 상태에 있는 예술가는 무언가를 준비하는 시기에 여자와 사랑을 나누지 않습니다. 그것이 얼마나 해로운지 불행한 경험을 하지 않고도 너무나 잘 알기 때문입니다. 그래서 예술가들은 작품을 위해 자신의 동물적인 활력을 무정하게 사용하고 정력을 폭발시켜 의식의 지배자가 될 수 있습니다. 이와 같이 청빈, 겸손, 그리고 순결이라는 세 가지 덕으로 이룰 수 있는 금욕주의는 엄격하고도 유쾌한 방법으로 최고의 정신에 도달할 수 있는 가장 유익한 조건이라고 니체는 말합니다. 그렇기 때문에 철학자가 흥미를 갖고 금욕주의적 이상을 논의한 것은 전혀 놀랄 일이 아닙니다.

성직자야말로 금욕주의적 이상이 무엇인지 잘 보여 줍니다. 우리는 성직자의 신념, 의지, 권력, 혹은 관심에서 금욕주의적 이상을 찾을 수 있습니다. 성직자로서 성공하느냐 못하느냐는 바로 이 금욕주의적 이상과 밀접한 관계가 있습니다. 그렇기 때문에 성직자는 금욕주의적 이상을 자신들의 권력 추구의 도구로 생각하고 자신의 이상에 반대하거나 의심하는 사람과 목숨을 걸고 싸웁니다. 문제는 금욕주의적 이상을 가진 성직자들이 평범한 일반인의 삶을 어떻게 평가하느냐입니다. 성직자들은 스스로 금욕주의적 이상을 가지고 특별한 삶을 살며 특별한 길을 간다고 생각합니다. 일반인들도 자신들처럼 되기를 바라는 성직자들은 당연히 그들의 삶에도 관여하려 합니다. 특히 성직자는 일반인들이 즐기는 생리적인 쾌락이나 행복, 아름다움, 혹은 기쁨에 대해 신랄하게 비판합니다. 그들은 고통, 불행, 추함, 자기 고행이나 자기희생에서 즐거움을 느끼고 찾습니다. 성직자들의 이러한 금욕주의적 이상에 영향을 받은 일반인들은 살아가는 데 필요한 생리적 능력이 감퇴하면 할수록 더욱더 자신만만해지고 의기양양해집니다. 그럴수록 성직자는 궁극적인 고뇌 속에서의 승리라는 과장된 말로 금욕주의적 이상을 위해 싸우게 된다고 니체는 말합니다. 일반인들은 성직자를 구원자처럼 느끼고 성직자는 스스로 구원자가 되어 존경 받기를 원합니다. 성직자에게는 자신의 고통과 싸우는 동시에 고통 받는 자들을 위로하고 그들의 고통을 완화시키는 천부적인 능력이 있으며 이런 능력을 사람들은 성직자의 치료법이라고 부르기도 합니다. 그러나 니체는 성직자가 의사처럼 구는 것은 결코 용납할 수 없다고 말합니다. 성직자는 신성이라는 이름의 처방전을 남발하고 이 처방전을 받은 사람들은 효험이 있다고 느끼지만 이는 곧 사람의 심성을 길들이고, 약하게 하고, 용기를 잃게 하며, 연약하게 만들 뿐입니다. 이렇듯 인간의 정신을 손상시키는 처방전이 삶에 지쳐 기진맥진한 사람에게 처방될 때, 이 치료법으로 당장은 그 병세가 호전된다 하여도 그 환자의 상태는 곧 더 악화될 것이라고 니체는 말합니다. 금욕주의적인 성직자가 세력을 잡았던 곳이라면 그곳이 어디든 사람들의 정신적 건강은 파괴되었습니다. 뿐만 아니라 예술과 문학이 파괴되었고, 그리스와 로마 문명의 황금기에 작성된 서적들까지도 암흑 속에 묻혔습니다. 더 나아가 성직자의 금욕주의적 이상은 개인이 좋은 취미를 배우고 사회의 아름다운 미풍양속을 익히도록 내버려 두지 않았고, 인간의 건강까지도 파괴했습니다. 그들은 단지 인간의 고통을 듣고 천국으로 향하는 길만 열어 주었을 뿐이라고 니체는 말합니다.

인간은 무엇을 위해 살아갈까요? 인간의 삶은 정말 헛된 것일까요? 니체는 인간의 삶이 목적 없이 헛된 것은 금욕주의적 이상 때문이라고 말합니다. 인간은 늘 무언지 모를 부족함을 느끼고, 무서운 공허감에 휩싸여 살아갑니다. 그것은 인간이 스스로를 정당화하고 긍정하며 사랑하는 방법을 모르기 때문이라고 니체는 말합니다. 그래서 인간은 삶 자체를 괴로움으로 생각하고 괴로움으로 병든 인간은 그 원인이 항상 고통 자체라고 생각합니다. 그러나 인간이 괴로운 이유는 '나는 왜 괴로워하는가?'에 대한 답이 없기 때문입니다. 또한 인간은 금욕주의적 이상이 우리를 괴로움으로부터 벗어나게 해준다고 믿습니다. 그러나 금욕 그 자체가 이미 괴로움이므로 결국 금욕주의적 이상은 괴로움에 또 다른 괴로움을 얹는 것일 뿐이라고 니체는 말합니다. 즉 인간은 하나의 괴로움을 더하는 줄 알면서도 스스로 무력함을 보상 받기 위해서 금욕주의적 이상을 인정하고 받아들일 수밖에 없다는 것입니다. 금욕주의적 이상에도 의지할 수 없다면 도대체 인간은 무엇에 의지해야 할까요?

망 치 를 든 초 인 의 등 장

니체는 《도덕 계보학》에 각각 주제가 다른 세 편의 에세이를 실었습니다. 그는 전통적인 가치나 도덕을 부정적으로 보았고, 이 책에서 도덕의 기원을 다루었습니다. 니체는 도덕의 기원을 선과 악으로 봅니다. 그리고 선과 악을 다루기 위해서 먼저 지위의 우열을 설명합니다. 지위가 높은 사람은 능력이 탁월하고 힘이 있으며 명령할 수 있고 부유하기 때문에 그의 모든 행동은 선하고, 지위가 낮은 사람의 모든 행동은 악한 것이 됩니다. 결국 니체는 힘이 있는 자와 없는 자를 도덕의 기원으로 봅니다. 힘이 있는 자는 지위가 높고 선하며 반대는 악합니다. 하지만 니체는 이런 선과 악을 참된 선과 악이라 생각하지 않습니다. 강자의 입장에서 정의된 선과 악을 도덕의 기원이라고 할 수 없기 때문입니다. 힘에 의해서 죄와 양심의 가책이 정해지는 것도 마찬가지입니다. 니체에 의하면 죄와 양심의 가책은 모두 힘이 없는 상태, 원한, 증오, 혹은 복수에서 생기기 때문에 같은 것입니다. 죄는 양심의 가책을 만들어 내고, 양심의 가책은 다시 죄를 만들어 내기 때문에 양심의 가책은 고칠 수 없는 병과 같습니다. 적대감, 잔인함, 파괴 등에 근원을 둔 양심의 가책은 결국, 원한, 분노, 증오와 같은 것입니다. 언젠가는 힘 있는 사람이 되겠다는 힘없는 사람의 욕망에서 이 모든 것이 나온다고 니체는 말합니다.

행복과 쾌락을 추구하면서 사는 것이 인간의 본래적인 모습이라면 성직자는 금욕주의적 이상을 추구하면서 비본래적인 삶을 삽니다. 그렇다면 일반인이 본래적인 삶을 포기하고 비본래적인 금욕주의적 이상을 추구하고 목표로 삼는 것은 결국 모순입니다. 선과 악, 죄와 양심의 가책은 힘의 논리에 의해서 정해지는 것이며, 금욕주의적 이상은 일반적인 인간이 추구하는 본래의 모습이 아니라고 니체는 말합니다. 이 모순을 극복하기 위해 니체는 인간의 마지막 의지인 허무에의 의지를 주장하는 것입니다.

역사적으로 한 제후 국가가 제국을 통일한 경우는 아마도 프로이센밖에 없을 것입니다. 나폴레옹의 침입으로 신성로마제국의 프란츠 2세가 스스로 황제의 자리에서 물러나고 신성로마제국은 해체됩니다. 이후 독일제국은 여러 제후 국가로 나뉘었습니다. 프로이센은 바로 이 독일의 제후 국가를 다시 통일시켜 프로이센 제국을 건설합니다. 발트 해 연안에 살던 프로이센 민족은 1701년 베를린을 중심으로 프로이센왕국을 세웠고 프리드리히 1세가 왕으로 즉위합니다. 프리드리히 1세는 무엇보다 학문에 뜻을 두고 국가의 안정을 꾀했으며, 그의 아들 프리드리히 빌헬름 1세는 아버지가 마련한 학문의 풍토 위에 절대왕권 체제를 확립하고 프로이센을 유럽에서 가장 강한 국가로 발전시킵니다. 프로이센의 확장과 발전을 두려워한 프랑스는 나폴레옹 1세가 죽은 다음 그의 조카 나폴레옹 3세가 황제로 즉위하지만 여전히 안정을 찾지 못하고 있었습니다. 이때 나폴레옹 3세는 프로이센과 싸워 이길 수 있다면 실추된 프랑스의 명예를 다시 찾을 수 있을 것이라는 참모들의 조언에 따라 1870년 프로이센을 침공합니다. 그러나 프랑스는 프로이센의 적수가 되지 못했고, 그다음 해 전쟁은 끝이 납니다. 프랑스는 1871년 프랑크푸르트 조약을 통해 알자스—로렌 지방을 프로이센에 넘겨주었으며 많은 배상금을 지불했습니다. 이렇게 해서 프로이센이 중심이 된 독일제국의 첫 번째 통일이 이루어졌습니다. 이 전쟁을 승리로 이끈 사람이 바로 그 유명한 철의 재상 비스마르크Otto Eduard Leopold Bismarck입니다. 지주 귀족 출신의 비스마르크는 프리드리히 빌헬름 4세의 나약한 모습을 못마땅하게 여겼고, 프랑스 대사로 지내던 1862년 프로이센의 총리로 임명됩니다. 이후 비스마르크는 독일의 여러 왕들과 협조하는 오스트리아의 정책에 대응하여 러시아와 프랑스의 우호를 강조했습니다. 비스마르크는 총리 취임사에서 연설이나 다수결로 국제간의 문제를 해결할 수 없으며 단지 "철과 피"로 해결할 수 있다는 유명한 연설을 했습니다. 훗날 철혈 재상으로 불리게 된 비스마르크를 중심으로 한 프로이센은 하루가 다르게 거대한 나라로 발전하였고, 이에 늘 위기감을 갖고 있던 프랑스가 독일과 전쟁을 선포하였지만 패한 것입니다. 바로 이 전쟁에 니체는 의무병을 자원하여 참전하였고 이질과 디프테리아로 두 달을 채 버티지 못하고 제대하게 됩니다. 유전적인 정신질환과 전쟁터에서 얻은 병은 니체를 평생 동안 괴롭혔고, 결국 사망에 이르게 합니다.

니체 철학의 특징이자 단점은 다른 철학자들처럼 체계적으로 전개되지 않는다는 것입니다. 즉 어떤 주제에 대해 단계와 순서를 밟아 쓰는 것이 아닌 전체를 종합적으로 다루어 일관성이 없고 그렇기 때문에 그의 철학은 어렵게 느껴집니다. 니체의 저서 중에서 가장 체계적인 것으로 알려진 《도덕 계보학》 역시 그 안에서 다루는 세 편의 에세이들 사이에 연관성을 찾기란 쉽지 않습니다. 그의 철학이 비논리적이고 체계적이지 못한 원인을 그의 삶에서 찾는 사람들도 있습니다. 일찍 세상을 떠난 아버지와 동생, 극단적인 그리스도교도였던 할머니와 고모들, 방황하는 어머니에 대한 연민 등이 니체 철학에 영향을 주었다는 것입니다. 보통 다음의 일곱 가지 특징으로 니체의 철학을 이야기합니다.

첫째, 반주지주의主知主義입니다. 삶의 가치를 지식에 두는 것은 소크라테스부터였습니다. 소크라테스는 지와 덕 그리고 행복을 같은 것으로 보았지만, 니체는 덕은 지식이지만 죄는 무지라고 이야기함으로써 덕 있는 사람이 가장 행복하다는 소크라테스의 주장을 미친 소리로 취급합니다. 둘째, 반도덕주의입니다. 사람들은 선한 행위와 악한 행위를 알고 있고, 그에 맞는 행동을 합니다. 그러나 니체는 군주도덕과 노예도덕 혹은 선과 악을 설명하면서 선은 힘 있는 사람의 것이며, 악은 힘없는 사람의 것이라고 이야기함으로써 지금까지의 도덕과는 다른 관점을 제시합니다. 셋째, 반그리스도교입니다. 니체의 철학을 모르는 사람도《차라투스트라는 이렇게 말했다》에서 니체가 주장한 '신은 죽었다'라는 말을 잘 알고 있습니다. 물론 이 말에 대해서는 의견이 분분합니다. 그러나 한 가지 분명한 것은 '신은 죽었다'는 말과 함께 권력의지, 초인과 같은 개념으로 그리스도교를 비판하였다는 것입니다. 넷째, 반염세주의입니다. 쇼펜하우어는 세계의 본질은 어떤 목적도 갖고 있지 않는 맹목적 의지라고 말합니다. 이러한 의지에 따라 아무런 생각 없이 사는 것을 우리는 염세주의라고 부릅니다. 그러나 니체는 허무주의와 염세주의를 구별하며, 주지주의, 노예도덕, 혹은 그리스도교가 사람의 삶을 병들게 한다고 주장합니다. 삶이 아무 의미가 없다고 생각하는 것이 허무주의이며 기댈 곳이 없다면 허무에라도 기대는 편이 낫다고 니체는 말합니다. 다섯째, 반여성주의입니다. 니체는 남자들은 권력에 대한 의지가 강한 반면 여자에게는 순종이 필요하다고 주장합니다. 원시 사회부터 강한 종족만이 지속적으로 가치를 파괴하면서 살아남았고, 국가나 사회를 지배할 주인이나 초인의 탄생은 이들 가치의 파괴를 앞당길 수 있다고 니체는 말합니다. 바로 여기서 초인은 어머니를 필요로 하고, 어머니는 남자를 필요로 합니다. 니체는 여자들은 이 역할만 담당하면 된다고 주장합니다. 여섯째, 반민주주의입니다. 니체는 《차라투스트라는 이렇게 말했다》에서 신을 죽인 다음 초인을 등장시킵니다. 초인은 강한 힘을 가진 소수의 엘리트로 세상에서 살아남는 사람은 약한 자가 아니라 강한 사람입니다. 그래서 니체는 1789년 프랑스 대혁명 이전의 귀족주의와 절대군주제를 옹호했습니다. 마지막으로 반사회주의입니다. 마르크스와 엥겔스의 《공산당 선언》 이후 독일은 비록 실패했지만 유럽에는 시민혁명이 일어났습니다. 프랑스 대혁명은 자유, 평등, 그리고 박애 정신을 바탕으로 사회적인 평등을 탄생시켰고, 마르크스와 엥겔스의 노동자 혁명은 경제적 사회주의의 발판을 마련하였습니다. 그러나 니체는 노동자는 공장 주인에게 순종해야 한다고 주장했고 가진 자의 편에 서는 모습을 보이기도 했습니다.

그리스 신화에 등장하는 인물 중에서 디오니소스는 가장 인간적인 신입니다. 제우스가 세멜레와 사랑을 나눠 낳은 아들 디오니소스는 포도주의 신으로 잘 알려져 있습니다. 문제는 이 디오니소스가 항상 취해 있었다는 것입니다. 포도주의 신이니 늘 취해 있는 게 당연합니다. 이런 디오니소스에서 사람들은 행복을 찾았습니다. 신들도 인간과 다르지 않다는 생각을 갖게 된 것입니다. 니체는 바로 그리스 사람들이 갖고 있던 디오니소스적인 이상에 심취했고, 그런 삶을 사는 인간이 진정 행복하다고 생각했습니다. 니체는 이런 디오니소스적인 이상을 무차별적으로 파괴한 사상이 유럽의 그리스도교이며, 그리스도교 정신에서 일반인은 아무런 의미 없는 삶을 이어가는 존재일 뿐이라고 비난합니다.

· 1888년 니체는《우상의 황혼》이란 책을 출판합니다. 이 책의 부제는 '망치를 들고 철학하는 방법'입니다. 니체를 연구하는 사람들은 여기서 우상이란 허무주의를 말하며, 망치는 허무주의를 부수는 일을 담당한다고 주장합니다. 결국 니체는 디오니소스적인 사회를 만들기 위해서 스스로 기존의 사회를 부수는 역할을 담당하고자 했던 것 같습니다. 여러분들은 어떤 방법으로 새로운 사회와 국가를 건설할 수 있다고 생각하십니까? 법의 망치일까요, 아니면 철학자의 다이너마이트일까요?

진보된 국가를 향하여

베이컨 《학문의 진보》

The advancement of learning (1605)

Francis Bacon

과 학 으 로 서 학 문

근대사에서 빼놓을 수 없는 주요 사건인 르네상스는 이탈리아에서 시작해 네덜란드를 넘어 영국으로 들어왔습니다. 영국의 르네상스를 주도한 사람은 그 유명한 《유토피아》를 쓴 인문주의자 토머스 모어Thomas More와 영국의 종교개혁을 완성한 헨리 8세입니다.

헨리 8세의 딸인 엘리자베스 1세는 자신은 영국과 결혼했다며 평생을 독신으로 살았고, 뒤를 이어 스코틀랜드의 제임스 1세가 영국의 왕이 되면서 영국의 왕조는 튜더에서 스튜어트로 바뀌었습니다. 사실 헨리 8세의 여섯 번의 결혼은 왕위 계승을 아주 복잡하게 만들어 왕위 서열 세 번째였던 엘리자베스 1세가 즉위할 때까지 모함과 반역이 끊이지 않았습니다. 1561년, 한참 어수선하던 시기에 베이컨Francis Bacon,

1561~1626은 옥새상서인 아버지가 일하고 있던 템스 강변의 장관 관저에서 태어납니다. 옥새상서는 영국의 다섯 장관직 중 하나로 국왕의 명령을 행정부에 전달하는 매우 중요한 자리였습니다. 베이컨이 태어났을 때 그의 아버지는 옥새상서와 대법관을 겸직하고 있었고, 베이컨의 이모부는 엘리자베스 1세를 보좌한 장관 윌리엄 세실이었습니다. 좋은 가문에서 태어난 베이컨은 최고의 교육을 받았고, 영국이 자랑하는 철학자, 정치가로 성장할 수 있었습니다.

1573년부터 2년 동안 케임브리지 트리니티 칼리지에서 공부한 베이컨은 법학대학원에 입학하여 법학 연구를 시작합니다. 그리고 다음 해 프랑스 주재 영국 대사를 수행하여 4년 동안 파리에 머뭅니다. 1579년 아버지의 죽음으로 런던으로 돌아온 베이컨은 법학대학원에서 법학과 철학을 전공한 뒤, 1581년 스무 살의 나이로 콘웰주 의원직을 맡아 정치가로서의 활동을 시작합니다. 베이컨은 이때 처음으로 철학과 법학이라는 이론적 학문과 정치라는 실천적 학문 사이에서 고민합니다. 1582년 변호사 자격을 얻은 베이컨은 1588년 법학대학원의 교수가 됩니다. 이후 베이컨은 정치 활동을 하기 위해 후원자가 필요해졌고 돌아가신 아버지를 대신해 이모부가 자신의 후원자가 되어 주기를 바랐지만 뜻대로 되지 않자, 엘리자베스 1세가 가장 아끼고 사랑한 정치가이며 장군이었던 에식스2nd Earl of Essex, 1566~1601 백작을 도와 자신의 정치적 후원자로 삼았습니다. 베이컨은 에식스의 도움으로 법무부 차관이나 법무부 장관에 임명되기를 바랐지만 모두 실패하였고, 반면 에식스는 1596년부터 스페인의 전투에 참가하여 극적인 전투 수행 능력으로 명성을 얻습니다. 전쟁을 승리로 이끈 에식스는 베이컨과 함께 베이컨의 이모부인 세실 가와 대립 관계를 유지하며 엘리자베스 1세의 총애를 얻기 위해 노력합니다. 엘리자베스는 에식스의 끈질긴 야망을 알고 있었지만, 그가 마음대로 할 수 있는 사람이 아니라는 것도 잘 알고 있었습니다.

1598년 아일랜드에서는 영국으로부터 독립을 주장하며 폭동이 일어났습니다. 여왕은 에식스를 아일랜드 총독으로 임명하여 반란 진압을 명령하였지만, 반란 진압에 실패하고 불리한 조약을 체결한 에식스는 총독의 자리를 비워둔 채 여왕에게 직접 해명하기 위해 잉글랜드로 돌아옵니다. 그러나 여왕은 에식스의 관직을 박탈한 뒤 구금하였고 에식스는 여왕에 대한 분노로 자신을 따르는 사람들과 런던에서 봉기를 계획했지만 실패해 런던탑에서 처형 당하고 맙니다. 베이컨은 에식스가 재판을 받을 때 그를 기소한 검사 중 한 사람이었고 그에 대해 불리한 증언을 해 많은 비난을 받았습니다. 그러나 베이컨은 엘리자베스 1세의 신하로서 자신은 영국과 영국의 왕을 위해 일할 뿐이라고 말합니다. 이렇게 베이컨은 엘리자베스 1세에게 충성을 다하였지만, 엘리자베스 1세는 베이컨을 좋아하지 않았습니다. 그러나 1603년 스튜어트 왕조가 시작되면서 베이컨의 출세에도 가속도가 붙습니다. 제임스 1세는 엘리자베스 1세와는 다르게 베이컨의 능력을 인정하여 1603년 즉위하자마자 베이컨에게 기사작위를 내렸고, 1614년 법무부장관에 임명하였습니다. 1617년 옥새상서가 되어 자신이 태어난 관저로 다시 돌아가게 된 베이컨은 다음 해, 그렇게 원하던 대법관이 되었습니다. 그러나 3

년 뒤인 1621년 자작의 작위를 받은 베이컨은 뇌물 수수 혐의로 기소되어 대법관직을 사임하게 됩니다. 당시 법관들이 기소 당한 자들로부터 뇌물을 받는 것은 관행처럼 되어 있었으나 베이컨은 벌금형, 징역형, 그리고 관직에서의 영원한 추방이라는 벌을 받았고, 탑에 감금된 지 나흘 만에 가택 연금으로 풀려나 시골집에 머물게 됩니다. 가끔 신병 치료를 위해 런던에 들리곤 하던 베이컨은, 1626년 런던에서 집으로 돌아오던 길에 병세가 악화되어 친구의 집에서 숨을 거둡니다.

베이컨은 제임스 1세가 미래를 준비하는 국왕이기를 바라며, 1605년 그의 저서 《학문의 진보》를 헌정합니다. 베이컨은 이론적인 학문과 실천적인 학문 사이에서 많은 고민을 하였고 사람들에게 좀 더 유용하고 안락한 삶을 꿈꿀 수 있게 해주는 학문은 실천학문이라고 생각했습니다. 그러나 베이컨 이전까지만 해도 철학과 같은 이론학문이 더 유행하였고, 제임스 1세 또한 베이컨의 제안을 받아들이지 않았습니다. 아마도 국왕의 눈에는 베이컨이 단순히 출세를 바라고 《학문의 진보》를 저술한 것으로 보였던 모양입니다. 이 책에서 베이컨은 사람은 자연에 복종함으로써 자연을 지배할 수 있기 때문에 자연의 법칙을 배워야 하며 자연의 지배자가 되어야 한다고 주장합니다. 베이컨은 제임스 1세뿐 아니라 당시 국왕을 모시는 귀족들이 자신의 책을 읽어주길 바라며 영어로 책을 출간하였으나, 제임스 1세뿐 아니라 어떤 귀족들도 베이컨의 책에 관심을 보이지 않자 결국 1623년 라틴어판 《학문의 진보》를 발표합니다. 이후 이 책은 많은 학자들이 읽으면서 아주 유명한 책이 되었습니다. 무엇보다도 과학적인 학문의 중요성을 강조한 베이컨의 주장에 많은 학자들의 관심이 집중되었습니다.

행 동 하 지 않 는 학 문 의 무 가 치 함 에 대 하 여

영국의 튜더 왕조는 영국의 왕 중에서도 중요한 위치를 차지했던 헨리 8세의 아버지로부터 그의 아들 에드워드 6세까지 약 120년 동안 이어집니다. 강력한 힘을 가졌던 헨리 8세는 종교를 개혁하는 등 영국의 발전을 위해 노력합니다. 베이컨 역시 이 시기 영국의 경제적인 발전은 인정하지만 학문의 발전을 주도할 대학은 전혀 발전하지 못했다고 말합니다. 대학이나 학문의 발전을 주도적으로 이끌어갈 사람은 학자에 앞서 국가의 정책을 펼 정치가와 국왕이라고 생각했던 베이컨은 《학문의 진보》도 그런 뜻에서 영어로 쓰기 시작했던 것입니다.

베이컨은 《학문의 진보》 1권에서 학문과 지식의 우월성과 가치를 증명하고자 했습니다. 이를 위해 베이컨은 아담, 모세, 알렉산드로스, 카이사르, 그리고 몇몇의 학자를 예로 들고 있습니다. 아담이 에덴의 낙원에서 쫓겨난 이유가 무엇일까요? 태초에 하느님은 에덴동산에 선악과를 심었습니다. 그러나 인간의 교만한 지식은 더 이상 하느님의 명령을 따르지 않고 스스로 법을 만들었습니다. 인간이 낙원에서 쫓겨나게 된 것은 자연과 만물에 대한 순수한 지식이 아닌 선과 악에 대한 교만한 지식을 갖고 있었기 때문이라고 베이컨은 생각합니다. 아담은 자연과 만물에 대한 순수한 지식을 갖고 있었기 때문에 피조물에 각각의 이름을 지어줄 수 있었습니다. 인간의 지식이 인간의 정신을 높이는 것이 아님을 아담은 이때 알게 되었습니다. 피조물인 아담은 낙원에서 두 가지 일 외에는 할 수 있는 것이 없었습니다. 하나는 피조물을 낱낱이 살펴보는 것이고, 다른 하나는 피조물에 이름을 붙여 주는 것이었습니다. 아담의 실낙원은 자연과 만물의 순수한 지식이 아니라 선악에 대한 윤리적인 지식임을 우리는 잘 알고 있습니다. 선과 악에 관한 인간의 지식은 하느님의 계율을 이해하기 위함이 아니라 하느님으로부터 벗어나 자신에게만 의지할 목적으로 얻은 지식입니다. 이후 이런 인간의 지식은 이집트에서 아주 크게 발달하였습니다. 사도행전에서는 모세를 가리켜 이집트의 모든 학문에 정통한 사람으로 표현하고 있습니다. 플라톤은 그의 저서 《티마이오스》에서 "이집트는 세상에서 가장 오래된 학교"일뿐만 아니라 그리스의 지식은 이집트의 지식에 비하면 어린애에 불과하고 오래된 지식도 아니라고 말했습니다. 이런 모세의 율법은 유대교의 랍비들에 의해 연구되었고, 그들은 자연과 윤리의 문제를 구별하고 제례와 법령을 개혁하였습니다. 특히 모세의 문둥병 환자 이야기에서 유대교 랍비들은 도덕철학적 원리를 찾았습니다. 모세는 문둥병이 온 몸에 완전히 퍼지면 그 환자는 깨끗해진 것이며 어느 한 부분이라도 온전한 곳이 있으면 깨끗하지 못하다고 말하는데, 이는 부패하기 시작한 것이 완전히 썩은 것보다 더 전염성이 빠르다는 뜻으로 악에 철저히 물든 사람보다 반만 악한 사람이 도덕적으로 더 타락했다는 뜻입니다.

베이컨은 모세에 이어 욥에서도 지식의 가치를 찾고 있는데, 특히 욥이 기록한 욥기에서 자연철학의 가치를 보았습니다. 욥기는 둥근 우주,

허공에 매달린 지구, 북극의 존재, 하늘의 유한성, 또는 밀폐된 구형 등을 이야기합니다. 천문학에 관한 욥의 생각은 오리온자리와 히아데스성단, 그리고 남극의 설명에서 찾아 볼 수 있습니다. 은과 금은 광맥이 따로 있으며, 철은 흙에서 얻고, 돌을 녹여 동을 만든다는 욥의 생각은 오늘날 지질학의 입장에서 보아도 전혀 손색이 없습니다. 이렇게 욥은 학문과 지식의 우월성을 스스로 입증한 사람이라고 베이컨은 주장합니다.

인간에게 있어서 육체와 정신은 일반적으로 비슷한 시기에 강해집니다. 인간의 육체에 해당하는 것이 국가의 무력이며, 영혼에 해당하는 것이 국가의 학문입니다. 그렇다면 무력과 학문 또한 비슷하게 발전할 것입니다. 유럽의 왕들은 학자이면서 장군이거나 장군이면서 학자인 경우가 많습니다. 베이컨은 위대한 장군이면서 학자인 왕으로 테베의 장군 에파미논다스와 아테네의 장군 크세노폰을 꼽았습니다. 에파미논다스는 테베의 정치가로 스파르타 세력을 물리친 최초의 인물이며, 크세노폰은 아테네의 유명한 정치가로 페르시아를 정복하기 위해 원정한 최초의 인물입니다. 이와 반대로 위대한 학자이면서 정치가였던 왕들은 주로 철학자를 가정교사나 스승으로 삼거나 경쟁자로 생각하였고, 전쟁이나 원정을 통해 영토를 확장하여 제국을 형성하였습니다. 베이컨은 마케도니아의 알렉산드로스와 로마의 율리우스 카이사르를 대표적인 인물로 꼽습니다. 알렉산드로스는 그리스의 철학자 아리스토텔레스를 스승으로 모셨으며, 카이사르는 로마의 위대한 철학자이며 시대가 낳은 웅변가 키케로를 경쟁자로 삼았습니다.

인간의 지식이나 학문의 우월성, 가치에 대해 많은 사람들이 의심하고 놀랍니다. 베이컨은 알렉산드로스의 동방 원정과 카이사르의 원정도 이와 마찬가지라고 말합니다. 알렉산드로스가 동방 원정을 결정했을 때, 카이사르가 루비콘 강을 건넜을 때, 많은 사람들이 반신반의했으나 두 사람은 자신의 뜻을 이루었습니다. 유클리드의 기하학적 명제는 그것이 증명되기 전까지 어떤 누구도 인정하려 하지 않았고, 콜럼버스의 아메리카 항해도 마찬가지였습니다. 베이컨은 이 모든 것을 '역전'이란 단어로 표현합니다. 그리고 역전 중에서 가장 극적인 역전은 "지식의 역전"이라고 말합니다. 지식은 처음 받아들일 때는 아주 조심스럽고 비판적이지만 일단 증명이 되거나 인정받게 되면 그때부터는 아주 오래전부터 그랬던 것처럼 쉽게 받아들여진다는 것입니다. 베이컨은 알렉산드로스와 카이사르가 학문과 지식의 우월성과 가치를 중요하게 생각한 이유에 대해 설명합니다. 먼저 학문의 영향력은 시민을 이롭게 합니다. 다음으로 시민의 도덕을 키워줍니다. 그리고 평화와 평화로운 통치를 위한 기술이나 기질을 가르칩니다. 뿐만 아니라 학문은 전투와 군대를 위한 덕과 용기를 강화하는 데 큰 영향을 미칩니다. 알렉산드로스와 카이사르는 비록 독재자이긴 했지만 이런 학문의 가치를 알았기 때문에 역사에 새겨질 덕과 기술을 남긴 것입니다. 특히 그들의 학문에 대한 애정과 학식의 완벽함에 베이컨은 다시 한 번 놀랍니다. 알렉산드로스는 여행을 하거나 원정 중에도 늘 스승인 아리스토텔레스의 조카 칼리스테네스 외에 여러 학자들과 함께 했습니다. 그는 "다리우스 대왕의 보석 상자에 넣을 유일한 보석은 호메로스의 작품뿐"이라는 말을 한 것으로도 유명합니다. 뿐만 아니라 알렉산드로스는 아리스토텔레스에게 많은 편지를 보냈고, 아리스토텔레스는 그것을 정리하여 자연철학에 대한 몇 권의 책을 남겼습니다. 이런 알렉산드로스의 행동은 그가 권력이나 제국의 확장보다도 학문에 더 많은 관심을 갖고 있으며 중요하게 생각한다는 것을 스승에게 보이고 싶어 했던 것이라고 베이컨은 이해합니다. 알렉산드로스의 연설문과 편지 속에서도 자신이 왕이기 전에 학자임을 보여 주기 위해 노력한 부분들을 쉽게 발견할 수 있습니다. 베이컨은 디오게네스와의 일화를 통해 알렉산드로스의 도덕철학을 설명합니다. 무소유를 주장하고 실천한 철학자 디오게네스가 따뜻한 일광욕을 즐기고 있을 때 알렉산드로스가 그를 방문했습니다. 필요한 모든 것을 들어주겠다는 알렉산드로스의 말에 디오게네스는 햇볕만 가리지 않는다면 더 이상 바랄 것이 없다고 말합니다. 여기에서 베이컨은 알렉산드로스가 중요하게 생각하는 도덕철학의 문제를 봅니다. 디오게네스를 만나고 난 다음 알렉산드로스는 디오게네스의 처지를 비웃는 사람들에게 "내가 알렉산드로스가 아니었다면 디오게네스가 되고 싶었을 것"이라는 유명한 말을 남깁니다. 알렉산드로스는 디오게네스야말로 물질적으로 가진 것이 없어도 행복한 삶을 사는 사람이라고 생각했던 것입니다. 아리스토텔레스로부터 학문의 중요성과 가치를 배운 알렉산드로스는 그것을 실천하기 위해서 스스로 많은 노력을 하였습니다.

로마의 황제 카이사르도 알렉산드로스 못지않은 학자라고 베이컨은 말합니다. 카이사르의 뛰어난 학식은 교육이나 인간 관계, 연설 외에도 그가 남긴 기록이나 책 속에서 쉽게 찾아 볼 수 있습니다. 그가 남긴 내란에 관한 비망록은 읽는 사람으로 하여금 경탄을 금치 못하게 하며 더

할 나위 없이 적절한 어휘와 명료한 표현들은 학문에 천부적인 재능이 없는 사람이라면 절대 불가능한 일이라고 베이컨은 말합니다. 특히 천문학에도 많은 관심을 가졌던 그는 하늘과 천체를 관찰하고 얻은 지식으로 율리우스력을 만들기도 했습니다. 또한 그는 탁월한 웅변가였으며 사람의 마음을 사로잡는 연설가였습니다. 그는 스스로 자신의 학문의 완벽함을 알고 있었고 이를 바탕으로 로마의 시민들과 병사들을 사로잡을 수 있다고 생각했습니다. 이렇듯 카이사르도 알렉산드로스처럼 학문과 지식의 가치가 원정을 통해 여러 나라를 정복하고 다스리는 데 꼭 필요하다는 사실을 알았습니다. 그래서 베이컨은 알렉산드로스와 카이사르를 유명한 학자이자 훌륭한 장군이라고 말합니다. 문무를 겸비한 지도자만이 학문과 지식의 가치가 얼마나 우월하며 큰 것인지 알 수 있기 때문입니다. 베이컨은 아담 이후 많은 지도자들이 이 사실을 잘 알고 있었지만, 17세기 영국의 지도자, 정치가, 혹은 학자들은 이러한 사실을 깨닫지 못했다고 말합니다.

베이컨은 무엇보다 영국의 학문이 지나치게 과거에 집착하는 것이 문제라고 생각했습니다. 르네상스의 영향으로 신이 아닌 인간 중심의 인본주의가 유행하면서 인본주의자들이나 개신교 신학자들은 중세의 모든 학문을 부정하고 고대 그리스 문화에 집착하기 시작했습니다. 그 결과 실천학문보다는 이론학문에 더 많은 관심을 갖게 되었고 이것은 학교 교육에도 그대로 적용되었습니다. 고전에 대한 주석과 이해에 너무 많은 시간을 투자하다보니 학문은 정체되기 시작했습니다. 그리스와 로마 사람들이 찬란한 문명을 만든 것은 사실이지만 그 문화에 너무

억눌려 있을 필요는 없다고 베이컨은 주장합니다. 고대란 지나간 옛 시대일 뿐 현재 우리가 거슬러 올라가며 배워야 할 시대는 아니라는 것입니다. 영국뿐 아니라 유럽의 학문이 고대 그리스 사람과 문화 그리고 로마 사람과 문화에 예속될 필요가 없다고 베이컨은 강조합니다. 또한 베이컨은 영국의 학문이 그 목적을 오해하는 데에 문제가 있다고 말합니다. 당시 유럽에서는 인본주의를 앞세워 고대 그리스의 철학이나 문화를 이론적인 측면에서 아주 중요하게 다루기 시작했으나 이론에 대한 명상은 행동과 경험이 연계되지 않으면, 즉 실천적 학문과 결합하지 않으면 아무런 의미가 없다고 베이컨은 믿었습니다. 실천학문으로 발전하지 못한 학문은 단순한 학자의 명예욕에 따른 지적 호기심에 불과하며 일반 사람들에게도 아무런 효용이 없다는 것입니다. 이것이 바로 우리가 베이컨을 경험론자의 아버지라 부르는 이유입니다.

인 간 적 인 삶 의 향 상 에 기 여 할 학 문 에 대 하 여

베이컨은 《학문의 진보》 1권에서 학문과 지식의 우월성과 가치를 먼저 설명한 다음 학자들이 갖고 있는 중요한 결점을 지적하였습니다. 그러나 2권에서는 학자들에 관한 얘기보다는 학문 자체에 대해서 설명합니다. 여기서 베이컨은 두 가지 작업을 시도하는데, 먼저 종래의 학문 중 꼭 필요하고 중요한 학문에 대해 주의를 환기시키고 다음으로 당시까지만 해도 관심을 끌지 못한 학문 분야에 주목합니다.

학문은 인간의 기억력에 기반을 두는 역사학, 인간의 상상력으로 이루어 낸 시, 그리고 인간 이성의 결정체인 철학으로 나눌 수 있으며, 이세 분야에서 다른 학문이 파생하거나 발전하였습니다. 베이컨이 만족하는 지금까지의 학문은 고대 역사와 교회 역사를 비롯하여 문법과 수사학, 그리고 수학과 물리학입니다. 이 중에서도 베이컨은 철학에서 발전한 수학과 물리학에 많은 관심을 가졌습니다. 베이컨은 철학자들 중에서도 자연철학자들이 물리학과 수학을 발전시켰다고 말합니다. 자연철학자들은 자연과학 혹은 자연에 관한 이론을 발전시켰고, 그것은 물리학으로 발전하였습니다.

같은 물리적 작용도 재료에 따라 다른 결과를 만듭니다. 예를 들어 불은 단단한 양초를 녹이고 부드러운 진흙을 딱딱하게 만듭니다. 이렇듯 성질은 같지만 재료에 따라 다른 결과를 낳도록 질료에 어떤 원인을 제공하는 것을 재료인이라고 합니다. 단단한 양초를 녹이려면 얼마나 강한 불이 필요할까요? 부드러운 흙을 딱딱하게 하려면 또 얼마나 강한 불이 필요할까요? 이것은 재료에 작용하는 물리적인 원인, 즉 작용인입니다. 이렇게 물리적인 원인은 질료에 따르는 질료인이요, 질료에 따라 다르게 작용하는 작용인에 불과합니다. 자연에서 모든 사물은 생겨나고 사라집니다. 이렇게 생기고 사라지는 모든 사물에는 고유한 모양, 즉 형상이 있습니다. 이런 사물들이 생겨나는 것은 물리적인 원인일까요? 신화에서는 신이 흙으로 형상을 만들어 불에 구운 다음, 코에 입김을 불어넣어 사람과 동물을 만들었다고 합니다. 베이컨은 물리학에는 이런 피조물의 형상을 만드는 원인은 없다고 주장합니다. 즉 물리적인 원인에는 질료인과 작용인은 있지만 형상인은 없다는 것입니다. 예를 들어 하얀 눈이나 물거품은 흰색입니다. 이것을 연구하는 학자라면 물과 공기의 적당한 혼합이 그 원인이라고 말할 것입니다. 이렇듯 눈과 물거품이 흰색인 것은 작용에 대한 물리적인 원인이지만 형상에 대한 원인은 아닙니다. 눈과 물거품은 이미 형상화되어 있습니다. 이렇듯 물리학은 어떻게 형상을 갖게 되느냐 혹은 만들어지느냐에 대한 학문이 아니라 이미 있는 물건에 대한 재료와 작용을 연구하는 학문입니다. 그렇기 때문에 물리학은 종래의 학문 중에서도 중요하게 다루어져야 하고 앞으로도 더 발전해야 할 학문이라고 베이컨은 말합니다.

베이컨은 자연철학에서 나온 수학도 물리학만큼 중요한 학문으로 취급하고 있습니다. 인간의 정신은 개개의 특수한 좁은 영역이 아니라 평원처럼 넓고 일반적인 영역에서 자유의 기쁨을 맛봅니다. 수학은 이런 인간의 정신적 욕망을 충족시키기에 충분하다는 것입니다. 자연철학 중에서 제한된 양을 다루는 수학은 순수 수학이며 여기에 속하는 것은 기하학과 대수학입니다. 반면 순수한 수학이 아니라 혼합된 수학도 있는데 이를 응용수학이라고 부르며 여기에는 원근법, 음악, 천문학, 우주학, 건축학, 혹은 기계학이 속합니다. 베이컨은 순수 수학은 여전히 수학으로 남았지만 중세 이후 응용수학은 각각의 학문으로 발전하였다고 말합니다. 이런 수학에서 베이컨은 어떤 결점도 발견하지 못했고 사람들이 순수수학의 탁월한 용도를 제대로 이해하지 못하는 것을 아쉬워했습니다. 순수수학은 인간의 지적 능력을 향상시키고 치료할 수 있기 때문에 순수수학을 배우면 예리한 재능을 얻게 된다고 베이컨은 주장합니다. 테니스를 배우면 민첩한 눈과 유연한 자세 그리고 순발력을 향상시킬 수 있는 것처럼 순수수학은 인간의 산만한 재능을 집중시킬 수 있는 재능으로, 감각에 깊이 매몰된 재능을 감각에서 벗어나 추상화하는 재능으로 바꾸어 준다는 것입니다. 이렇게 베이컨은 기존의 학문 중에서 계속 발전하기를 원하는 학문을 먼저 논의한 다음 독립적으로 발전하면 좋을 학문과 새롭게 생겨나면 좋을 학문에 대한 자신의 입장과 그 이유를 밝힙니다. 그러나 베이컨이 정확하게 명칭을 부여하지 못한 학문도 있습니다. 특히《학문의 진보》2권에서는 새로운 학문에 대한 베이컨의 독특하고도 독창성 있는 예견을 발견할 수 있습니다. 베이컨이 언급한 학문 중에서 중요한 몇 가지를 살펴보면 다음과 같습니다.

베이컨은 무엇보다 근대사로 분류되는 영국 역사에 대한 정립의 필요성을 역설합니다. 독립된 영국의 역사를 원했던 베이컨은 영국의 역사서술에 큰 불만을 품고 있었습니다. 영국의 왕들은 유럽 여러 나라의 왕자 혹은 공주와의 정략결혼을 통해 유럽에서 살아남기 위해 노력했고 이 과정에서 자신들의 역사보다 유럽의 역사에 더 관심을 가졌습니다. 이런 영국의 역사를 베이컨은 유럽 역사의 일부라고 보았으며, 장미전쟁 이후부터 영국의 역사가 시작된다고 생각했습니다. 영국이 독립성을 가지고 유럽으로부터 벗어나기 위해서는 바로 근대사를 새로 정립할 수 있는 학문이 생겨나야 한다고 베이컨은 강조했습니다. 학자에 앞서 학문 자체의 중요성을 강조했던 베이컨은 근대사라는 학문이 제대로 정립된 후에야 학자의 중요성을 이야기할 수 있다고 생각했던 것입니다.

근대사에 이어 베이컨은 기후, 지리, 자연 자원, 혹은 인종에 대해서 연구하는 학문의 필요성을 강조합니다. 그러나 베이컨은 이들 학문에 대해 각각 기상학, 지리학, 지질학, 광물학 혹은 인류학이라고 표현하지 않습니다. 여기서 우리는 베이컨의 독창성을 볼 수 있습니다. 베이컨은 이 모든 것을 두루 관리하고 다스릴 학문을 "우주의 역사학"이라고 명명했습니다. 옛날에는 역사학에 지역이나 지리를 다룰 수 있는 자연사가 포함되어 있었고, 주민의 통치, 주거, 풍속 등을 다룰 수 있는 시민사회의 역사가 혼합되어 있었으며, 기후와 별자리를 계산하는 수학도 함께 있었습니다. 베이컨은 여기서 "저 멀리 동쪽에서 신선한 태양빛 가쁜 숨을 몰아쉬는 동안 서쪽에는 붉게 타는 노을빛이 초저녁 별을 비출 것이다"는 베르길리우스의 시 한 구절을 인용합니다. 사실 베이컨뿐 아니라 대부분의 영국 사람들이 영국 밖을 여행해 본 경험이 없었기 때문에 매우 편협한 지식을 가지고 있었으나, 몇 차례의 신세계를 향한 모험 가득한 항해는 지식의 발전과 새로운 학문에 대한 기대감을 키웠습니다. 이렇게 베이컨은 새로운 인종, 새로운 지리, 새로운 광물에 대한 학문의 중요성과 필요성을 주장합니다. 이런 학문 외에도 베이컨은 외교학, 교육학, 경영학, 혹은 기계의 발명을 위한 학문의 필요성도 함께 주장합니다. 베이컨은 무엇보다 실용적이고 실천적인 학문과 과학의 발전에 필요한 학문의 중요성을 강조하였습니다.

베이컨이 설명한 학문과 앞으로 더 연구 발전해야 할 학문에 대해서 살펴보면 다음과 같습니다. 베이컨의 입장에서 당시 신학은 이미 지나치다 싶게 충분한 발전을 이룩하였습니다. 신학은 신의 존재에 관해 연구하는 학문이지만 인간의 이성으로는 신의 존재를 모두 이해할 수 없습니다. 따라서 베이컨은 인간의 이성으로 해결할 수 없는 일에 대한 논쟁을 막으려면 이성으로 신의 존재를 밝히려는 생각은 자제해야 하며 서로 관용을 베풀어야 한다고 주장합니다.

이어서 베이컨은 논리학의 중요성과 필요성에 대해서 이야기합니다. 산양을 대상으로 외과적 수술 방법을 익혔다거나, 꾀꼬리의 목소리를 듣고 음악에 관심을 가졌다거나, 따오기를 보고 자연을 연구하게 되었다거나, 혹은 갑자기 열리는 항아리 뚜껑을 보고 대포 제조술을 익혔다거나 하는 등 대부분의 예술과 과학은 우연히 발명되거나 발전했습니다. 그러나 논리학의 필요성만큼은 사람들이 인식하지 못했으며 대학들이 잘못된 논리학을 가르치고 있다고 베이컨은 주장합니다. 논리학은 어린이나 신입생보다 졸업생에게 더 필요한 학문이며 모든 지식 중에서도 가장 권위 있는 지식이라고 베이컨은 강조합니다. 논리학을 잘못 배운 사람은 바람의 무게와 크기를 재거나 바람을 그리려는 헛된 짓을 일삼고 궤변과 우스꽝스러운 과시만 늘어놓게 된다는 것입니다. 이는 아리스토텔레스 이후 삼단논법이라고 할 수 있는 연역법에 익숙한 사람들이 논리학의 장점과 필요성을 깨닫지 못하고 잘못된 논리학을 사용하게 된 데에 그 이유가 있으며, 이것을 해결하기 위해서는 연역법이 아닌 경험을 바탕으로 하는 귀납법을 통해 제대로 된 논리학을 가르쳐야 한다고 베이컨은 말합니다. 그렇게 된다면 논리학은 모든 학문에 기초가 되는 아주 훌륭한 학문으로 발전할 것이라는 게 그의 생각이었습니다. 베이컨이 경험을 바탕으로 하는 귀납법적인 논리학의 중요성을 강조한 것은 과학의 중요성을 강조하기 위해서였습니다. 과학의 기본은 경험이며 그 경험은 귀납법으로 이어지고 귀납법은 곧 논리학의 기초가 됩니다. 베이컨이 학문의 진보를 주장하면서 가장 중요하게 다룬 것이 바로 과학입니다. 과학의 중요성을 강조한 배경은 바로 신학에 대한 반발이었습니다. 베이컨은 인간이 가진 신적인 지식이란 믿음, 예배, 기도문, 그리고 성직자들의 정치 활동에 대한 것 외에는 없으므로 신학을 신적인 지식으로 한정할 것을 주장합니다. 여기서 우리는 베이컨이 새로운 학문을 분류하면서 신적인 지식보다는 인간 중심적 지식을 강조했음을 알 수 있습니다. 그는 인간 중심적인 지식의 기본은 과학이며 과학만이 인간적인 삶의 발전과 편리함을 가져다 줄 수 있다고 생각했습니다.

근대를 대표하는 세 가지 발명품인 나침판, 화약, 그리고 인쇄술은 종교개혁을 가능하게 했고 중세의 몰락을 가져왔습니다. 그중에서도 나침판의 발견은 새로운 세계를 찾는 계기가 되었고, 그것은 지동설이라는 새로운 우주관 때문에 가능했습니다. 지동설은 고대 그리스부터 꾸준히 제기되었고 코페르니쿠스에 의해서 확립되었습니다. 베이컨도 코페르니쿠스의 우주관을 받아들인 것은 아니지만 코페르니쿠스적인 전환은 인정하고 있습니다. 코페르니쿠스적인 전환이 과학의 탄생과 발전에 결정적인 역할을 했기 때문입니다. 고대 그리스 이후 과학은 자연에 기초한 전통적인 방법으로 학문을 분류했으나 코페르니쿠스적 전환은 인간의 지적 능력에 따라 학문을 다시 편성하는 계기가 되었습니다. 예를 들어 역사의 분과로 연구되었던 동식물과 문명의 흥망을 새로운 학문에서는 동식물은 자연사로, 문명의 흥망성쇠는 사회학으로 연구하게 되었습니다. 그리고 이 두 학문 모두 인간의 상상력에 바탕하거나 이성에 관한 학문이 아니라 경험적인 기억과 관찰을 바탕으로 한 학문이라는 공통점을 갖습니다.

　❝베이컨은 새로운 학문은 무엇보다 인간적인 삶의 향상에 목적을 두어야 한다고 말합니다. 학문의 목적을 인간의 효용과 복리에 두지 않는다면 아무런 의미가 없다는 것입니다. 베이컨은《학문의 진보》2권 '국왕께 드리는 헌정'에서 제임스 1세에게, 영국을 대표하는 몇몇 학자에게만 영국의 미래를 걸지 말고 학문의 증진과 진보를 위해서 노력해 줄 것을 당부합니다. 그러기 위해서는 우선 학자들에게 충분한 보상을 해야 한다고 말합니다. 학자들을 헌신적으로 노력하게 하려면 충분한 보상이 필요하며, 오류에 빠지지 않게 하려면 올바른 지도가 필요하고, 인간의 결점을 보완하려면 협동이 필요하다고 당부합니다.

　그리고 유익한 학문을 만들기 위해서는 학문하는 장소, 학문을 위한 책, 그리고 학문하는 사람이 필요하다고 말합니다. 베이컨은 학문하는 장소를 물에 비유합니다. 하늘에서 내려오는 비, 혹은 땅에서 솟아나는 샘물도 고여야 그 역할을 할 수 있듯이 지식이라는 고귀한 용액도 물과 같아서 대학과 같은 지정된 장소에 저장되어야 한다는 것입니다. 다음으로 베이컨은 옛 학자들의 책이 보존되고 모이는 도서관과 가치 있는 책들의 사본을 만드는 일의 중요성에 대해 강조했습니다. 마지막으로 학문하는 사람, 즉 학자를 위해서는 무엇보다 그 지위를 높여 주고 많은 후원을 해주어야 한다고 말합니다. 옛날부터 내려오는 학문에 대해서는 그 학문에 종사하는 학자를 교수로 임명하여 학생들로 하여금 좋은 교육을 받게 하고 아직 학문으로 자리 잡지 못하고 있는 분야의 학자들에게는 저술 활동과 연구를 할 수 있도록 후원하여 새로운 학문이 생겨날 수 있도록 도와야 한다고 말합니다.**"**

베이컨은 계속해서 제임스 1세에게 국왕이 해야 할 일에 대해서 당부합니다. 국왕은 먼저 지금까지 어떤 학문이 왕성하게 연구되어 왔고 어떤 분야가 소홀했는지 면밀하게 분석해야 합니다. 만약 여기서 문제점이 발견되면 과감하게 문제를 드러내고 해결해야 합니다. 좋은 책을 쓰는 것은 학자가 할 일이지만, 연구자와 교수를 임명하는 일은 국왕이 해야 할 일입니다. 이렇게 베이컨은 학문을 위해서 국왕이 해야 할 일과 개인이 해야 할 일이 다름을 분명히 합니다. 학자가 할 수 있는 일은 교차로에 이정표를 세우는 일로 이정표는 학문의 방향을 제시하는 것입니다. 그러나 이정표에 따라 사람을 움직이게 하는 것은 개인이 아닌 국왕이 해야 할 일이라고 베이컨은 말합니다. 따라서 베이컨 자신은 학문의 전체적이고도 큰 윤곽을 충실하게 답사한 학자로서 이정표를 세우는 역할을 충분히 하였고, 그 이정표에 따라 학문을 발전시킬 수 있는 사람은 국왕인 제임스 1세뿐이라고 강조합니다. 베이컨은 당시의 영국을 고대 그리스와 로마제국에 이은 제3의 황금기라고 표현했습니다. 그리스와 로마의 학자들이 남긴 뛰어난 업적이 베이컨 시대 학자들에게 매우 큰 도움을 주었고, 인쇄술의 발전으로 오래된 책들의 사본이 만들어져 읽히게 되었으며, 나침판의 발견은 새로운 항로를 열어 더 많은 학자들의 저서를 접할 수 있게 해 새로운 학문의 가능성을 열었습니다. 고대 그리스의 도시국가는 그 수가 너무 적어서 발전하는 데 한계가 있었고, 로마제국은 국가의 규모가 너무 커 한계가 있었지만, 베이컨의 시대에는 산업의 발달로 삶의 질이 향상되고 풍요로운 생활과 여가가 가능해졌습니다. 베이컨은 당시의 영국이 고대 그리스와 로마제국을 뛰어넘어 크게 번성할 것임을 의심치 않았습니다.

베이컨은 제임스 1세를 비롯한 영국을 이끌어가는 지도자들에게 자신을 질책하고 싶은 마음이 생길수도 있음을 인정합니다. 이런 생각을 가진 사람들에게 베이컨은 학자보다 학문의 중요성을 강조한 자신의 생각을 인내를 갖고 천천히 살펴 줄 것을 부탁합니다. 물론 자신의 생각이 잘못되었다면 꾸짖음도 달게 받겠다고 말합니다. 그만큼 베이컨은 자신의 주장이 가까운 미래든 먼 미래든 분명히 일어날 수 있는 일이며 그렇기 때문에 절실하고도 정당하다고 강조한 것입니다.

진　보　를　위　한　조　율

역사적으로 볼 때 왕권체제의 한 나라가 안정을 찾기는 쉽지 않습니다. 내란이 일어나고 새로운 왕조로 바뀌고 절대군주가 나타나고, 이렇게 조금씩 안정을 찾는 것이 일반적입니다. 당시 유럽의 여러 나라에 비해 발전이 더딘 영국도 예외는 아니었습니다. 영국은 유럽의 다른 나라에 비해 르네상스도 매우 느리게 진행되었습니다. 영국의 르네상스는 15세기 말 토머스 모어에 의해 시작되었고, 16세기 셰익스피어에 의해 절정에 이르렀습니다.

영국의 왕권 정치가 안정을 찾은 것은 헨리 7세 이후입니다. 헨리 8세는 영국의 안정을 위해 종교개혁과 왕권을 강화했습니다. 헨리 8세와 엘리자베스 1세를 거치면서 영국은 정치적으로 안정되었으며, 이 안정된 정치를 바탕으로 영국의 르네상스도 꽃을 피울 수 있었습니다. 헨리 8세가 왕권 강화의 필요성을 느낀 것은 영국의 최대 내란이라고 할 수 있는 장미전쟁 때문이었습니다. 프랑스의 샤를 4세가 아들을 낳지 못하고 세상을 떠나자 누나의 아들이었던 영국의 에드워드 3세가 프랑스의 왕위 계승자는 자신이라고 주장하며 프랑스를 통치하려 했습니다. 그러나 프랑스 법률은 여자에게는 상속권이 없기 때문에 에드워드 3세는 프랑스의 왕이 될 수 없다고 판결했고, 영국은 프랑스에 선전 포고를 하게 됩니다. 이것이 바로 백년전쟁입니다. 백년전쟁은 프랑스 사람들의 가슴에 깊은 애국심을 심어준 잔 다르크의 영웅적인 희생으로 1453년 10월 프랑스의 승리로 끝납니다. 백년전쟁에서 아무것도 얻지 못한 영국은 전쟁의 후유증으로 내환에 시달리게 됩니다. 백년전쟁을 일으킨 애드워드 3세에게는 네 명의 아들이 있었는데 첫째 아들이 일찍 죽자 손자인 리처드 2세가 에드워드의 뒤를 이어 영국의 왕이 되었으나 후에 영국의 랭커스터 지방을 다스리던 헨리 4세가 사촌 리처드 2세를 몰아내고 왕위를 계승하게 됩니다. 그리고 헨리 6세 때, 요크 지방을 다스리던 리처드가 헨리 4세 때 빼앗긴 왕권에 대해 권리를 주장하면서 1455년부터 30년간 이어진 랭커스터 집안과 요크 집안의 전쟁이 시작됩니다. 당시 랭커스터의 상징은 붉은 장미, 요크의 상징은 흰 장미였기에 이 전쟁을 장미전쟁이라고 부릅니다. 이후 헨리 7세는 왕권을 강화하고 강한 영국을 만들기 위해 노력하였으며, 헨리 8세는 종교개혁을 통해 종교를 왕권 밑에 두고 절대주의를 더욱 공고히 하였습니다. 그러나 헨리 8세와 엘리자베스 1세는 절대왕권을 강화하고 영국의 정치, 경제, 종교를 변화, 발전시켰음에도 불구하고 학문의 변화를 주도하지는 못했습니다. 오히려 학자들이 고대 그리스와 로마 문화에 얽매여 공허한 시간만 낭비했다며 책임을 물었습니다. 그러나 베이컨은 대학이 발전하지 못한 이유가 왕들에게 있다고 주장했습니다. 베이컨은 제임스 1세에게 많은 기대를 걸었고 제임스 1세가 대학의 변화를 주도해줄 것을 바랐습니다. 또한 왕과 영국의 정치가들에게 《학문의 진보》를 읽어 줄 것을 부탁했습니다. 스코틀랜드의 왕이었던 제임스 1세는 스스로 대영제국의 왕이라 칭하며 절대왕정을 더욱 강화했고 유럽의 평화와 아메리카 식민지 개척 등 국외 진출을 위해 노력했습니다. 새로운 학자보다 새로운 학문을 원한 베이컨의 주장은 학문의 진보라기보다 과학의 진보이며 새로운 과학에 대한 기대였습니다. 제임스 1세는 이러한 베이컨의 생각에 절대적인 힘을 실어 주었고, 베이컨 또한 제임스 1세의 힘을 업고 자신이 하고 싶은 학문에 열정을 쏟았습니다.

베이컨의 사상 속에는 비행기, 잠수함, 인공 비, 또한 합성금속에 관한 연구도 있습니다. 과학은 결코 마술이 아님을 지금 우리는 잘 알고 있지만 당시 사람들의 눈에는 이 모든 것이 요술이나 마술로 보였던 것 같습니다. 그러나 베이컨의 과학에 대한 열정만큼은 누구나 인정합니다. 베이컨은 당시 냉동기술에도 많은 관심을 가지고 있었습니다. 대법관에서 물러나 런던 근교에서 머물던 베이컨은 병을 치료하기 위해 런던에 들렀다가 병이 깊어져 친구의 집에 잠시 머물게 되었습니다. 베이컨은 아픈 몸에도 불구하고 병아리를 대상으로 냉동기술에 관한 연구를 계속하였고 결국 병이 더 심해져 집으로 돌아가지 못하고 친구의 집에서 생을 마감하게 됩니다.

베이컨은 학자가 세운 이정표를 따라 학문을 발전시킬 수 있는 사람은 왕밖에 없다고 말했습니다. 그리하여 제임스 1세에게 새로운 학문을 위해서 대학을 세우고 도서관을 짓고 학자를 길러 새로운 영국 건설에 주도적인 역할을 해줄 것을 당부했습니다. 이정표 역할을 하는 베이컨은 자신이 주창한 새로운 학문은 단지 연주자들이 악기를 조율할 때 내는 시끄러운 소리에 불과한 것이라고 말합니다. 악기를 조율할 때의 불협화음은 당장은 귀에 거슬리지만 조율이 끝난 악기들은 더욱 조화로운 음악을 연주할 수 있습니다. 베이컨 자신은 뮤즈들의 악기를 조율하여 자신보다 훌륭한 솜씨를 지닌 사람들이 그것들을 연주할 수 있도록 준비하는 데 만족한다고 이야기합니다.

음악회에서 조율을 하는 사람은 연주자입니다. 지루한 조율을 기다리는 사람은 방청객과 지휘자입니다. 연주자는 방청객과 지휘자의 기다림에 보답하기 위해서 열심히 자신의 악기를 연주합니다. 한 사람의 실

수도 용납되지 않습니다. 학문도 마찬가지입니다. 학자의 주장에 귀 기울이는 왕과 백성이 있고, 기다리는 왕과 백성의 뜻에 보답하는 학자가 있기에 학문의 발달은 가능합니다. 백년대계는 결코 교육에만 국한되는 이야기가 아님을 오늘날의 영국이 증명하고 있습니다.

민주주의라는 정원 가꾸기

듀이 《민주주의와 교육: 교육철학 개론》

Democracy and Education: An Introduction
to the Philosophy of Education (1916)

John Dewey

삶 그리고 사회적 기능을 위한 교육

여러분은 '양키'라는 말을 들어본 적이 있습니까? 정확한 어원은 알수 없지만 '양키'라는 말은 넓은 의미에서 미국 사람을 가리키고 좁은의미로는 미국의 동북부 지역인 뉴잉글랜드 지역의 사람들을 가리킵니다. 미국에서는 약삭빠르고 검소하며 영악한 보수성을 가진 사람이라고도 풀이합니다.

16세기 영국의 청교도들은 도박, 음주, 노름이 아닌 성실하고 깨끗한 삶을 꿈꾸었습니다. 그러나 제임스 1세의 박해를 견디지 못한 청교도 신자 102명은 1620년 9월 16일 메이플라워호를 타고 미국으로 향했고, 같은 해 12월 21일 매사추세츠 주 연안에 도착했습니다. 이것이바로 영국 최초의 이민입니다. 미국에 발을 들여 놓은 영국인들은 그곳의 원주민들을 몰아내고 그들의 땅을 차지합니다. 특히 메이플라워 호가 도착한 매사추세츠 주를 중심으로 삶의 터전을 마련하였는데, 이 지역이 바로 뉴잉글랜드입니다. 이들은 제임스 1세의 폭정을 견디지 못해 자유를 찾아 떠나온 청교도들이었습니다. 바로 이런 영국 사람들의 삶에서 우리는 미국 민주주의의 뿌리를 찾을 수 있습니다.

1895년 버몬트 주에서 존 듀이John Dewey, 1859~1952는 삼형제 중막내로 태어납니다. 버몬트 역시 뉴잉글랜드의 일부로 영국 사람들이 뿌리 내린 민주주의의 영향 아래 있었습니다. 뿐만 아니라 뉴잉글랜드는 미국 어디에서도 찾아 볼 수 없는 아름다운 자연 경관을 자랑하기도 합니다. 듀이의 아버지는 조그마한 식료품 가게를 경영하고 있었지만 생활에 어려움은 없었습니다. 미국으로 건너온 영국 사람들은 그들의 몸뿐 아니라 그들의 생활양식과 학문도 함께 가지고 왔습니다. 당시 영국은 귀족을 위한 교육과 서민을 위한 교육이 달랐고, 미국으로 건너온 영국인들도 상류층을 위한 사립학교와 서민층을 위한 공립학교를 세웠습니다. 듀이는 어린 나이에 세상을 떠난 첫째 형 대신 둘째 형과 함께 공립학교에 다녔습니다. 듀이는 학교생활에는 잘 적응하지 못했지만 책 읽기를 좋아했고, 형과 함께 동물을 관찰하면서 어린 시절을 보냈습니다. 특히 자연 경관이 아름다운 뉴잉글랜드의 호수와 산을 여행하기 좋아하였으며, 아버지의 권유로 많은 문학작품을 읽었습니다. 농경사회에서 교육은 읽기, 쓰기, 그리고 셈하기와 같은 실생활에 필요한 지식을 가르치는 것이었으나 듀이는 어릴 때부터 학교 안에서의 생활이나 교육보다 학교 밖의 생활에 더 많은 관심을 가졌고, 자연스러운 환경 속에서 이웃과 자유롭게 대화를 나누거나 교과서 외에 다른 많은 책을 읽으며 시간을 보냈습니다. 이러한 환경에서 성장한 듀이가 경험을 바탕으로 한 진보적인 교육관을 갖게 된 결정적인 계기는 대학에서였습니다. 버몬트대학에 입학한 듀이는 철학에 많은 관심을 갖게 되었고 영국의 경험론에 빠져들었습니다. 우수한 성적으로 대학을 졸업한 듀이에게 처음으로 찾아온 시련은 대학원 진학과 직업 전선이라는 선택의 기로였습니다. 아버지를 도와야 했던 듀이는 결국 월급 40달러를 받는 고등학교 교사가 되었고, 2년 동안 교사 생활을 한 듀이는 고모의 도움을 받아 대학원 진학을 결심하고 존스홉킨스대학에 입학합니다. 그리고 스물네 살이 되던 1884년 철학 박사 학위를 받고 다음 해 미시간대학의 철학 교수가 되었습니다. 이후 듀이는 미네소타와 미시간 대학을 오가며 철학을 가르치다가, 1894년 개교한 지 2년이 된 시카고대학의 교수로 초빙됩니다. 당시 시카고대학에는 아동 교육에 관심을 갖고 헌신적으로 연구하던 교사 집단이 있었습니다. 듀이는 이들과 만나면서 가장 이상적인 교육 이론이란 무엇일까를 고민하게 됩니다. 이렇게 생겨난 것이 그 유명한 실험학교입니다. 1896년 시카고대학에서는 실험학교를 세우고 듀이에게 모든 운영권을 주었습니다. 듀이는 1906년 모교인 존스홉킨스대학의 교수로 초빙되기 전까지 실험학교를 위해 자신의 모든 열정을 쏟았습니다. 듀이가 아내인 앨리스 치프먼과 함께 처음으로 개교한 실험학교는 두 명의 교사와 16명의 학생으로 출발했고 장소는 다름 아닌 듀이의 집이었습니다. 듀이의 교육 이론을 믿고 적극적으로 찬성한 학부모들의 도움이 있었기에 가능한 일이었습니다. 학생 수는 점점 늘어 1898년에는 새로운 학교로 이사를 했고, 1902년에는 학생 150명에 교사가 33명으로 늘어났습니다. 조직이 커지면서 외부의 도움 없이는 더 이상 학교를 운영할 수가 없게 되었고, 시카고대학으로부터 행정적인 도움과 재정적 지원을 받기 시작하면서 대학 이사회와 듀이의 실험학교 사이에 마찰이 생기기 시작했습니다. 실험학교가 시카고대학에 흡수되면서 듀이는 교장직에서 물러나 존스홉킨스대학으로 갔고, 교사와 직원들도 모두 학교를 그만두었습니다. 결국 듀이의 실험학교는 폐쇄되었지만 그의 뜻이 담긴 실험학교는 이후 멕시코, 중국, 소련, 그리고 유럽 각지에서 생겨났습니다. 공교육에 적응하지 못했던 듀이는 실험학교를 창설해 전통적인 학교의 문제점들을 바꾸어 보고자 하였습니다. 듀이는 사회생활에 필요한 것을 배우는 작은 사회인 학교가 지식을 암기하여 상급 학교로 가는 것을 목적으로 삼아서는 안 된다고 생각했습니다. 당시 듀이의 이런 생각들은 너무나 진보적이었기 때문에 결국 실패로 끝나고 말았지만, 듀이는 이러한 생각을 바탕으로 1916년 《민주주의와 교육》이라는 책을 발표하게 됩니다.

전제 군주에 시달리던 영국인들이 미국으로 이민을 왔습니다. 이민 온 사람들은 그 모습도 다양했지만 목적도 모두 달랐습니다. 그렇기 때문에 그들이 뭉친다는 것은 결코 쉽지 않았습니다. 그러나 남북전쟁이 자유 진영의 승리로 끝나면서 미국의 나아갈 길은 확실해졌습니다. 1775년 독립전쟁이 시작될 때 영국 군인들이 미국인들을 조롱하기 위해 양키라는 말을 썼다는 기록이 있습니다. 그러나 이민자들은 결국 자유를 얻었습니다. 이것이 오늘날 미국의 민주주의를 만들었고 민주주의가 미국의 산물이라는 말을 부정하는 사람은 없을 것입니다. 미국은 민주주의를 생활화하고 구체화시켰습니다. 듀이는 바로 이 민주주의를 교육에 적용해야 한다고 주장한 철학자이자 교육자입니다.

생물이 무생물과 다른 점이 있다면 늘 자신을 새롭게 하여 스스로를 유지한다는 것입니다. 생물은 주변 환경을 이용하여 스스로를 유지하며 생물의 삶이란 곧 스스로 새롭게 되는 과정입니다. 이것은 고등 생물이나 하등 생물이나 같습니다. 특히 인간은 자신의 생존을 위해 주변 환경을 이용하는 것 외에도 관습, 제도, 신앙, 오락, 일 등을 통해 경험을 쌓고, 이렇게 쌓은 경험으로 집단을 만들며, 신념, 이상, 희망, 행복과 불행 등을 통해 스스로를 늘 새롭게 합니다. 이러한 사회 집단의 경험은 태어나면서부터 알게 되는 것이 아닙니다. 갓 태어난 미성숙한 사회 구성원은 교육을 통해 사회생활에 필요한 모든 것을 배워야 합니다. 듀이는 사회 집단을 구성하는 사람들이 태어나고 죽는다는 근본적이고도 불가피한 사실 때문에 교육이 필요하다고 말합니다.

인간이 교육을 통해 얻을 수 있는 가장 중요한 것은 바로 의사소통입니다. 듀이는 경험이란 "사회 구성원 모두가 공유하는 소유물이 될 때까지 나누는 것"이라고 말합니다. 이는 곧 사회적인 인간의 삶이 곧 의사소통이라는 뜻입니다. 의사가 전달되었다는 것은 경험을 전달 받았다는 뜻이고, 경험을 전달 받았다는 것은 인간의 삶이 확대되고 변화되었다는 뜻입니다. 그렇기 때문에 인간의 사회적인 삶, 즉 의사소통은 교육적인 의미를 갖고 있습니다. 이렇듯 듀이는 인간이 보다 나은 삶을 영유하기 위해서는 교육이 꼭 필요하다고 주장합니다. 인간은 공동 사회

혹은 사회 집단을 끊임없이 새롭게 함으로써 자신을 유지하며 이것은 또한 사회 집단의 미성숙한 구성원을 교육을 통해 성장시킴으로써 가능합니다. 즉 성숙한 사람은 미성숙한 구성원을 품어 주고 양성하며 배양해야 하고 이것이 바로 교육의 목표입니다. 교육을 통해 훈육되고 인격이 형성된 미성숙자는 점차적으로 사회 집단의 한 영역을 분담하게 될 것입니다. 그러나 사회는 미성숙한 구성원이 생각하는 것보다 한층 복잡하고 어렵기 때문에 이들의 교육을 위해서는 특별한 사회적 환경이 필요하다고 듀이는 말합니다.

사람은 다른 사람과 더불어 살아야 하는 사회적 환경에 놓여 있습니다. 소가 본능적으로 인간에게 길들여지듯이 미성숙한 구성원도 처음은 힘들겠지만 교육을 통해 차츰 사회 환경에 적응할 것이며 지식을 얻게 될 것입니다. 듀이는 지식 습득을 위해 기본이 되는 언어의 중요성에 대해 이야기합니다. 미성숙한 구성원은 언어를 통해 지식을 습득하면서 다양한 충격을 받고 그 충격은 스스로를 강화하며 사회 안에서의 자신의 자리를 찾아가게 합니다. 이러한 사회적 환경은 계획적인 목적에 의해 이루어지는 듯 보이지만 미성숙한 구성원에게는 우연하게 나타나는 통제에 불과합니다. 이렇듯 미성숙한 구성원을 위해 특수한 환경을 만든 것이 바로 학교입니다. 듀이는 학교라는 특수한 환경의 세 가지 특징에 대해 이야기합니다. 첫째, 학교는 단순화된 환경을 제공해야 합니다. 학생들의 반응을 고려하여 기본적인 것에서부터 차차 복잡한 것으로 나아가야 합니다. 둘째, 학교라는 특수한 환경에서 학생들은 사회의 모든 관습을 습득합니다. 따라서 관습을 어느 정도 순화시켜 이상화해야 합니다. 마지막으로 학교는 학생들에게 사회보다 한층 넓고 균형 잡힌 환경을 제공해야 합니다. 실제 사회에서 아이들은 방치되는 일이 흔하기 때문입니다.

더 나은 미래를 위한 진보 교육

듀이는 한 사회에 살고 있는 사람들이 같은 경험을 공유하기 위해서 교육이 필요하다고 했습니다. 이런 교육을 듀이는 두 가지 측면에서 살펴봅니다. 하나는 과거를 반복, 회상하고 회고하는 교육이며, 다른 하나는 미래를 예측하고 예견하는 교육입니다. 즉 전자는 보수적인 교육이고 후자는 진보적인 교육입니다.

발달이란 말에는 외적인 변화가 포함되어 있습니다. 인간의 발달이란 곧 과거 역사의 진화 과정을 순서에 따라 밟아 가는 것을 말합니다. 교육에서 발달은 반복으로 나타납니다. 예를 들어 지적으로나 도덕적으로 미개한 상태에 있는 어린 아이들이 방랑과 약탈이라는 본능을 드러내는 이유는 옛날 그들의 조상이 그런 생활을 했기 때문이라고 듀이는 주장합니다. 이런 연령의 아이들을 교육시키기 위해서는 옛날 선조들이 사용했던 신화나 민화, 동요와 문학적 자료 등이 필요합니다. 이런 신화의 단계를 거쳐 목축 시대에 맞는 교육을 받은 다음 현대의 생활에 맞는 교육을 받음으로써 아이들은 오늘날의 문화에 도달할 수 있게 됩니다. 이를 통해 우리는 교육이란 과거를 돌아보며 과거의 문화에 집착하는 것이고, 인간의 정신은 과거의 정신적 유산에 맞추어 형성됨을 알 수 있습니다. 어느 나라나 이렇게 과거를 회고하고 반복적인 교육은 잘 형성되어 있으며 이러한 교육은 특히 고등교육에 아주 큰 영향을 미칩니다. 이런 교육은 과거에 미래를 종속시키는 것처럼 보이기도 하지만 과거에서 오늘날에 필요한 규범이나 본보기를 발견할 수 있다는 점에서 유용합니다. 또한 이러한 교육은 미래의 수단으로 과거를 이용하는 과정이기도 합니다. 미성숙한 아이는 경험의 가치를 사소하게 여길 수 있기 때문에 교육을 통해 결코 그렇지 않다는 것을 반복적으로 가르쳐야 한다고 듀이는 말합니다.

❝교육의 또 다른 측면은 미래에 대한 예견입니다. 교육의 중요한 역할 중 하나가 인간 내면의 잠재력을 깨우는 것으로, 기존의 경험으로 새로운 경험을 얻으려 할 때 필요한 것이 바로 잠재력입니다. 듀이는 "경험을 다시 구성하고 조직하여 경험의 의미를 더해 주고, 다음 경험의 방향을 결정할 능력을 키워 주는 것"이 교육이라고 말합니다. 경험을 다시 구성하고 조직한다는 점에서 교육을 끊임없는 개조라고 보는 교육관이 나옵니다. 이러한 경험의 개조는 개인뿐 아니라 사회적인 문제이기도 합니다. 사회 집단의 정신적 유산을 채우기에 급급해 아이들로 하여금 성인 집단의 지식이나 생활방식을 무조건 따라오게만 하는 집단에게는 변화가 없습니다. 이런 사회는 굳어진 관습을 유지하고 사회의 가치를 과거

에 둡니다. 하지만 진보적인 사회 집단에서 이런 교육관은 통하지 않습니다. 진보적인 집단의 교육은 현재의 관습이나 습관이 단순히 반복되기를 원하지 않고 보다 나은 관습이 형성되어 미래 사회가 지금의 사회보다 발전되고 진보적이기를 바랍니다. 분명한 것은 옛날부터 교육은 아이들로 하여금 그릇된 일을 되풀이 하지 않도록 이끌어 왔고, 인간에게 보다 나은 희망을 심어 주었으며, 미래가 현재보다 나은 사회가 될 수 있음을 가르쳤습니다. 하지만 과거의 경험을 회고하고 회상하는 보수적인 교육관을 가진 사람들에게는 교육의 잠재력이 개인의 발달뿐 아니라 사회의 발전까지도 이끌 수 있다는 인식이 부족합니다. 이렇게 미래지향적이며 진보적인 듀이의 교육관은 경험의 끊임없는 재구성과 재조직, 혹은 변화를 요구합니다. 듀이의 이러한 교육관은 단순한 미래를 위해 준비하는 교육, 단순한 개발을 요구하는 교육, 그리고 과거의 반복으로서의 교육과도 구별됩니다.**"**

한 사회 집단이 자신들의 경험을 공유하기 위해 만든 것이 교육이라면, 사회 집단이 여럿이듯 교육의 유형도 여러 가지일 것입니다. 민주주의의 뿌리가 미국이듯 그 속에서 태어나고 자란 듀이의 교육 사상 또한 민주주의에 뿌리를 두고 있습니다. 듀이는 민주주의를 단순한 통치의 형태만이 아니라 근본적으로는 공동생활의 한 형식이며 경험을 전달하고 공유하는 방식이라고 보았습니다. 매우 복잡하고 다양한 모습의 사회 안에서 서로 다른 목적을 위해 다양한 방법으로 결합된 사람들은 개개인이 서로 다른 여러 집단에 관여하고 있으며 그 집단은 또 다른 집단과 관계를 맺고 있습니다. 사회는 행정상으로 하나의 단체이기도 하지만 학문이나 종교, 혹은 도덕과 전통에 따라 매우 다양한 집단으로 나뉘기도 합니다. 그렇기 때문에 사회라는 인간 공동체는 매우 복잡합니다. 사회는 보통 상호작용을 통해 보수와 개혁을 반복하면서 발전하는데 과거 전제 군주에 의해서 통치된 사회는 지배자와 피지배자 사이에 공통된 관심사가 존재할 수 없었으며, 전제 군주로부터 고립되어 반사회적으로 존재하는 사회는 스스로 고립되었기 때문에 다른 집단과 상호작용을 하지 못했을 것입니다. 그러나 앞서 듀이는 민주주의 사회는 경험을 전달하고 공유하는 사회라고 이야기했습니다. 듀이는 민주주의 사회를 지향할 수밖에 없는 이유를 다음의 두 가지로 설명합니다. 첫째, 사회에서 공유된 공통의 관심사가 많아지고 다양해질 뿐 아니라, 상호 관심사를 인정하는 것이 사회를 통제하는 방법으로 이용될 수 있습니다. 둘째, 여러 사회 집단이 보다 자유로운 상호 작용을 할 수 있고 여러 가지 상호 작용으로 생기는 새로운 상황에 대처하기 위해 새로운 관습들이 생겨나게 됩니다. 물론 이런 사회를 만들기 위해 고대에서부터 지금까지 아무런 노력이 없었던 것은 아닙니다. 플라톤은 이상 국가를 꿈꾸었지만 개인보다는 계급을 사회의 구성단위로 하면서 그 뜻을 이루지 못했고, 18세기 계몽주의는 전 인류가 하나라는 매우 진보적인 사상을 키웠으나 더 이상의 발전은 없었으며, 19세기 사회는 이상적인 제도 위에 민족국가 수립을 꿈꾸었으나 미성숙한 구성원은 철저하게 배제되었습니다.

　이상에서 볼 때 지금까지의 교육은 다음 두 가지 문제를 안고 있다고 듀이는 말합니다. 먼저 교육을 개인적인 것과 사회적인 것으로 나눈 것입니다. 교육은 자아실현을 목적으로 함과 동시에 사회를 통치하고 안정을 실현하는 것을 또한 목적으로 하기 때문에 교육을 개인적인 것과 사회적인 것으로 나누는 것은 아무런 의미가 없습니다. 두 번째 문제는 지금까지의 교육이 국가적 이익의 포로로 사용되었다는 것입니다. 이런 문제를 극복하기 위해서는 민주적 교육이 어느 한 계급의 편에서 다른 계급을 착취하는 도구가 되어서는 안 되며, 모든 국민이 장래에 필요한 지식과 기능을 평등하게 배울 수 있는 교육 시설의 확충과 행정적인 뒷받침이 필요하다고 듀이는 주장합니다.

　듀이는 자신의 민주주의적 교육 방법은 민주주의 사회에서 충분히 실현 가능한 방법이라고 주장합니다. 사람들이 교육의 목적을 정하는 것은 교육의 가능성을 믿기 때문이며 이러한 전제가 가능하려면 사회 집단의 모든 구성원이 같은 뜻을 가지고 서로 교류하며 사회의 습관이나 제도를 재구성하기 위해 충분한 준비를 해야 합니다. 이것이 가능한 사회라면 그곳은 당연히 민주주의 사회일 것입니다. 만약 교육이 외부로부터의 명령에 의해 비밀스러운 목적을 달성하기 위한 수단이 돼버린다면 사회 집단의 교육은 자유롭게 성장할 수 없을 것입니다. 따라서 듀이는 교육 과정 밖에서 교육을 지배하려는 외부의 세력을 인정하지 않습니다. 교육의 목적은 목적 그 자체가 내부에서 작용할 때만 그 가치를 드러낸다고 듀이는 말합니다. 예를 들어 사막의 모래는 바람이 불면 새로운 모습으로 나타납니다. 이것은 새로운 결과이지만 목적은 없습니다. 듀이가 말하는 교육의 목적은 이렇게 외부에서 주어지는 것이 아니라 내부의 활동 안에 있는 것입니다. 반면 꿀벌이 꽃가루를 모아 밀랍과 벌집을 만드는 과정은 각 단계가 다음 단계를 위한 계획된 행동입니다. 벌집이 만들어지면 여왕벌이 알을 낳고 일벌이 온도를 유지해 알을 부화합니다. 부화된 일벌은 스스로 움직일 수 있을 때까지 이미 성장한 일벌들의 도움을 받습니다. 이러한 생명의 신비는 불가사의한 것이긴 하지만 자연 현상에는 분명 먼저 일어나는 일과 나중에 일어나는 일이 있습니다. 앞 단계는 다음에 올 단계를 위해 꼭 거쳐야 할 결과입니다. 이 결과가 없이는 일벌이나 여왕벌이 원하는 목적에 도달할 수 없습니다. 듀이는 교육 또한 마찬가지라고 이야기합니다. 모든 교육은 단계적인 과정을 밟아 차차 완성되어야 하며 이러한 일정한 교육을 거친 후에 한 개인의 모습이 어떻게 되어 있을지를 미리 예측할 수 있어야 한다는 것입니다.

민 주 적 교 육 의 과 제: 노 동 과 여 가, 그 리 고 봉 사

교육개혁자의 노력과 아동심리학자의 관심 그리고 교실에서의 직접적인 경험의 결과로 교육 과정에는 많은 변화가 생겼다고 듀이는 말합니다. 원래 아이들은 학교 안에서는 공부를 하고 학교 밖에서는 놀이와 일을 했지만 교육 과정의 변화로 놀이와 일이 학교 안으로 들어왔습니다. 본능적으로 충동적인 경향을 갖고 있는 아이들에게 놀이를 통해 자연스럽게 신체 활동을 할 기회가 주어지자 아이들이 학교에 가는 것을 좋아하게 되었고 학습의 능률도 오른다는 사실을 경험을 통해 알게 된 것입니다. 그 전까지만 해도 대부분의 교육자들은 학교 밖에서의 일과 놀이를 학교 안에서 되풀이해서는 안 된다고 생각했습니다. 귀중한 수업 시간에 놀이를 한다는 것은 상상할 수도 없었습니다. 듀이는 아이들이 학교 밖에서 배우는 놀이와 일은 대부분이 어른들을 통해서 습득되며 그 교육적 가치는 매우 우연적인 것이므로 학교는 학생들의 도덕적인 성장을 위해 놀이와 일의 방향을 분명하고도 정확하게 정해야 한다고 말합니다.

듀이는 학교의 정규 과정으로 놀이와 일을 가르쳐야 하는 이유에 대해 정원 가꾸기의 예를 들어 설명합니다. 학교에서 정원 가꾸기를 가르치는 것은 학생을 장차 정원사로 키우려는 목적에서도 아니고, 소일거리를 시키거나 즐거운 시간을 보내게 하기 위함도 아닙니다. 교사들은 정원 가꾸기를 통해 학생들이 농업과 원예의 역사적인 내용을 공부할 수 있도록 지도하고 준비해야 합니다. 그렇게 함으로써 교사는 학생들에게 생활 속에서의 식물학을 생생하게 가르칠 수 있습니다. 이와 같은 방법으로 목공, 요리와 같은 과목을 물리학적인 도구와 기계에 응용시켜 역학을 가르칠 수도 있습니다. 놀이와 일은 이렇게 활동적인 작업을 통해 교육이 정한 목적을 추구하고 실현할 수 있게 해줍니다. 물론 계획된 재료와 방법을 선택하고 적용하는 것은 교사의 책임입니다. 예부터 어른들의 좋은 놀이였던 사냥도 목적에 따라 사냥의 방법이나 도구가 달라지듯이 놀이를 하는 사람은 그 놀이를 통해 미래에 기대하는 바가 이루어지도록 노력하게 됩니다. 즉 놀이도 미래를 준비하는 교육인 것입니다. 이러한 놀이가 먼 미래를 위해 지속적으로 노력해야 할 목적이 있는 활동이 되는 순간, 놀이는 일이 됩니다. 일은 목적이 있는 활동이므로 그 결과를 얻기 위해서는 기나긴 과정이 필요하고 강제적으로 수행되는 육체적인 활동에 괴로울 수도 있습니다. 때로는 주어질 이득을 위해 싫은 것을 참아야 하거나 끝을 내야 한다는 압박도 따릅니다. 따라서 학교에서는 놀이와 일을 교과 과정으로 넣을 때 바로 이 점을 주의해야 한다고 듀이는 말합니다. 놀이의 결정적인 특징은 오락이 아니며 놀이가 서서히 변해 일이 되어야 한다고 듀이는 강조합니다. 놀이는 귀족들의 흥미이고 일은 서민들의 노동이라고 생각해서는 안 되며, 내적으로 똑같이 동기 부여가 되어야 한다는 것입니다. 듀이는 놀이가 가득 담겨 있는 일은 외적으로는 노동이고 고통이지만 질적으로는 예술이고 기술이라고 강조합니다.

　　듀이에 따르면 역사적으로나 사회적으로 노동과 여가는 깊은 대립 관계에 있었습니다. 교육은 유용한 노동을 위한 준비이지만, 여가와 노동은 아무런 상관관계가 없다는 것이 지배적인 생각이었습니다. 사회 구성원 모두가 평등한 교육을 통해 생계의 방편인 노동과 교양 있게 즐기는 방법인 여가를 배울 수 있다면 좋겠지만 현실은 그렇지가 못하기 때문에 듀이는 가능한 이 두 가지 모두를 교육 과정에 넣어야 한다고 말합니다. 자유 교육과 직업 교육이 나누어져 있었던 고대 그리스에서는 자유 교육을 받은 자유시민들이 교양 있는 여가를 즐기는 방법을 배운 반면 노예 계급은 자신의 생존뿐 아니라 자신의 주인을 위해 직업 교육을 받았습니다. 이러한 직업 교육에는 물론 여가를 위한 교육은 없었습니다. 자유시민이든 노예든 인간은 살기 위해서 어느 정도 필요한 노동을 해야 합니다. 또한 생계를 위한 노동에서 해방되는 시간을 즐길 수 있도록 여가를 가져야 합니다. 인간은 식물과 동물처럼 영양, 생식, 운동과 같은 기본적인 구조와 기능을 가졌고, 여기에 더해 자연을 관찰하고 명상하고 사유하는 인간만의 독특한 활동을 합니다. 개인이든 단체든 그냥 사는 것과 의미 있게 사는 것에는 큰 차이가 있습니다. 아주 오래 전 아리스토텔레스는 노예에게는 저급하고 기술적인 교육을, 자유시민에게는 교양 교육을 강조하였으며, 이러한 아리스토텔레스식 교육 방법이 법률상 농노제가 폐지된 지금까지도 남아 있다고 듀이는 주장합니다.

19세기 말 과학을 선두로 한 교육의 중요성이 부각되고 민주주의가 널리 보급되었지만 유한계급과 노동계급은 여전히 남아 있었습니다. 듀이는 살기 위해서 꼭 필요한 노동의 존엄성을 모든 사람이 인정해야 한다고 주장합니다. 계층 간의 격차가 줄어들고 모든 사람이 노동을 해야 하는 시대에는 과거 자유시민만이 즐겼던 여가가 모든 노동자에게 확대되어야 한다는 것입니다. 노동이 존엄한 것이라면 여가도 역시 존엄한 것이며 노동과 여가의 존엄함이 인간의 자기 충족과 독립적인 삶을 보장하고 초연한 삶을 살 수 있도록 할 것입니다. 이런 노동과 여가의 존엄성을 인식한 사람들은 이제 '봉사'라는 새로운 문제에 직면합니다. 노동과 여가를 얻은 사람들은 자기 자신의 독립보다 다른 사람을 위해 봉사하는 것이 더 우월한 삶이라는 인식을 하게 되었고, 유익한 봉사 활동에 참여하고 가치 있는 여가를 즐기는 사람이야말로 민주적인 사회 발전에 도움이 된다는 사실을 알게 되었습니다. 듀이는 노동과 여가, 그리고 봉사라는 세 마리 토끼를 한 번에 잡기 위해서는 교과 과정에 교양 교육과 실용 교육을 적절하게 편성해야 하며, 여가는 봉사를 면제 받는 것이 아니라 봉사의 책임을 맡은 것에 대한 대가라는 사실을 가르치는 것 또한 민주주의 사회 교육의 과제라고 강조합니다.

' 선   동 ' 하   는   철   학

사람들은 학문을 자연 중심과 인간 중심으로 구별하였고 이것은 오늘날까지 문과와 이과 교육 과정에 남아 있습니다. 듀이는 이런 구별이 로마제국 시절 고대 그리스 사상에 너무 의존하면서 생긴 결과라고 말합니다. 사실 소크라테스는 자연 중심의 학문, 즉 자연과학은 성립될 수 없으며 크게 중요하지도 않다고 생각했습니다. 오히려 그는 인간의 본성과 그 목적에 중요성을 두고 지식을 추구했습니다. 소크라테스는 인간의 궁극적인 목적인 선을 자연의 법칙에서 찾고자 했으며 이는 자연의 법칙에 대한 지식 없이는 불가능한 일이었습니다. 따라서 소크라테스와 플라톤의 철학은 논리학, 수학, 자연학을 모두 포함한 인문과학이 되었습니다. 아리스토텔레스 역시 자연과학에 조금 더 관심을 가졌으나 우리는 그의 철학을 자연과학이라고 부르지 않습니다. 고대 그리스 사람들은 자신들의 삶 자체가 자연법칙에 지배 받는다고 생각했고, 자연 자체를 아름다운 것으로 감상하고 탐구하였기 때문에 자연과 인간을 대립시키거나 분리시키려는 생각을 하지 않았던 것입니다. 문제는 그리스 문화를 받아들인 헬레니즘, 즉 로마의 문명이었습니다. 정치적인 힘은 잃어버렸지만 그리스의 찬란한 문명은 고전과 문헌 속에 남아 있었습니다. 누구도 빼앗을 수 없는 이 그리스 문명을 로마 사람들은 모방하기 시작했고, 새로운 학문을 받아들이면서 그리스 사람들의 생각보다는 고전과 문헌을 중요시한 결과 자연에 대한 그리스적인 생각과 전통은 사라지게 되었습니다. 로마는 제국을 다스리기 위해 무엇보다 권위의 중요성을 강조했으며 특히 자연의 법칙이나 규칙보다는 제국의 규칙을 더 중요하게 생각하였고 자연을 깊이 관찰하거나 연구하는 일을 위험하게 생각했습니다. 그 결과 자연에 대한 지식은 물질적이고 세속적이며 육체적이고 일시적인 행복만을 줄 뿐이라고 여기게 된 반면 인문학적인 전통은 정신적인 것으로 인간에게 영원한 행복을 가져다준다고 믿게 되었습니다. 물론 이런 생각을 갖게 된 데에는 그리스도교라는 종교적인 문제도 있었습니다. 종교개혁과 르네상스로 종교의 힘이 약화되면서 유럽 사람들은 인간과 자연의 관계에 대해 새로운 관심을 갖게 되었습니다. 여기서 유럽 사람들은 다시 고대 그리스 철학을 주목하게 되는데 단순히 고대 그리스 철학의 문헌과 고전만 중요하게 생각했던 로마 사람들과는 다르게 그들은 그리스 철학의 정신적인 면에 접근합니다. 그 결과 그리스 철학의 정신은 자연의 질서와 아름다움을 표현하고자 했다는 사실을 알게 되었습니다. 뿐만 아니라 16세기 들어 과학이 발달하면서 자연과학은 인문과학의 딸이라는 말까지 나오게 됩니다. 당시 사람들은 인간이 우주의 축소판이라고 생각하였고 이런 사고방식을 바탕으로 근대과학은 자연적인 물질과 인간적인 정신을 분리하게 됩니다. 이 둘의 분리는 자연과학과 인문과학이라는 학문의 확립을 가져왔고 듀이 시대에까지 이어졌습니다. 현대 산업사회에서 자연과학은 직접적으로 인간의 삶과 관련이 있는, 물질에 대한 전문적인 정보를 가진 학문이며 옛날부터 내려오는 고전이나 문헌은 우리가 보존하기 위해 노력해야 할 인문과학적 자료입니다. 듀이는 이렇게 분리된 학문을 잘 보존하여 인간에게 필요한 학문으로 발전시키려면 인문과학과 자연과학에 적절하고도 꼭 필요한 교육 과정이 편성되어야 한다고 주장합니다.

앞서 듀이는 경험의 공유가 곧 교육이라고 이야기했습니다. 경험은 다양한 관심 영역에 따라 분리됩니다. 이런 분리의 기초에는 상당히 엄격하게 구분된 계층과 집단이라는 사회적인 분열 요소가 있습니다. 이런 분열은 유연하고 상호적인 사회적 인간관계의 저해 요소이며 이는 곧 다양한 사회적 대립, 즉 노동과 여가, 실천적 활동과 지적 활동, 자연과 인간 혹은 직업 교육과 교양 등과 같은 모습으로 나타납니다. 이런 대립을 적절하게 통제하는 것이 바로 '힘의 균형'이라고 듀이는 말합니다. 그리고 듀이는 이런 경험의 분리나 사회적 대립에서 철학이 해결해야 할 중요한 과제를 찾았습니다. 물질과 정신, 육체와 마음, 마음과 세계, 나 그리고 타인 등과 같은 분리와 대립이야말로 철학이 떠안은 과제입니다. 이러한 철학의 과제는 이론과 실천, 인식과 행위, 그리고 인간과 자연이라는 철학 체계로 발전하였고 사회적 실천의 중요한 특징들을 만들었으며 또한 갈등을 낳았습니다. 이 문제를 해결하기 위해서 듀이는 철학의 문제점을 먼저 살펴봅니다.

고대 그리스에서 철학은 지식을 사랑하는 학문이라고 불렸습니다. 철학은 생활 속에서의 모든 행위에 늘 영향을 주며 지혜에 도달하게 해 준다고 여겨졌습니다. 이때의 철학은 총체성, 일반성, 혹은 궁극성을 가집니다. 반면 과학은 인간이나 자연에 대한 개별적인 사실과 법칙이 인간 행위에 어떤 영향을 미치는가 하는 문제를 다룹니다. 교육의 본질인 경험은 항상 변하는 과정에 있습니다. 이런 측면에서 볼 때 교육에 더욱 관여해야 할 학문은 총체적이고 궁극적인 철학보다는 과학에 더 가깝다고 듀이는 생각했습니다. 우리가 살고 있는 세계에서 발견되는 여러 가지 것들은 철학보다는 수학, 물리학, 화학, 생리학 등의 과학과 밀접하게 연관되어 있으며, 그 세계에 타당한 법칙을 부여하기 위해서는 과학적 법칙이 기준이 되어야 하기 때문입니다. 그러나 듀이는 총체적인 철학적 사고 역시 철학과 다른 학문을 구별하는 데 도움이 되기 때문에 중요하다고 말합니다. 철학의 총체성과 일반성이 학습하는 능력을 키운다는 것입니다. 아무리 불쾌한 경험이라도 어떤 의미를 부여하고, 거기서 체득한 경험을 바탕으로 계속해서 학습할 수 있도록 하는 힘을 철학은 갖고 있습니다. 문제는 철학자들이 어려운 전문 용어를 사용함으로써 직접적인 문제 해결을 힘들게 만든다는 점입니다. 바로 이 점에서 듀이는 철학과 교육이 밀접한 관계를 가져야 한다고 주장합니다. 교육은 인간적 문제를 통찰할 수 있는 유리한 기반을 가지고 있습니다. 교육은 자연에 대한 인간의 지적, 정서적 기본 성향을 형성하는 과정이며 이런 면에서 철학은 교육의 일반적인 이론으로 볼 수 있습니다.

"듀이는 이제 철학은 언어 유희나 몇몇 소수 철학자의 감정적 탐닉, 단순한 독단에서 벗어나 과거의 경험을 토대로 과감하게 사회적인 선동이나 변화를 유도해야 한다고 말합니다. 철학이 바람직한 사회 변화를 이끌기 위해서는 교육뿐 아니라 사람들의 도덕적 태도에도 영향을 미칠 수 있어야 합니다. 이미 사고가 굳어버린 사람들의 습관이나 관습을 바꾸기는 쉽지 않겠지만 젊은 사람들을 시작으로 이러한 교육철학이 자리 잡아 간다면 그 영역은 훨씬 넓고 자유로울 것입니다. 교육철학은 이제껏 교육이 하지 못했던 일들을 분명한 목적과 방법을 가지고 폭넓게 공감할 수 있도록 해줄 것이며 보다 활기찬 교육을 만들어 줄 것이라고 듀이는 확신하였습니다.**"**

실　　　　용　　　　주　　　　의

인간의 삶에 있어서 실질적으로 유용한 것이란 무엇일까요? 18세기 영국, 몬터규 샌드위치 백작을 모시고 있던 하인은 카드놀이를 좋아하는 주인을 위해 카드놀이를 하면서도 간편하게 먹을 수 있는 음식을 만들었습니다. 고기는 손으로 먹을 수 없지만 빵 사이에 넣으면 손으로 집고 먹을 수 있다는 아이디어에서 나온 음식이 바로 샌드위치입니다. 또한 빵 사이에 다진 고기를 넣어 즐겨 먹던 독일 함부르크의 이민자들에 의해 오늘날 미국의 대표적인 음식이 된 햄버거도 있습니다. 이렇게 음식은 어떤 목적으로 어떻게 만들어 먹느냐에 따라 편리한 음식도 될 수 있고 복잡한 요리도 될 수 있습니다. 학문도 마찬가지입니다. 퍼스 Charles Sanders Peirce와 제임스William James, 그리고 듀이로 대표되는 실용주의는 실제 결과가 진리를 판단하는 기준이라고 주장하는 사상으로, 실험을 통한 객관적인 진리와 실천적 행동을 중시하며 오늘날 미국을 대표하는 학문입니다.

1870년대 초 듀이가 초등학교를 다닐 무렵 하버드대학이 있는 매사추세츠 주의 케임브리지에는 하버드를 졸업한 젊은 학생들과 교수들로 구성된 철학 연구 집단이 있었습니다. 퍼스와 제임스를 비롯한 변호사, 목사, 철학자들이 이 모임의 주축이었으며 이들의 관심사는 복잡하게 얽혀 있는 학문을 어떻게 하면 각자의 학문으로 독립시키느냐 하는 것이었습니다. 그들은 종교와 철학은 자신의 영토에 분명하게 선을 긋고, 일상생활에 도움을 줄 모든 지식은 과학에서 찾아야 한다고 생각했습니다. 이 집단을 가장 열심히 이끌었던 사람이 바로 논리학의 중요성을 강조한 퍼스였습니다. 퍼스는 미국의 모든 대학에서 논리학을 필수 과목으로 정해야 한다고 주장하였습니다. 퍼스는 행동의 중요성을 강조했고 행동을 뜻하는 그리스어 프라그마pragma에서 이름을 딴 프래그머티즘pragmatism, 즉 실용주의로 자신의 이론을 정의합니다. 퍼스는 넓은 의미에서 인간의 행동을 삶의 중심에 두어야 한다고 생각했습니다. 그 행동을 중심으로 인간의 진리, 신념, 혹은 습관이 형성되고 자란다고 보았기 때문입니다.

퍼스가 하버드의 로렌스과학대학에 교수로 있던 1861년 제임스가 입학하였고, 이 두 사람은 사제지간이라기보다 친구처럼 지내며 실용주의 철학을 발전시켜 나갑니다. 그리고 듀이가 교사 생활을 그만 두고 존스홉킨스대학 대학원에 입학했을 때, 퍼스 역시 그곳에서 교수로 지내고 있었습니다. 미국 실용주의를 이끈 세 사람의 인연은 이렇게 시작되었습니다. 그러나 듀이는 퍼스나 제임스처럼 미국 동부에 머물지 않고 중부 시카고까지 자신의 실용주의 교육을 전파하고 발전시켰습니다. 실험학교와 관련해 시카고대학과 마찰이 생기자 듀이는 다시 동부로 돌아와 컬럼비아대학의 교수가 되었고 이후 미국에서 철학회장을 역임하면서 정치에도 많은 영향을 끼쳤습니다. 뿐만 아니라 일본, 중국, 터키 등 아시아를 비롯하여, 프랑스, 스코틀랜드 등 유럽, 그리고 멕시코에서도 많은 강연과 교육으로 자신의 교육철학을 전파했습니다. 전 세계에 교육철학의 중요성을 알린 듀이는 1952년 뉴욕에서 92세의 나이로 폐렴을 앓다가 사망합니다. 그의 사상은 그와 뜻을 같이한 제자들과 동료들을 통해 오늘날까지도 전 세계 여러 나라의 교육과 철학에 영향을 주고 있습니다.

여러분은 혹시 보드 게임을 해본 적이 있습니까? 지려고 게임을 하는 사람은 없을 것입니다. 모든 게임에는 승패가 있고 그래서 우리는 더욱 열심히 게임에 임합니다. 그러나 게임에서 한 번 진다고 다시는 이길 수 없는 것이 아니듯, 지는 방법을 알게 된다는 건 곧 이기는 방법을 배우는 것과 같습니다. 듀이는 실험학교를 통해 민주주의 사회에서 함께 잘 사는 방법을 가르치고자 했습니다. 이번에 지더라도 더 열심히 해서 다음에 이기면 되는 게임처럼, 우리 아이들에게도 이런 가능성과 희망을 가르치는 교육이 가까이 있었으면 하는 소망입니다.

판옵티콘의
사각지대,
인간 해방의
길을 찾다

푸 코 《 감 시 와 처 벌 : 감 옥 의 탄 생 》

Surveiller et punir: Naissance de la prison (1975)

Michel Foucault

새   로   운   역   사

　현대 철학자 중에서 푸코Michel Paul Foucault, 1926~1984만큼 정의 내리기 어려운 사람도 없습니다. 그는 철학, 역사, 정신분석학, 사회학, 의학, 여성학, 문학, 그리고 문화비평까지 너무나 많은 분야에서 자유분방하게 활동하였고 다양한 종류의 책을 썼습니다. 이런 그를 한마디로 표현하기란 결코 쉽지 않을 것입니다.

　푸코는 1926년 프랑스 푸아티에에서 태어났습니다. 푸코의 아버지와 할아버지 모두 외과 의사였고 푸코는 학교에서 늘 우수한 학생이었습니다. 그러나 1939년 제2차 세계대전이 발발하면서 푸코에게 처음으로 시련이 찾아왔습니다. 작고 조용한 마을 푸아티에가 독일군에 점령당하고 피난민이 밀려들면서 푸코는 가치관의 혼란을 겪습니다. 전쟁과 인간에 대한 푸코의 불안은 계속되었고 학교에서는 파리에서 온 부유한 집안의 아이들과 경쟁해야 했으며 진학 시험을 다시 쳐야 할 정도로 성적이 떨어져 다른 학교로 전학을 가기도 했습니다. 다행히 예전의 모습을 다시 찾은 푸코는 의사가 되기를 바랐던 아버지와 진학 문제로 갈등을 빚었습니다. 당시 프랑스에서는 바칼로레아를 마치고 그랑제꼴을 거쳐 고등사범학교나 국립행정학교, 혹은 파리고문서학교 등 고급 전문인 양성 학교에 입학하는 것을 엘리트 코스로 생각했습니다. 열여덟 살에 바칼로레아를 마친 푸코는 그랑제꼴을 준비하고 다시 고등사범학교에 입학하기까지 4년의 시간을 보내야 했습니다. 그러나 고등사범학교에 입학한 푸코는 학교생활을 견디지 못해 자살을 기도했고, 아버지는 푸코를 정신과 의사에게 데려갑니다. 이때 푸코는 처음으로 자신이 동성에게 끌린다는 사실을 의사에게 말합니다. 그러나 당시 프랑스에서는 동성애를 심각한 병처럼 취급하였기 때문에 푸코의 우울증을 치료하는 데 큰 도움이 되지 못했습니다. 스물네 살에 철학 석사 학위를 받은 푸코는 다시 2년 뒤에 교수 자격시험에 합격하여 릴리대학과 고등사범학교에서 학생들을 가르치다 서른 살에 프랑스 문화원 연구원으로 스웨덴에 가게 됩니다. 이후 푸코는 폴란드와 독일에서 근무하면서 프랑스 문화를 유럽에 전파하는 역할도 하였습니다.

푸코의 철학은 스웨덴에서 시작되었습니다. 스웨덴의 프랑스 문화원장으로 지내면서 푸코는 웁살라대학 도서관의 매력에 빠집니다. 이 거대한 도서관에는 16세기부터 20세기까지의 의학 자료가 가득했습니다. 흔히들 푸코의 모든 저서는 그 분야의 현대사라고 말합니다. 푸코의 저서가 어떤 한 분야에 관한 서술이 아닌 그 분야의 역사에 관한 서술 형식을 띠고 다양한 문제점을 제기하는 것으로 칭송 받는 이유가 바로 웁살라대학의 도서관에 가득한 고문서들 덕분이었습니다. 유럽 여러 나라에서 프랑스 문화원 연구원으로 지내던 푸코는 서른여섯 살에 파리로 돌아와 철학 박사 학위를 받았고, 클레르몽―페랑대학에서 일반심리학을 강의하며 심리학, 철학, 언어, 문학 등 종합적인 인문학을 가르쳤습니다. 그러나 파리에서 교수가 되고 싶었던 푸코는 뜻을 이루지 못하고 브라질과 아프리카의 튀니스로 자리를 옮겼다가, 마흔다섯 살에 드디어 파리에 있는 콜레주드프랑스에 초빙되어 학생들을 가르치기 시작합니다. 1975년 현대 형벌 체계의 기원에 대한 연구를 실은 책《감시와 처벌》을 발표한 푸코는 다른 저서에서도 정신병원과 감옥 등에서 나타나는 권력에 대해 비판적인 시선을 유지합니다.《감시와 처벌》에서 푸코는 감옥이라는 폐쇄적인 건물 속에서 처벌이라는 이름으로 신체에 가해지는 형벌을 중심으로 현대의 역사를 기술하고 있습니다. 푸코가 발표한 책의 대부분이 그러하듯이 이 책에서도 우리는 감옥의 현대사를 그려볼 수 있습니다.

고   문

죄를 지은 사람이 그에 상응하는 벌을 받고 감옥에 가는 것을 사람들은 당연하게 생각합니다. 여기서 푸코는 우리에게 한 가지 이야기를

들려줍니다. 병사 출신으로 왕을 호위하는 일을 맡았던 다미앙은 베르사유 궁전에서 루이 15세를 시해하려다 실패하고 사형에 처해집니다. 1757년 다미앙은 온갖 고문을 당한 다음 파리의 노트르담 대성당 앞에서 여섯 마리의 말에 의해 사지가 찢기는 형벌에 처해집니다. 그러나 팔다리가 쉽게 찢어지지 않자 불에 달군 쇠로 다리와 가슴의 근육을 찢은 후 화형에 처해졌습니다. 그리고 결국 한 줌의 흙이 되었습니다. 푸코는 다미앙의 처형에 대해서 아주 자세하게 서술하였는데, 이는 18세기까지 형벌이란 이렇게 잔혹하면서도 공개적인 신체에 대한 형벌이었음을 보여 주기 위해서였습니다. 이어서 푸코는 19세기 수용소에 수감된 사람들이 하루를 어떻게 보내는지 들려줍니다. 일반적으로 수용소에 있는 죄수들은 모두 같은 죄를 지은 사람들도 아니고 같은 형벌을 받고 있는 것도 아닙니다. 그러나 일단 수용소에 들어온 모든 죄수들은 같은 시간에 일하고, 먹고, 자야합니다. 그러나 오늘날은 어떻습니까? 18세기나 19세기에 비하면 신체에 가해지는 형벌은 많이 사라졌습니다. 사람들은 이러한 신체형이 사라졌다는 사실을 잘 인식하지 못하지만 신체형의 폐지가 처음 거론되던 당시에는 사회적으로 큰 논란이 되었습니다. 분명한 것은 인간 존중이라는 만병통치약이 18세기부터 19세기 사이에 아주 잔혹하게 실시된 신체에 대한 형벌을 소멸시키는 데 큰 공을 세웠다는 점입니다.

신체형은 사람들에게 적지 않은 구경거리를 제공하기도 했지만 동시에 고통도 주었습니다. 신체형이 사라지면서 이런 구경거리와 고통도 사라졌습니다. 특히 단두대라는 특별한 사형 도구가 있었던 프랑스에서는 사형이야말로 군중들에게 큰 구경거리였습니다. 그러나 시간이 지나면서 사형은 비밀리에 집행되었고, 단두대 역시 옮기는 불편을 덜고 구경거리가 되는 것을 막기 위해 감옥 안에 설치되었습니다. 이렇게 죄수의 신체에 형벌을 가하는 신체형은 여러 가지 방법으로 보완되었지만 그것을 지켜봐야 하는 사람들에게는 여전히 구경거리이자 고통이었습니다. 그러나 20세기에 들어오면서 형벌은 신체에 고통을 주는 것에서 재산이나 권리를 박탈하는 쪽으로 그 무게 중심이 이동하였습니다. 이렇게 가혹한 형벌이 완화된 것은 법률가들의 꾸준한 노력 덕분이었습니다. 형벌의 잔혹성이 사라지고 구경꾼의 고통이 덜어지자 사람들 또한 인간적인 모습으로 바뀌었습니다. 이런 변화를 푸코는 "형벌의 파트너였던 피와 살이 사라지면서 비극은 끝나고 희극이 시작된다"고 표현합니다. 이제 살인이나 폭력을 저지른 범죄자에게 다음과 같은 물음이 추가되기 시작했습니다. 환각 상태는 아니었는가, 정신병적인 반응인가 혹은 우발적 사건인가, 아니면 도착증? 이제 재판은 판사와 검사만이 아니라 정신의학자, 심리학자, 교육자 등이 함께 판결하는 일이 되었습니다. 정신병자라는 판결을 받으면 유죄가 될 가능성이 낮아졌고, 유죄 판결을 받아도 감옥이 아닌 정신병원으로 보내졌습니다. 이렇게 유죄 판결을 받은 사람을 감옥이 아닌 보호소로 보내는 것이 적절한지, 정신적인 치료를 받는 것이 감옥에서 교정교육을 받는 것보다 나은 것인지 등의 문제도 제기되었습니다. 그러나 18세기에 가해진 죄수에 대한 신체형이든, 20세기의 변화된 형벌, 즉 보호소 유폐든 언제나 고통 받는 것은 죄수의 신체입니다. 사람의 인격을 존중하고 인간답게 사는 것을 중요하게 생각하는 오늘날에도 프랑스 감옥에서는 폭동이 일어납니다. 원인은 구타, 더위, 추위, 신경 안정제, 독방, 의료 혹은 교육 목적의 치료 행위 등과 같은 신체에 가해지는 고통 때문입니다. 바로 여기서 푸코는 죄수의 신체에 물리적으로 가해지는 힘을 '감옥의 권력'이라고 표현했습니다. 즉 수형자의 신체에 감옥이란 도구와 매개체를 이용하여 권력을 마음대로 휘두른다는 것입니다. 이렇듯 감옥이라는 폐쇄적인 건물 속에서 신체에 가해지는 형벌을 중심으로 현대의 역사를 기술한 것이 바로《감시와 처벌》입니다.

푸코에 따르면 프랑스대혁명 이전부터 죄수에게 공개 사죄 혹은 형틀, 칼, 채찍, 낙인 등의 방법으로 교수형, 화형, 능지처참형 등과 같은 형벌이 가해졌습니다. 이런 방법들은 죄수에게 매우 정교한 고통을 주며 죄수를 수만 번 죽음으로 몰아갑니다. 고통을 못 이겨 내지르는 죄인의 비명을 들으며 사법은 자신들의 힘을 확인합니다. 또한 사법의 이런 의식은 죄인을 죽이는 것으로 끝나지 않았고, 사체를 태워 재를 바람에 날리거나 길거리에 전시하는 등 자신들의 권력을 최대한 과시합니다. 재판은 비밀리에 열렸고, 격렬한 폭동에 대한 불안은 항상 도사리고 있었습니다. 그러나 국왕은 죄인의 처벌에 대한 절대 권력을 갖고 있었고, 민중은 어떤 경우에도 판결에 복종할 수밖에 없었습니다. 그러나 아무리 사법권이 절대적이라도 증거 없이 죄인을 처벌할 수는 없었습니다. 죄인에게 자백을 받고 증거를 확보하는 데 사용된 것이 바로 고문입니다. 오래전부터 가장 쉽고 빠르게 증거를 확보할 수 있는 방법이었던 고문이 과연 정당한가는 여전히 논의의 대상입니다. 용의자가 유죄라면 그의 신체에 가해진 고통이 부당하지 않지만, 용의자가 무죄라면 고문은 무죄를 증명하는 방법으로써 당연히 행하는 것으로 여겨졌습니다. 삶과 죽음을 결정할 수 있는 절대 권력을 가진 군주는 고문을 통해 자신의 힘을 과시했습니다. 고문에 의해 범인이 정해지고 처형되는 의식은 죄를 지은 백성과 권력을 휘두르는 전능한 군주 사이에 생기는 거대한 힘의 불균형을 보여 줍니다. 판결은 공평함이 원칙이지만, 중죄에 대한 집행은 힘의 불균형을 더욱 과시함으로써 백성들에게 더 큰 구경거리와 고통을 안겨 주었습니다.

18세기까지만 해도 공개적으로 신체형을 받는 죄인은 주로 역적이거나 적의 우두머리였습니다. 그러나 19세기에 들어서면서 나라마다 안정을 찾고 전쟁이 줄어들자 신체형의 대상이 일반 백성들로 바뀌었습니다. 구경꾼이었던 민중들은 이제 사법권을 행사하는 권력에 대항하여 집행을 거부하거나 저항하기 시작했습니다. 심할 경우 집행인으로부터 사형수를 빼앗거나 사면을 확보하고 집행인을 공격하기까지 하였습니다. 민중은 부자나 신분이 높은 사람들과 하층민이나 빈민이 받는 처벌이 다르다는 사실을 깨닫게 되었습니다. 뿐만 아니라 처형대 주위의 질서를 유지하기 위해 민중에게 처해지는 조치들이 얼마나 무자비한가도 느끼게 되었습니다. 18세기부터 달라진 이러한 상황에서 사형수들은 힘없는 군중을 대신해 몸을 사리지 않고 부자와 권력가 혹은 사법권에 저항한 영웅이 되기도 했습니다. 감옥이라는 어둠 속에서 사람들에게 알려지지 않고 살아가던 사형수가 갑자기 서사시적인 영웅으로 과장되기 시작한 것입니다. 자신의 잘못을 후회하고 판결을 인정하는 사형수는 신과 사람에게 자신의 죄를 용서 받으려는 성인처럼 보였으며, 군중은 사형수의 죄가 완전히 용서 받아 깨끗해졌다고 여겼습니다. 사형장에서 어떤 두려움도 없이 죽어가는 사형수의 모습에서 권력에 굴복하지 않는 불굴의 위대함은 더욱 빛났습니다. 권력자나 군주는 할 수 있는 모든 고문과 사형 방법을 동원하여 죄인을 다스리고 군중에게까지 구경거리와 함께 고통을 안겨 주려 했으나 이런 처참함이 오히려 군중에 의해 새로운 의미로 부활한 것입니다. 그리고 등장한 범죄 문학은 인간에게 범죄를 저지를 권리가 있고, 범죄는 일종의 특권일 수 있다는 의식을 내재합니다. 과거의 투박하고 어두운 범죄자들은 사라지고, 영리하고 기민한 새로운 범죄자들이 위대한 살인을 통해 마치 현자와 같은 위치를 차지하게 된 것입니다.

처   벌

범죄에 맞는 형벌을 내릴 것, 살인범에게만 사형을 집행할 것, 고문 폐지 등 프랑스대혁명을 전후로 이와 같은 항의들이 빗발쳤습니다. 기다렸다는 듯이 철학자, 법 이론가, 변호사, 판사 등이 다른 형태의 처벌을 요구하며 나섰습니다. 그 결과 사형수와 군주의 대결 구도는 사라졌고, 사형수를 사이에 두고 벌인 군중과 사형 집행인의 웃지 못할 실랑이도 사라졌습니다. 아무리 흉악한 살인자라 하여도 인간성은 존중되어야 한다는 의식이 생겨나기 시작했습니다. 인간성의 강조야말로 형벌이 완화된 가장 큰 이유라고 푸코는 말합니다. 형벌이 완화된 또 다른 이유는 범죄의 폭력성이 약해지고 범죄의 성격 또한 변한 데 있습니다. 17세기 에는 수확기 전 굶주린 사람들이 범죄자의 대부분이었다면, 18세기 이 후 산업화 사회에서는 농민의 식량을 훔치는 범죄가 늘어났습니다. 생 산력의 발달과 부의 증대는 이렇게 피를 흘리는 범죄에서 도둑질과 사 기의 성격이 짙은 범죄로의 변화를 가져왔습니다. 이는 사실 국가가 개 인의 소유에 법적인 가치를 부여함으로써 생긴 범죄로, 이제는 주민 각 자가 자신의 안전을 지켜야 하는 상황이 된 것입니다. 범죄의 성격이 변 하자 죄에 대한 처벌 방식도 바뀌게 됩니다.

재판권은 군주로부터 받은 법관의 권한입니다. 그러나 군주는 법관 을 임명하고도 자신의 권한을 마음껏 이용하였습니다. 왜냐하면 대부분 의 법관들이 군주의 친척이나 주변 사람이었기 때문입니다. 시간이 지 나면서 법관은 군주로부터 재판권을 독립시키고자 했고, 군주의 절대 적인 권한은 점차 줄어들기 시작합니다. 이것 또한 가혹한 고문이나 지 나친 판결에 제동이 걸린 이유입니다. 그리하여 서서히 사법 개혁이 일 어났으나 군주로부터 재판권을 위임 받은 각계각층의 법관들이 특정 한 위법 행위에 대한 모순들을 발견하기 시작했습니다. 예를 들어 탈주 병, 약탈자, 도망친 직공, 징병 기피자 등과 같은 생활형 범죄의 경우 이 러한 범법 행위를 막고 범죄자를 처벌한다고 해서 근본적인 문제가 해 결되는 것은 아니었습니다. 따라서 이러한 범죄들은 암암리에 묵인되거 나 심지어 장려되기도 하였습니다. 결국 묵인할 수 없는 범죄의 종류를 정하고 범죄를 규제할 새로운 개혁의 필요성이 대두되었습니다. 민중의 위법 행위에 대한 압박은 프랑스대혁명을 전후로 더욱 번져 갔고, 새로운 개혁에 관한 논의는 계속되었습니다. 19세기 동안 사법 개혁은 마치 지상명령처럼 번져나갔습니다. 새로운 사법안에는 형벌의 완화, 명확한 법률 문장, 자의적인 해석 불가 등의 내용이 포함되어 언뜻 보기에 개혁적으로 생각되었습니다. 그러나 실제는 오히려 죄인을 엄중하게 다루어야 한다는 것이 주 내용이었습니다. 결국 사법 개혁은 위법 행위를 저지른 죄인을 관리하는 새로운 장치를 마련하는 데 불과한 것이었습니다.

형벌 개혁을 통해 범죄자에 대한 엄중한 구속이라는 목표가 세워졌고 처벌은 모든 사람에게 동등하게 적용되어야 한다는 원칙도 생겼습니다. 죄를 지은 사람은 자신이 속한 사회 전체와 대립하게 되는데 이때 사회는 그를 처벌하기 위해 모든 권력을 동원합니다. 이 싸움은 전혀 균형이 맞지 않지만 사회는 이 죄인을 공공의 적으로 혹은 악마, 괴물로 취급하며 벌하고자 합니다. 그렇다면 사회가 가진 이런 권리는 정당한 것일까요? 애초에 사회와 군중 사이의 계약에 의해 만들어진 형벌의 원칙에 따라 죄인에게 형벌을 가하는 것이 문제가 될까요? 이전까지 군주는 국가와 백성을 보호한다는 명분으로 죄인에게 무섭고 잔인한 형벌을 가했습니다. 그러나 형벌의 개혁은 어떤 범법자에게도 비인간적인 처벌을 가해서는 안 된다는 원칙을 정했습니다. 더 이상 가혹한 신체형을 통해 군중에게 고통을 주어서는 안 된다는 원칙도 정해졌습니다. 푸코는 이것이 위법 행위는 근절하고 형벌은 일반화시켜 형벌권을 통제하려는 정치적인 계획이라고 말합니다. 처벌을 일반화하면서 새로운 범죄자가 나타나기 시작했고, 사회 계약에서 벗어난 행위를 하고 만인의 적이 된 범죄자는 시민으로서의 자격을 박탈 당함과 동시에 괴물, 미친 사람, 정신병자 등 비정상적인 인간으로 취급되었습니다. 이렇게 범죄자를 비정상적인 인간으로 취급하게 된 것은 범죄 예방 차원에서 국가가 조직적으로 일반인들을 각인시키려는 계획에서였습니다. 결국 지나치게 가혹한 신체형을 폐지하자는 형벌의 개혁은 또 다른 비정상적인 인간이라는 범죄자를 만들었고, 그들은 자신들만을 위한 감옥에 격리됩니다.

형벌의 개혁은 무엇보다 형벌을 순화시키고자 하는 목적에서 시작되었습니다. 형벌은 사람이 사람에게 휘두르는 폭력이라고 푸코는 말합니다. 그러나 형벌은 제도 안에서 매우 자연스럽게 이루어집니다. 잔혹한 신체형에서 벌금형이나 재산형과 같은 완화된 형벌이 생겨나면서 정부의 특권 남용이라는 문제가 대두되었습니다. 과거에는 죄인의 신체가 곧 군주의 소유였기 때문에 죄인의 신체에 형벌을 가하는 것도 군주의 마음에 달려 있었습니다. 그러나 형벌이 개혁되고 순화되면서 죄인은 군주가 아니라 사회에 손해를 끼치는 존재라는 의식이 생겼고, 형벌 또한 사회에 환원될 수 있는 방법을 강구하게 되었습니다. 그래서 만들어진 형벌이 죄인을 공공사업에 강제 부역시키는 것이었고, 이는 군주와 일반 백성 모두에게 좋은 반응을 얻었습니다. 보다 가벼워진 형벌이 가져다 준 또 다른 이점은 백성들이 소름끼치는 형벌이 아닌 법 자체를 보게 되었다는 것입니다. 푸코는 이를 더 활성화시키기 위해 법정을 생활에 더 밀접한 곳으로 느끼게 만들어야 한다고 말합니다. 푸코는 형벌이란 어떤 의식이 아니라 아주 쉬운 교훈처럼 아이부터 어른까지 모든 사람들이 인식할 수 있는 것이어야 하며 형벌을 받는 장소도 감옥이 아닌 열린 장소여야 한다고 강조합니다.

　형벌이 개혁되면서 가장 많이 논의된 것은 역시 유폐 문제였습니다. 즉 개인의 자유를 박탈하고 감옥에 보내 감시하는 것이 과연 인격적인가 하는 것입니다. 1810년의 형법에는 사형과 벌금형 사이에 감금형이 있었습니다. 나폴레옹 시절에는 시와 읍, 경찰서, 그리고 각 군에 유치장이 만들어졌고, 각 도에는 지방 교도소가 건립되었으며, 1년 이상의 형을 선고 받은 죄수들을 수감하는 중앙 교도소가 세워졌습니다. 감옥의 필요성을 주장하는 사람들은 감옥이 죄인을 유폐시키기 위한 곳이지 처벌을 위한 곳은 아니라고 주장합니다. 그러나 푸코는 최소한 프랑스에서는 감옥이 군주의 월권으로 인해 남용되었다고 주장합니다. 감옥이 다른 형벌과는 다르다고 해도 범죄의 소굴에 유폐되는 것은 불명예스러운 일이며 죄인뿐 아니라 그 가족 모두를 불행하게 만든다는 점에서 감옥 역시 비인간적인 형벌들과 다르지 않습니다. 18세기 후반에 들어오면서 감옥뿐 아니라 감금 시설 모두를 폐지해야 한다는 청원이 빗발쳤고, 실제로 1790년 3월 프랑스에서는 법령에 의해 성城, 종교 시설, 강제 감옥, 유치장, 기타 감옥에 감금된 사람들을 석방한다는 규정이 발표되기도 하였습니다.

감　　　　　　　　　　　　　　　　　　　　　시

　17세기 초까지만 해도 군인은 멀리서 보아도 다른 사람들과 구별

될 정도의 강인한 모습과 대담성을 가지고 있었습니다. 그러나 18세기에는 농부도 전쟁터에 나가야 했고, 이런 상황이 생기자 일반인들에게도 군인의 모습을 갖추기 위한 훈련이 필요해졌습니다. 배를 넣고, 가슴을 펴고, 어깨를 뒤로 젖히는 등 신체는 군인의 외모에 맞게 변하였습니다. 군대라는 권력에 의해 강제로 훈련을 받고, 자세를 바로 잡고, 같은 동작을 반복하면서 자신도 모르는 사이에 신체는 순종적으로 변하였고 권력에 적응하였습니다. 이렇듯 군대에서 처음 생겨난 것이 감시입니다. 군대는 훈련이란 이름으로 신체를 감시하기 시작했고 이는 수도원이나 작업장도 마찬가지였습니다.

감시를 위해 가장 먼저 해야 할 것은 공간의 분할입니다. 폐쇄적인 이곳은 건축물, 방, 혹은 내부 설비 등으로 지칭되는 현실적인 공간이지만, 그곳에 유폐된 사람을 감시하고 평가하는 시선이 있다는 점에서는 가상의 공간입니다. 수도원에서 제일 처음 생겨난 시간표라는 규제에 따라 사람들은 항상 같은 일상 속에서 일과를 수행하며 감시 당하고 통제됩니다. 감시를 통한 활동의 규제는 군대와 수도원을 거쳐 학교와 공장으로 번져갔습니다. 특히 군대와 학교 권력은 감시를 교정 훈련이라는 명목으로 사용하였습니다. 교정 훈련을 위한 감시 시설로써 군대의 야영지, 군사학교의 건물 등은 손색이 없으며 특히 군사학교는 건물 외부부터 사관생도가 사용하는 내무반까지 감시 당하지 않는 곳이 없습니다. 건강한 신체, 유능한 사관생도, 순종하는 군인 양성 등의 교정 훈련 목표 아래 철저하게 감시 당하고 있는 것입니다. 한눈에 모든 것을 감시하라는 목표 아래 설계된 군사학교는 어느 감시 시설 못지않게 홀

류한 건축물이라고 푸코는 말합니다. 곧 초등 교육에도 이와 같은 종류의 감시가 교정 훈련이란 이름으로 생겨났습니다. 특히 가톨릭에서 운영하는 학교는 감시와 교육 훈련이라는 두 가지 목적을 모두 만족시켰습니다. 한 예로 17세기 프랑스의 한 가톨릭 학교에서는 행정, 관찰, 충고, 복습, 기도, 필기구, 선물 분배, 방문자 관리 등 거의 모든 분야에 담당자를 따로 두어 무질서하고 혼란했던 학급 전체를 완벽하게 감시하고 훈련시킬 수 있었다고 합니다.

감시와 교육 훈련 다음으로 나타난 것이 바로 제재입니다. 교육 훈련의 가장 큰 목적은 서열화에 있으며 이를 위해 필요한 것이 바로 시험입니다. 시험이야말로 처벌을 가능하게 하는 감시입니다. 푸코에 따르면 감시의 권력은 눈에 띄지 않지만 권력에 감시를 당하는 사람의 눈에는 권력이 보이도록 하는 것이 원칙입니다. 이를 위해 가장 좋은 것이 바로 시험입니다. 권력은 시험을 통해 감시 당하는 사람을 기록하고 서열을 정하며 벌을 줄 수도 있습니다. 하지만 감시를 당하는 입장에서 시험은 교육 훈련의 일종이며 자아 발전이라고 생각되기 때문에 권력의 속뜻을 알아채지 못합니다. 푸코는 페스트의 예를 들어 설명합니다. 17세기 말 프랑스에서는 도시에 페스트가 발생하면 다음과 같은 방법을 실시해야 한다고 권고했습니다. 먼저 페스트가 발생한 지역을 엄격하게 나누어 봉쇄하고 구역마다 담당자 한 명을 배치한 후 그 담당자들을 총괄하는 행정관을 선발합니다. 담당자는 모든 집들의 문을 밖에서 잠그고 사람들이 나오지 못하게 합니다. 자신이 담당해야 할 구역에서 도망치려는 담당자는 사형에 처하며, 집에서 나온 사람도 마찬가지로 사형시킵니다. 담당자는 매일 자신이 맡은 구역 안에 있는 사람들을 감시하고 죽은 사람은 없는지 확인해야 하며 5일 내지 6일이 지나면 집집마다 소독을 실시합니다. 당시는 유황을 주로 사용했는데 집의 모든 구멍을 막아 유황이 밖으로 세지 않게 해야 합니다. 페스트가 더 이상 확산되지 않을 때까지 소독과 감시는 계속됩니다. 이런 방법은 나병 환자에게도 적용되었습니다. 나병 환자는 사회에서 제거되거나 추방 혹은 격리되었고 그들에 대한 감시는 더욱 강력한 것이었습니다.

❝영국의 공리주의자 벤담이 처음 주장한 판옵티콘은 원래 수용자들을 보다 효율적으로 통제하기 위한 목적을 가진 건축학적 모델이었습니다. 판옵티콘은 원형의 건물로 중앙에는 건너편의 건물 내부를 감시할 수 있는 창문이 달린 탑이 있습니다. 탑을 둘러싼 원형의 건물은 각각의 독방으로 이루어져 있으며 각 방에는 두 개의 창이 나 있는데, 하나의 창으로는 원형 건물이 보이고, 다른 창으로는 햇살이 들어오게 설계되었습니다. 독방은 밝지만 중앙의 탑은 어두워 수용자들은 감시자의 모습을 볼 수 없습니다. 중앙의 탑에는 감시인이 한 명 있으며, 각 독방에는 광인, 병자, 수형자, 노동자, 생도 등이 유폐되어 있습니다. 앞서 감시의 권력은 눈에 띄지 않지만 권력에 감시 당하는 사람의 눈에는 권력이 보이도록 하는 것이 원칙이라고 말했습니다. 판옵티콘이야말로 이 원칙에 완벽하게 부합되는 공간입니다.

감시 당하는 사람은 판옵티콘 안에서 권력을 봅니

다. 이곳에는 보이지 않는 상하 관계가 존재하고 권력이 있지만 이 권력은 그저 빛 혹은 시선일 뿐이며 기계적인 것에 불과합니다. 이러한 장치는 어디에나 있습니다. 죄인는 감옥에서 교정 훈련을 받고, 광인은 완벽하게 사회와 격리되며, 노동자는 쉬지 않고 일을 해야 하고, 환자는 병원의 처방에 따라 약을 먹어야 하며, 학생들은 짜여진 교육 지침에 따라 공부해야 합니다. 권력은 이 판옵티콘에 유폐된 사람들에게 어떤 폭력도 휘두를 필요가 없습니다. 눈에 보이지 않는 권력 때문에 두려움에 가득 찬 이들은 스스로 자신의 일을 찾아 열심히 살아갈 것입니다. 판옵티콘은 너무나 손쉬운 시설입니다. 빗장도, 쇠사슬도, 무거운 자물쇠도 필요 없는. 이제 판옵티콘은 낡은 감옥을 대신해 권력이 필요로 하는 모든 사람을 감시하고 있습니다."

감   옥

프랑스에서 현대적 시설의 감옥이 생긴 것은 나폴레옹법전에 따른 것입니다. 하지만 형식적인 감옥은 형법의 체계보다 앞서 존재했습니다. 감옥은 형법적 체계를 활용하기 위해 존재하는 시설입니다. 정부는 감옥을 통해 사법제도를 지배할 수 있고, 처벌에 관한 권력을 사회의 일반적인 기능으로 삼을 수 있었습니다. 그 결과 감옥은 곧 형벌이라는 등식이 성립되었습니다. 인간에게 행복과 사유 재산이라는 선을 가져다주는 자유의 박탈, 그것은 인간에게 최고의 형벌이었으며 모든 인간이 고통을 느낀다는 점에서 가장 평등한 형벌임에 틀림없습니다. 감옥은 가장 완전하고도 엄격한 제도를 갖고 있습니다. 군대나 학교, 공장과 같은 시설들도 감시를 당하고 있음은 분명하지만 감옥이야말로 개인의 신체를 단련하고, 노동하게 하며, 일상의 행동, 도덕적 태도 심지어 개인의 성향까지도 감시의 대상이 된다는 점에서 어떤 시설보다 완벽한 감시 시설입니다. 이는 감옥이 학교, 군대와 같은 교육 훈련을 위한 곳이 아니라 교정 시설이기 때문입니다. 교정의 가장 큰 목적은 잘못된 교육이나 전염성 강한 나쁜 습관 등을 가진 한 인간을 규칙적인 교육을 통해 건전한 도덕성을 가진 사람으로 다시 태어나게 하는 것입니다. 그러나 이러한 의도와는 달리 또 다른 문제가 생기기도 했습니다. 출소 후에 다시 감옥으로 돌아오는 범죄자가 많아진 것입니다. 감옥에서 교정이란 이름으로 새로운 범죄를 배운 재소자들이 출소 후 사회에서 다시 범죄자가 되어 버렸기 때문입니다. 교정 기관으로서의 감옥이 없었다면 범죄자들이 다시 감옥으로 되돌아오는 일은 없었을 것입니다. 실제로 1820년대부터 감옥이야말로 형사법의 가장 큰 실패라는 말이 나오기 시작했다고 푸코는 주장합니다.

감옥의 최초 목적은 유폐 가능한 형벌이었으며, 수감자의 교정 교육과 감시의 기능을 하고자 했으나 그러한 기능을 모두 수행하기엔 부족한 것이 너무나 많았습니다. 오히려 감옥으로 인해 범죄 발생률은 높아졌고, 무엇보다 더 많은 재범자들이 생겨나 범죄를 공모하는 집단으로 발전하기도 했습니다. 이제 감옥은 범죄의 병영이라는 말까지 생겨 났습니다. 또한 수감자의 가족들이 생활고를 견디지 못해 또 다른 범죄 자가 되기도 했습니다. 범죄라는 위법 행위를 막기 위해 만들어진 폐 쇄되고 분리된 감옥이 또 다른 범죄를 낳게 된 것입니다. 푸코는 이렇 듯 사회가 감옥이라는 형벌을 강화하면 할수록 범죄자의 비행은 더 심 해진다고 주장합니다. 죄를 지은 사람이 감옥에 들어오고, 감옥에 들어 온 사람은 교정 교육과 동시에 더 치밀한 범죄를 배워 사회로 되돌아갑 니다. 사회로 돌아온 이 범죄자는 경찰의 감시 아래 또 다른 사회 계층, 즉 범죄 집단을 만들어 이전보다 더 치밀한 범죄를 꿈꿉니다. 이것을 푸 코는 '비행성'이라는 말로 표현합니다. 결국 경찰, 감옥, 그리고 비행성 이라는 이 세 가지 항은 서로 의존하면서 중단되지 않고 계속 이어집니 다. 경찰의 감시는 법을 위반한 사람을 감옥으로 보내고, 감옥에서는 그 들을 비행자로 만들어 다시 사회로 내보내고, 경찰은 또 다시 이들을 감 시하고 감옥으로 보내고…… 이렇게 감옥은 범죄와 구금을 되풀이하는 장소로 이용될 뿐입니다. 푸코는 프랑스에서 이와 같은 감금 제도가 완 료된 시기를 프랑스 중부 도시 메트레에 소년 수용시설이 정식으로 완 공된 1849년으로 봅니다. 푸코가 이 메트레를 주목하는 것은 이 시설 이 수도원, 감옥, 학교, 군대 등이 가진 모든 요소를 다 갖추고 있었기 때 문입니다. 이 시설에는 두 명의 연장자와 함께 생활하는 가족 모델, 한 명의 대장을 비롯한 지휘 체계를 갖춘 군대 모델, 기술자를 만들어 내기 위한 작업장 모델, 하루 일정 시간 이상 공부해야 하는 학교 모델, 그리 고 상과 벌을 주는 재판 모델이 있었습니다. 이와 같은 종합적인 모델은 지금까지 존재하지 않았던 것으로 메트레 시설은 이러한 각종 모델을 통해 철저하게 정부에서 필요로 하는 감금 시설로 변했습니다. 얼마나 철저하게 폐쇄되었는가 하면 1848년 프랑스 혁명 당시 대부분의 사립학교들이 폭동에 가담했을 때에도 메트레는 아무것도 모른 채 너무나 조용하게 혁명을 맞이하였습니다. 프랑스 정부는 바로 이 메트레를 가장 모범적인 훈육 시설로 보고 감금의 모델로 삼았습니다. 메트레에서는 각 모델의 우두머리들 즉, 한 가족의 가장, 공장장, 관리자, 군인대장들이 소년범들과 같이 간소한 옷을 입고 밤낮으로 그들을 감시하였습니다. 푸코가 판옵티콘에서 이야기한 것처럼 감시 당하는 사람은 보이지만 감시하는 사람은 보이지 않는 원칙이 철저하게 적용된 것입니다.

형벌과 감옥이라는 등식에서 범죄자는 감옥으로 가야 한다는 일반적인 생각이 만들어졌습니다. 그러나 감옥은 더 많은 범죄자를 양성하는 기능에서 벗어나지 못했습니다. 형벌에 대한 권력이 자연스럽게 정당화되자 불법과 부정이 묵인되었습니다. 무엇보다 푸코는 탄생에서부터 비난의 대상이 되었던 감옥이라는 시시한 발명품이 극단적인 영속성을 가지고 영원히 존재할 것이라는 사실에 크게 안타까워했습니다.

자 유 라 는   이 름 의   올 가 미

푸코는 그의 생애에서 두 가지 큰 사건을 겪습니다. 하나는 푸코가 열세 살 때 발발한 제2차 세계대전이며, 다른 하나는 1968년 5월 프랑스 68혁명입니다. 독일군에 쫓긴 파리 사람들이 푸코가 살고 있던 조용하고 평화로운 시골 마을인 푸아티에로 피난 오면서 마을은 새로운 세상으로 바뀌었습니다. 서로 다른 생활방식으로 전혀 다른 삶을 살고 있던 사람들이 한 곳에 모여 만들어 낸 다양한 모습들은 푸코에게는 특별한 경험이었습니다. 뿐만 아니라 시골뜨기에게 파리의 부유한 청소년들은 부러움의 대상이기도 했습니다. 푸코가 평생 파리에 있는 대학에서 강의하는 것을 꿈꾸었던 이유도 바로 여기 있습니다. 당시 푸아티에는 비시 정부를 지지하였으나 학교에서는 독일 정부에 협력하는 페탱 원수가 실시한 전체주의 교육이 실시되었습니다. 어린 푸코에게는 전쟁으로 인한 물자 부족과 서로를 감시하고 배신자를 처벌하는 사회적 분위기가 견디기 힘든 일이었습니다. 아마도 《감시와 처벌》이 나오게 된 밑바탕에는 어린 시절의 이런 영향들이 있었는지도 모르겠습니다.

푸코에게 잊을 수 없는 또 하나의 역사적인 사건이 바로 프랑스 68혁명입니다. 1968년 3월 파리 낭떼르대학 기숙사에서는 조그마한 소동이 일어났습니다. 남자 기숙사의 생도들이 여자 기숙사를 자유롭게 방문할 수 있게 해달라고 학교에 요구하였으나 권위적인 학교가 이를 받아들이지 않자 학생들이 대학의 행정처로 몰려가 시정을 요구한 것입니다. 이 작은 학내 분규는 소르본대학까지 옮겨가 결국 교육 개혁을 위한 투쟁으로 변했습니다. 5월 3일부터 파리 시내에 모여 든 학생들은 교육 개혁을 요구하며 시위를 하였고, 당시 드골 정부는 경찰력을 동원하여 이 시위를 저지하였습니다. 결국 경찰과 학생이 충돌하여 부상자들이 속출했고 이를 지켜보던 파리의 시민들이 학생들과 함께 시위에

빼부른 철학자

참여하기 시작했습니다. 프랑스 5월 혁명으로도 불리는 68혁명은 프랑스 전역의 학생과 파리 노동자의 2/3가 총파업을 선언하면서 더욱 격렬해졌습니다. 결국 드골 정부는 군사력을 동원해 의회를 해산하고 총선을 실시해 상황을 수습하였습니다. 프랑스 68혁명은 프랑스 사회뿐 아니라 세계적으로 엄청난 파장을 일으켰습니다. 프랑스의 종교, 애국주의, 그리고 권위에 복종하는 보수적인 생각들이 혁명을 통해 평등, 여성 해방, 인권 등 진보적인 생각으로 바뀌었고, 이런 변화는 오늘날 프랑스를 주도하는 사상으로 자리 잡게 되었습니다. 당시 대부분의 지식인들이 이 혁명에 가담하여 보수 정권을 몰아내는 데 힘을 모은 것에 반해 푸코는 대학 교수가 되기를 바라며 튀니스에 머물고 있었고 이런 푸코에게 비난의 화살이 쏟아지기도 했습니다. 그러나 훗날 푸코는 파리로 돌아와 어떤 사상가보다 왕성한 사회 활동을 했고, 수많은 학생들이 그의 철학 강의를 통해 자유를 바탕으로 한 진보 정신과 행동하는 지성을 경험하였습니다. 그러나 안타깝게도 에이즈로 인한 합병증으로 뇌종양을 앓게 된 푸코는 1984년 58세의 나이로 세상을 떠납니다. 푸코의 책과 죽음을 두고 사람들은 20세기 최고의 사상이며 사건이라고 이야기합니다. 분명한 것은 푸코가 프랑스 철학의 핵심적인 인물임과 동시에 20세기 가장 위대한 철학자라는 것입니다. 그의 영혼은 자유로웠으며, 누구의 감시도 원치 않았습니다.

푸코의 뜻과는 다르게 감시와 처벌의 장소인 감옥은 탄생했고 굳건히 존재하고 있습니다. 근대 사회는 발전이라는 이름으로 모든 것을 규격화시켰습니다. 그 결과 다양한 감시 장치가 만들어지고, 다양한 감금 장소도 생겨났습니다. 우리의 자유로운 신체는 이유도 모른 채 복종 당하고, 우리를 감시하는 눈은 더욱더 촘촘하게 사방 어디에서나 우리를 주시합니다. 자유롭고자 할수록 자유라는 올가미가 우리의 목을 죄고 있는 건 아닌지, 푸코가 무엇을 걱정하고 무엇을 염려했는지 이제 알 것도 같습니다.

생각하라, 생각하라, 생각하라

한나 아렌트 《예루살렘의 아이히만 : 악의 평범성에 대한 보고》

Eichman in Jerusalem: A Report on the Banality of Evil (1965)

Hannah Arendt

홀   로   코   스   트

1961년 4월 11일은 이스라엘에서 아주 중요한 날로 기록되어 있습
니다. 그날 홀로코스트의 주범 아돌프 아이히만Karl Adolf Eichmann의 특
별 재판이 열렸기 때문입니다. 그리고 당시 이 재판을 누구보다 호기심
어린 눈으로 지켜본 중년의 한 여성이 있었습니다. 그는 미국에서 철학
과 정치학을 강의하는 교수로 20세기 가장 중요한 여성 가운데 한 사람
으로 꼽히는 한나 아렌트Hannah Arendt, 1906~1975입니다.

독일의 히틀러가 이끈 나치스당이 1933년부터 12년 동안 전 유럽
의 모든 유대인을 학살하겠다는 계획 아래 자행한 유대인 대학살을 홀
로코스트라고 부릅니다. 1939년 히틀러는 국가안전국을 창설하고 히
믈러Heinrich Himmler에게 그 책임을 맡겼으며 당시 아이히만은 국가안

전국 유대인 담당 부서에서 일하고 있었습니다. 히믈러는 유대인 문제의 '최종 해결책' 집행자로 아이히만을 지목했습니다. 여기서 '최종 해결책' 이란 유대인을 찾아내 집결시킨 다음 집단 수용소로 보내 죽음으로 몰 아가는 것이었습니다. 제2차 세계대전이 끝나고 미군에 의해 체포된 아 이히만은 포로수용소를 탈출하여 아르헨티나로 도망칩니다. 그러나 이 스라엘 비밀경찰과 전범 추적팀은 1960년 아이히만을 체포하여 비밀리 에 이스라엘로 이송하였습니다. 이러한 이스라엘의 행동에 아르헨티나 정부는 위법이라며 항의했지만, 이스라엘 정부는 1961년 특별 재판을 통해 아이히만에게 교수형을 선고하였고 다음 해 처형하였습니다.

1906년 독일 하노버에서 태어난 아렌트는 다섯 살 때 아버지가 병 으로 직장을 그만두게 되자 가족과 함께 아버지의 고향인 쾨니히스베 르크로 돌아갑니다. 이곳에서 아렌트는 처음으로 자신이 유대인이라는 사실을 알게 됩니다. 아렌트의 집에서는 유대인이라는 단어를 절대 사 용하지 않았지만 아이들끼리 '할례를 받은 유대인'이라고 이야기하는 것을 들으며 어렴풋이 유대인에 대한 문제를 생각하게 되었다고 합니 다. 당시 쾨니히스베르크에는 25만 정도의 인구가 살고 있었는데, 그중 유대인은 4,500명 정도였습니다. 이들은 다시 유대인의 고유 전통과 종 교를 지키려는 사람들과 독일 환경에 순응하려는 사람들로 나뉘었습니 다. 1914년 제1차 세계대전이 발발했고, 아렌트는 2년 후에 쾨니히스 베르크 여자 김나지움에 입학합니다. 1924년 고등학교를 졸업하고 마 르부르크대학 철학과에 입학한 아렌트는 하이데거Martin Heidegger의 실 존주의에 매료됩니다. 그러나 하이데거가 나치스와 협력하는 것을 본

264 | 배부른 철학자

아렌트는 하이델베르크대학으로 떠났고 그곳에서 야스퍼스Karl Jaspers 의 제자가 됩니다.

18세기 말부터 유대인들은 팔레스타인에 유대 국가를 세우려는 민족운동을 시작하였는데 이를 '시온주의'라고 합니다. 유대인 민족 운동은 유럽에서 끊임없이 이어졌으며 제1차 세계대전을 계기로 다시 등장한 시온주의자들은 팔레스타인으로 이주하여 자치 기구를 만들고 유대인들의 정착을 도왔습니다. 그러나 다른 지역의 아랍인들은 팔레스타인이 유대인 국가가 되는 것을 두려워하여 시온주의자들의 정착을 반대하였습니다. 영국을 비롯한 몇몇 유럽 국가에서 시온주의자들을 돕는 운동이 일어났지만 독일에서는 히틀러의 유대인 정책 때문에 시온주의자들을 도울 수 없었습니다. 1928년 야스퍼스로부터 박사 학위를 받고 1930년부터 시온주의자들을 위해 지하 활동을 시작한 아렌트는, 1933년 게슈타포에 의해 체포되었다가 프랑스로 도피하여 계속해서 그들을 위해 활동합니다. 그러나 제2차 세계대전이 발발하면서 프랑스에 비시 정부가 들어섰고, 히틀러의 정치 활동을 지지한 비시 정부는 시온주의자들의 활동을 금지합니다. 결국 아렌트는 다시 체포되어 강제 수용소에 수감되었고 힘들게 수용소를 탈출한 뒤 1941년 미국으로 망명하게 됩니다. 그리고 미국에서 유대인 대학살에 대한 소식을 접해야 했습니다.

아렌트는 미국에서 유럽유대문화 재건위원회의 대변인을 지내며 유대 문화의 재건을 위해 노력하였습니다. 이후 1953년부터 프린스턴, 하버드, 버클리에서 철학과 정치학을 강의하였고, 유럽의 여러 나라를 다니며 강연을 하기도 했습니다. 1960년, 망명한 몇몇 친구들과 여름휴가를 즐기던 아렌트는 아이히만이 체포되었다는 기사를 접합니다. 아이히만 문제로 아르헨티나와 외교적 마찰까지 감수한 이스라엘은 유엔과의 격렬한 논쟁에도 불구하고 이스라엘에서 아이히만을 재판할 것을 계속 주장하였습니다. 아렌트는 이스라엘에서 아이히만의 재판이 열릴 경우에 대비해 야스퍼스에게 편지를 통해 몇 가지 법률적인 자문을 구하는 등 사전 준비를 하였습니다. 모든 준비를 마친 아렌트는 미국의 영향력 있는 잡지 〈뉴욕커〉의 편집장을 찾아가 재판 참관을 요청하였습니다. 〈뉴욕커〉의 편집장은 아렌트에게 재정적 지원을 약속하고 특파원 자격으로 예루살렘으로 파견하여 재판에 참관하도록 하였습니다. 아렌트는 이 재판을 위해 1961년의 모든 계획을 취소하거나 변경해야 했습니다. 컬럼비아대학과 노스웨스턴대학의 강의를 변경하고, 록펠러 재단의 재정 지원 기간을 수정했습니다. 아렌트는 아이히만 재판의 참관 내용을 요약해 1963년 2월부터 3월까지 다섯 차례에 걸쳐 〈뉴욕커〉에 게재합니다. 제목은 '전반적인 보고: 예루살렘의 하이히만'이었습니다. 1964년, 이 보고서를 정리하여 출간한 것이 《예루살렘의 아이히만》입니다. 이 책은 아렌트가 세상을 떠난 지금도 일반인들과 학자들에게 많은 논쟁거리를 던져 주고 있습니다.

생 각 하 지 않 는 광 대

1961년 4월 11일, 이스라엘 정부에서는 아이히만을 재판하기 위해

세 명의 판사가 동원되었습니다. 세 명의 판사는 중립을 지키며 재판을 주도하려고 노력하였습니다. 수많은 책과 1,500편 이상의 기록 문서가 준비되었습니다. 네 명의 검사가 심문하였고, 아이히만은 독일인 변호사와 함께 피고석에 앉아 있었습니다. 재판은 히브리어로 진행되었고, 독일어, 불어, 영어 등 여러 나라 말로 동시통역 되었습니다.

1950년에 만들어진 나치스 및 나치협력자 처벌법에는 유대인에 대한 범죄, 인류에 대한 범죄, 전쟁 범죄 등과 같은 범죄 중 단 한 가지라도 저지른 자는 사형에 해당된다고 규정되어 있습니다. 아이히만은 이 처벌법에 해당되는 15가지 죄목으로 기소되었습니다. 그러나 아이히만은 기소장에 따라 자신은 무죄라고 주장하였고, 그의 변호사 역시 아이히만은 신 앞에서는 유죄이지만 법 앞에서는 무죄라고 이야기합니다. 여기서 아렌트는 아이히만이 무죄라면 어떤 부분에서 무죄일까 묻습니다. 1950년에 만들어진 처벌법은 아이히만이 활동하던 시기에는 존재하지 않았으며, 아이히만이 저지른 행위는 나치 정권 아래에서는 죄가 아니었고 오히려 국가에서 내려진 공식적인 임무 수행이었습니다. 그렇기 때문에 아이히만의 행위에 대해서 어떤 나라도 재판권을 행사할 수 없으며, 그는 단지 자신의 의무를 다했고, 성공하면 훈장을 받고 실패하면 교수대에서 처형될 일을 했을 뿐이라는 것입니다. 그러나 아이히만이 최선을 다한 의무란 바로 수백만 명의 유대인을 죽음으로 몰고 가는 일이었습니다. 재판을 지켜보던 방청객들과 이스라엘 정부는 이것을 받아들일 수 없었습니다. 아이히만을 재판하기 위해 여섯 명의 정신과 의사가 그를 정상이라고 판정했습니다. 정상일 뿐 아니라 심지어 바람직한 사람이며 매우 긍정적인 생각을 가진 사람이라고도 이야기했습니다. 그렇다고 아이히만이 유대인을 광적으로 증오하거나 열광적인 반유대인 세뇌 교육을 받은 사람도 아니며, 살인에 대한 충동이나 가학적인 기질을 가진 사람도 아니라는 것입니다. 아이히만은 심문을 통해 자신의 친구 중에는 반유대주의자들도 있었지만 일부였다고 말합니다. 그러나 누구도 아이히만의 이야기를 믿지 않았습니다.

히틀러는 자신의 개인 경호를 위해 1925년 'SS'로 잘 알려진 친위대를 창설합니다. 이 친위대는 나중에 게슈타포, 즉 국가비밀경찰과 통합되었고 히믈러가 그 지휘를 맡으면서 독일에서 가장 무서운 기구로 발전합니다. 이 친위대의 소속이었던 보안대는 나치스당의 정보기관으로 당원을 염탐하는 임무 등을 수행했고 아이히만은 1934년 이 보안대에 취직합니다. 그러나 당시 아이히만뿐 아니라 다른 동료들도 보안대가 무슨 일을 하는지 정확히 몰랐다고 합니다. 나치스 정부는 1933년부터 독일의 모든 공직에서 유대인을 추방하기 시작했습니다. 1938년부터 유대인은 대학에 입학할 수 없었고 이미 졸업한 이들도 법조계나 의료계로는 진출할 수 없었습니다. 또한 유대인 사업자가 자금을 들고 외국으로 나가는 것도 금지되었습니다. 바로 이 시기에 아이히만은 보안대에서 유대인 문제를 담당하고 있었고 4년 만에 유대인 전문가로 인정받았습니다. 그는 자신이 만난 유대인 지도층들은 대부분 시온주의자나 동화론자들이었으며 모두 유대인 부흥에 대해서 이야기했다고 말합니다. 이들을 만난 아이히만은 바로 시온주의자가 되었고, 이는 훗날 간첩으로서 활동하는 데 큰 도움이 됩니다. 아이히만은 유명한 시온주의자와 유대인 지도층 인사들을 처음 만났을 때를 회상하며 개인적인 접촉은 아주 만족스러웠다고 진술합니다. 자신이 유대인 문제에 매혹된 것은 스스로 이상주의자였기 때문이라고 주장하며 그들도 동화론자나 정통 유대인들과는 달리 자신과 같은 이상주의자였다고도 말합니다. 이상주의자란 이상을 신봉할 뿐 아니라 도둑질이나 뇌물을 받지 않으며, 자신의 이상을 삶을 통해 실천하는 사람이라고 아이히만은 정의합니다. 뿐만 아니라 이상주의자는 자신의 이상을 위해 어떤 희생도 치를 각오가 되어 있으며, 심지어 부모까지도 희생할 수 있어야 한다고 말합니다. 그리고 아이히만은 유대인의 죽음이 양심에 거리낀다는 사실이 자신을 만족시키기 때문에 웃으며 무덤으로 뛰어들 수 있다고 이야기합니다.

아이히만을 지켜보던 아렌트는 그를 생각하는 데 무능한 사람이라고 표현합니다. 정신과 의사는 아이히만을 정상적이고 바람직한 사람이라고 이야기했지만 자신이 볼 때는 그저 공허한 말만 하는 사람이라는 것입니다. 아이히만은 기억력이 나쁜 사람이지만 자신에게 중요한 일이나 사건에 대해서는 일관성 있는 모습을 보였습니다. 그는 아르헨티나와 예루살렘에서 회고록을 쓸 때와 검찰과 법정에서 진술을 할 때 언제나 동일한 단어로 자신의 의사를 표현했다고 아렌트는 말합니다. 아렌트는 아이히만을 "타인의 입장에서 생각하고 판단하는 데 무능력자"라고 표현합니다. "웃으며 무덤으로 뛰어 들겠다"는 말과 "지상의 모든 반유대주의자들에 대해 경고할 수 있다면 기쁘게 공개적으로 교수형을 당하겠다"는 말, "운명이 내게 부여한 얼마 안 되는 능력 가운데 하나는 진실이다"라는 아이히만의 말을 아렌트는 진실로 받아들입니다. 검찰은 아이히만을 괴물로 만들려고 노력하였지만 아렌트는 그를 남의 말에 따라 움직이고 주인에게 웃음을 주는 광대라고 표현합니다. 실상 수백만 명에게 고통을 안겨 준 최악의 광대짓은 거의 주목 받지 못했으며 보도되지도 않았습니다. 그 사실을 아는 듯 아이히만은 재판 내내 즉흥적으로 자신의 기분을 돋우는 관용구를 사용하였고, 자신의 말에 모순이 있다는 사실을 의식하지 못한 채 만족스러워했다고 아렌트는 말합니다. 아렌트는 아이히만이 상투적인 말로 스스로를 위로하는 것을 보고 끔찍한 재능이라고 표현했고, 그 재능은 그의 죽음의 순간까지 계속되었다고 합니다.

'최　종　해　결　책'

아렌트는 아이히만의 재판 과정을 지켜보면서 이 재판이 과연 피고 측과 원고 측이 줄다리기를 통해 진실을 밝히는 정상적인 재판인가에 대한 의문을 품습니다. 재판이 시작되기 전부터 이미 사람들 사이에서는 아이히만이 교수형에 처해질 것이라는 믿음이 팽배했습니다. 아렌트가 볼 때 한 가지 분명한 사실은 나치스 정부가 유대인 문제를 최종적으로 어떻게 처리할지 정하지 못한 상황에서 아이히만이 유대인 수천 명을 팔레스타인으로 보내 구해 냈다는 점입니다. 나치스 정부가 유대인 문제를 어떻게 처리하려 했는지 아이히만은 알지 못했습니다. 수없이 많은 톱니바퀴에 의해 움직이는 기계처럼 아이히만은 단지 하나의 작은 톱니바퀴에 지나지 않았던 것입니다. 톱니바퀴는 기계가 어떻게 움직이는지 모르는 채 스스로 열심히 움직이면 그만입니다. 그러나 아렌트는 이 작은 톱니바퀴와 같은 아이히만이 과대망상증 환자도 아니며 그렇다고 아주 작은 인물도 아니었다고 말합니다. 아이히만이 유대인 문제에 대해서 처음으로 명령 받은 것은 추방 혹은 이주였으며 아이히만 자신은 작은 톱니바퀴에 불과하다는 사실을 알게 된 것도 유대인 문제 전문가가 된 다음이었습니다.

당시 영국령이었던 팔레스타인으로의 유대인 불법 이민을 도와주던 팔레스타인 밀사들은 유대인 담당 기관의 명령을 받지 않고 직접 게슈타포나 친위대와 접촉하였습니다. 이들 밀사가 아이히만을 찾아와 도움을 청했고, 아이히만 역시 시온주의자와 힘 있는 유대인들의 이민을 돕기 위해 농장을 제공하거나 국경을 넘을 수 있게 기차를 마련하기도 하였습니다. 나치스 정부의 유대인 학살자 중 한 사람으로 역사에 기록될 아이히만이 유대인을 구출하는 활발한 일꾼으로 기록되는 아주 모순적인 순간이었습니다. 제2차 세계대전이 발발하고 승진에 승진을 거듭한 아이히만은 유대인 이주를 위한 최고 책임자가 됩니다. 아이히만은 전쟁 초기 독일이 폴란드를 점령하면서 그곳에 살고 있던 250만 유대인의 이주 내지 추방을 결정했을 때 그 임무를 부여 받았습니다. 한 가지 분명한 것은 그 당시에는 나치스 정부가 유대인을 이주시킬 계획을 가지고 있었다는 것입니다. 1941년 가을, 처음으로 유대인 이민 중지 명령이 내려졌고 이때까지만 해도 아이히만은 유대인에 대한 '최종 해결책'이 결정되었는지 몰랐습니다. 분명한 것은 유대인 문제가 첫 번째 해결책인 이주 단계에 머물러 있는 한 유대인 전문가의 할 일은 더 이상 없다는 것입니다.

나치스 정부는 추방, 수용, 학살이라는 세 가지 유대인 처리 방안을 놓고 고민하였고, 처음에는 이민 혹은 추방으로 이 문제를 해결하려고 했습니다. 독일을 유대인이 살지 않는 나라로 만드는 것이 나치스 정부의 목적이었기 때문입니다. 당시에는 전쟁으로 점령한 땅은 점령국의 영토로 인정되지 않았기 때문에 강제 이주를 통해 유대인을 동부로 내몰려 했던 것입니다. 처음 이 계획은 잘 진행되는 듯 보였지만 결코 쉽지 않았습니다. 히틀러는 전쟁으로 얻은 나라를 독일제국에 편입시키고 자신의 추종자를 총독으로 임명하였으나 그들은 자신의 땅에 유대인을 강제 이주 시키는 것을 달가워하지 않았습니다. 스스로 유대인 문제의 전문가라고 생각한 아이히만은 유대인 문제에 대한 두 번째 방법으로 수용을 구상했습니다. 이것이 그 유명한 마다가스카르 계획입니다. 재판 도중 아이히만은 마다가스카르와 우간다를 혼동하기도 했지만, 어쨌거나 유대인을 아프리카 동부의 섬나라 마다가스카르로 이주시키는 것에 대한 세부 계획이 세워졌습니다. 그러나 1940년, 유대인 이주 계획은 완전히 중지되었습니다. 1942년 9월 러시아 침공에 성공한 히틀러는 국무성 차관이었던 프랑크를 체코슬로바키아 지역 총독으로 임명하였습니다. 아이히만은 프랑크를 만나 유대인 수용 문제를 논의하였고 테레지엔슈타트에 유대인 게토를 만들 것에 합의하였습니다. 이렇게 하여 외부 세계 전시용이며 국제적십자사 대표들의 출입을 허락한 유일한 게토이자 수용소인 테레지엔슈타트가 만들어졌습니다. 그러나 수용소의 규모가 너무 작았던 탓에, 1943년 결국 아우슈비츠로의 이송이 결정되었고, 아이히만의 유대인 해결책 두 번째 단계, 즉 유대인 수용이 시작되었습니다.

유대인 문제의 마지막 단계는 '최종 해결책'이라 불린 학살입니다. 이 문제를 놓고 아렌트는 말의 쓸모에 대해 생각합니다. 우리가 살고 있는 세상에는 언어 규칙이 있습니다. 그러나 비밀을 가진 자들은 자신들이 하는 일을 다른 사람들이 모르게 하기 위해 이 규칙을 따르지 않습니다. 살상과 거짓말을 일삼던 나치스 정부는 그들만의 언어 규칙으로 유대인 최종 해결책을 준비하였습니다. 이런 언어 규칙을 아이히만이 알고 있었는지에 대해서 아렌트는 의문을 품습니다. 히틀러와 히믈러는 유대인 문제에 대해서 '최종 해결책', '분산', 혹은 '특별 취급'이라는 자신들만의 언어를 사용하였습니다. 1941년 히틀러는 유대인 처형 계획을 수립하였지만, 방향은 전혀 다른 곳으로 흘러갔습니다. 아렌트는 여기서 아이히만은 히틀러의 뜻을 처음으로 전달 받은 사람들 중에 속하지 않는다고 주장합니다. 아이히만은 마다가스카르 계획에 이어 유대인을 캐나다나 남아메리카로 이주시키려는 계획을 세웠기 때문입니다. 이렇게 아이히만은 끊임없이 유대인의 발아래 그들의 땅을 밟게 하려는 계획을 수립하였습니다. 한편 히믈러의 돌격대 지휘관들은 유대인 문제를 해결하라는 명령이 조직 내에서 가장 받아들이기 힘든 무서운 계획이었다고 말합니다. 그들은 자신들이 얼마나 끔찍한 일을 했는지가 아니라, 그들이 자신들의 임무를 수행하는 가운데 얼마나 끔찍한 일을 목격해야 했는지, 혹은 그들의 어깨에 놓인 임무가 얼마나 막중했는지에 관해 이야기했습니다.

'최종 해결책'의 방법을 두고 히틀러와 히믈러는 처음부터 의견이 달랐습니다. 히틀러는 안락사를 주장하였고, 히믈러는 총살과 가스 공장이라는 두 가지를 염두에 두고 있었던 것입니다. 히틀러가 유대인에 대한 무자비한 학살을 감행한 것은 '7월 음모' 때문인 것으로 보입니다. 히틀러의 끊임없는 전쟁 준비를 참지 못한 나치스 간부와 고위 지도자들이 히틀러 암살 계획을 세웠고, 북아프리카 전투에서 기갑사단으로 큰 공을 세운 슈타우펜베르크 대령을 중심으로 공모한 이들은 1944년 7월 20일 라스텐부르크에 있는 히틀러 사령부에 폭탄을 장치하는 데까지 성공했으나 독재자를 죽이지는 못했습니다.

아이히만의 재판은 유대인에 대한 '최종 해결책'에 너무 집착한 나머지 몇 가지 해결하지 못한 문제를 남겼다고 아렌트는 주장합니다. 즉아이히만이 7월 20일 사건을 일으킨 사람들과 직접적인 교류가 있었는지, 가스 사건에 연관되어 있는지에 대해서 재판이 제대로 보지 못했다는 것입니다. 사실 아이히만의 부하가 했던 진술에 따르면 가스 시설을 위한 모든 지시는 히믈러에게서 직접 내려진 것이었습니다. 처음 가스시설은 불치병에 걸린 사람들에게 안락사를 제공한다는 명목으로 알려졌습니다. 이 포고령은 정신병자에게 즉각 시행되어 1939년 12월부터 1941년 8월까지 독일의 정신병자와 지체 장애자 등 5만 명 이상이 이시설에서 살해되었습니다. 이들이 살해된 방들은 후에 아우슈비츠의 샤워실과 목욕실에 설치되었던 방법과 똑같이 위장되었습니다. 기만과 은폐를 위해 교묘하게 고안된 다양한 언어 규칙이 전쟁 상태의 히틀러에게만큼 확실하게 작용하여 효과를 거둔 예는 일찍이 없었을 것입니다. 히틀러는 '살인'이라는 말 대신 '안락사'라는 말을 사용하였습니다. 정신병자에게는 죽음이 최종 목적이지만 히틀러와 히믈러는 그들에게 불필요한 고통을 주지 않겠다는 반어적인 표현으로 언어 규칙을 이용하였습니다. 이렇게 말의 쓸모는 비밀을 가진 자와 비밀을 갖지 못한 자 사이에 큰 차이를 보입니다. 이런 비밀을 공유한 히틀러와 히믈러는 이를 아주 교묘하게 활용하여, 이주, 수용, 그리고 학살의 단계로 유대인 문제를 해결해 나갔습니다. 아이히만은 그들과 비밀을 공유하지 못했기 때문에 그들의 언어 규칙을 이해하지 못했을 수도 있다는 것이 아렌트의 생각이었습니다.

협　조　,　　방　관　,　　또　다　른　　아　이　히　만　들

　　히틀러의 생각이 무엇인지 몰랐던 나치스 지도부는 유대인 문제를 최종적으로 마무리하기 위해 1942년 베를린 근교의 반제 호수에서 회의를 열었습니다. 히틀러의 명령을 받은 친위대장 하이드리히를 중심으로 유대인 문제 담당 국장이었던 아이히만을 비롯한 15명의 히틀러 추종자가 이 회의에 참석하였습니다. 마다가스카르 계획을 비롯한 많은 의견들이 있었지만, 최종적으로 유대인들을 동부 유럽으로 이송하여 끊임없는 노동을 시켜 자연적으로 도태시키자는 보고서가 작성되었습니다. 반제회의에서 학살에 관한 이야기는 언급되지 않았습니다. 고위직

회의에 참석한 것이 처음이었던 아이히만은 하이드리히의 연설문을 작성하는 임무를 맡았습니다. 90분 정도 이어진 회의에서 아이히만은 유대인 문제가 결국 폭력을 통한 피투성이 해결책이 될 것이라는 의구심을 버릴 수 없었다고 말합니다. 또한 회의가 계속되는 동안 자신이 그리스도를 십자가에 못 박은 폰티우스 필라투스처럼 느껴졌다고도 말합니다. 그러나 아렌트는 아이히만이 반제회의와 대량학살은 마치 실수인 것처럼 설명하면서 히틀러와 히믈러에 의해서 내려진 명령에 대해서는 어떤 양심의 가책도 느끼지 않았다고 전합니다.

1939년부터 1944년까지 나치스 정부는 동부 지역 여러 곳에 게토를 짓고 유대인 수용을 위한 작업을 진행하였습니다. 아이히만에 따르면 반제회의 이후 다양한 나치스 정부 부서들이 유대인 문제 해결을 위해 바쁘게 움직였다고 합니다. 히믈러로부터 직접 명령을 받은 고위층 친위대와 비밀경찰 지도자들이 경쟁적으로 이 일에 뛰어들었고, 모두가 따로 명령을 내리고 기분 내키는 대로 일을 진행했기 때문에 혼란스러웠지만 아이히만은 체계 있게 일하고자 모든 노력을 기울였다고 이야기합니다. 혼란 속에서 아이히만은 단순한 견습생처럼 제1차 유대인 이송 작업을 실행하였고, 독일 슈체친에 수용되어 있던 1,300명의 유대인이 하룻밤 사이 동부 유럽으로 이송되었습니다. 2차 수송은 바덴과 자르팔츠에서 진행되었고 7,500명 가량의 유대인을 아이히만이 직접 독일 군수 물자 수송이라는 명목으로 프랑스로 이송하였습니다. 독일제국에 소속된 유대인에 대한 첫 이송 작전을 시행하기 전, 나치스 정부는 몇 가지 유대인 말살 정책을 공포합니다. 먼저 유대인은 구별이 가능하도록 옷에 황색 표지를 하도록 하였고, 독일제국 밖에 사는 유대인은 독일 국민으로 간주하지 않는다는 국적법을 변경하였으며, 국적을 상실한 유대인의 모든 재산을 몰수하였습니다. 1943년 6월 히틀러는 독일, 오스트리아, 그리고 보호국인 독일제국 내에 더 이상의 유대인은 없다고 발표합니다. 얼마나 많은 유대인이 이송되었는지 분명하진 않지만, 1942년까지 이송된 유대인과 이송될 유대인이 26만 5,000명에 달했다고 기록은 전합니다.

아이히만은 독일제국 내의 유대인 이송 작업을 마무리한 뒤 바로 서유럽의 유대인에 대한 이송 계획을 세웠습니다. 히믈러는 유대인 문제에 적극적인 프랑스의 비시 정부를 앞세워 서유럽의 유대인 문제를 해결하려 했습니다. 1942년 6월 아이히만은 프랑스, 벨기에, 네덜란드에 있는 나치스 고문관들을 소환하여 이송 계획을 수립하였고, 비시 정부의 적극적인 도움으로 프랑스에 살고 있던 무국적 유대인 27,000명이 1942년 여름과 가을에 아우슈비츠로 이송되었습니다. 그리고 같은 해 네덜란드에서 15,000명, 벨기에에서 10,000명의 유대인이 체포되어 이송될 계획이었습니다. 다른 서유럽 국가와 달리 이탈리아는 유대인 이송에 적극적이지 않아 체포된 많은 유대인이 탈출을 시도했고, 결국 독일 경찰이 이탈리아로 넘어가 유대인을 체포하기도 했지만 이탈리아에서는 유대인을 독일로 이송하지 않고 자체 수용소로 보냈습니다. 그러나 약 35,000명에 달하는 유대인이 북이탈리아에서 체포되어 오스트리아 국경 근처 강제 수용소로 보내졌습니다. 1944년 봄, 소련의 붉은 군대가 루마니아를 점령하고 연합군이 로마에 진입했을 때, 독일은 이탈리아 출신 유대인 7,500명을 아우슈비츠로 이송했고 그중 약 600명 정도만이 살아서 돌아왔습니다.

서유럽과 동부에 살고 있는 유대인은 여러 면에서 차이를 보입니다. 교육 수준이 높은 서유럽의 유대인 '귀족' 대부분은 사회, 문화적인 자유는 요구하였지만 정치적인 자유는 원치 않았고, 그것은 놀랍고도 실망스러운 일이라고 아렌트는 말합니다. 동부에 살고 있던 유대인은 다른 소수민족에 비해 수는 훨씬 많았지만 지위는 다른 소수민족들과 같았고 그렇기 때문에 그들도 정치적으로는 고향 없는 민족에 불과했습니다. 그러나 동부에 살고 있던 중산층의 유대인은 돈과 종교, 종족간 결혼 등을 통해 서유럽의 유대인과 비교할 수 없을 정도로 그 지역에 동화되어 갔습니다. 유대인 최종 해결책을 수행해야 했던 아이히만은 이런 사실을 바탕으로 제일 먼저 유고슬라비아의 크로아티아에 접근합니다. 독일제국의 명을 받은 크로아티아 정부는 동부로 이송되어 가는 것이 감사할 일이라며 크로아티아계 유대인을 설득하여 1942년 2월, 3만 명의 유대인을 죽음의 수용소로 보냈습니다. 그들은 반유대인법을 만들어 크로아티아의 이익에 기여하는 모든 유대인을 '명예 아리안족'으로 임명하기까지 했습니다. 또한 불가리아는 제2차 세계대전에 주축국으로 참가한 포상으로 독일에게서 유고슬라비아와 그리스, 그리고 루마니아의 영토 일부를 받았던 것이 빌미가 되어 1941년 반유대인법을 만들었지만, 남자는 강제 노동을 시키고 세례 받은 유대인이라도 언제든지 개종만 하면 노동을 면제시키는 수준에 머물렀습니다. 아이히만은 직접 불가리아 외무부에 서신을 보냈고 불가리아는 지도급 유대인 6,000명 정도의 이송에 합의하였으나 이들 중 불가리아를 떠난 사람은 아무도 없었습니다. 1943년 2월 아이히만의 부하 둘이 유대인 문제로 그리스에 도착했을 때 그리스 정부는 조용히 그들을 맞이했습니다. 북쪽은 독일에 점령 당하고, 남쪽은 이탈리아에 점령 당한 그리스로서는 독일과 특별한 문제를 일으키고 싶지 않았던 것입니다. 그리스 국민들도 이 문제에 무관심으로 일관했고, 결국 그리스에 살고 있던 유대인은 아우슈비츠 행 열차를 타야 했습니다. 이 작업은 약 두 달 정도 계속 되었는데, 하루에 약 2,500명 정도가 화물칸을 타고 수용소로 향했습니다.

　제2차 세계대전이 발발하기 전 루마니아는 전 유럽에서 반유대주의가 가장 극렬한 나라였습니다. 이런 루마니아가 1941년 2월 전쟁에 참여하면서 유대인에 대한 학살은 가장 공포스럽고 잔혹하게 진행되었습니다. 루마니아 정부의 유대인 학살 정책은 독일에서 일어난 어떤 방식보다 교묘하고 잔혹했습니다. 그들은 유대인 5,000명 정도를 화물 열차에 발 디딜 틈 없이 태운 다음 목적지도 없이 무작정 들판을 달리게 하였고 공포에 질린 유대인들은 결국 모두 질식사하고 말았습니다. 루마니아는 독일의 도움 없이 1942년 8월까지 30만 이상의 유대인을 학살하였습니다. 남은 유대인 20만 명을 동부 수용소로 옮기기 위해 아이히만은 독일 철도청에 특별 화물 열차의 배치를 주문하였습니다. 1944년 소련의 붉은 군대가 루마니아를 공격했을 때, 약 85만 명의 유대인 가운데 절반만이 다시 이스라엘로 돌아갈 수 있었습니다. 이탈리아 파시즘의 영향을 받은 헝가리는 1938년 이탈리아를 따라 반유대인법을 만들었고, 1944년 아이히만이 부다페스트에 도착했을 때 매우 적극적이고 우호적으로 그를 맞이했습니다. 헝가리에는 여러 종류의 유대인 단체가 있었지만 이미 50만 명 이상의 유대인이 아우슈비츠로 이송될 준비가 되어 있었고, 가스실에 투입될 죽음의 소대가 860개였습니다. 이들은 하루에 최고 12,000명의 유대인을 가스실로 보낼 수 있도록 준비를 마쳤고, 두 달 동안 그 작업을 진행했습니다. 1939년 3월부터 슬로바키아도 크로아티아와 마찬가지로 적극적으로 독일을 도왔습니다. 아직 원시적이고 미개발 상태였던 슬로바키아에는 250만의 농부와 9만 명의 유대인이 살고 있었습니다. 아이히만은 1942년 직접 슬로바키아로 가서 노동이 가능한 젊고 건강한 유대인 2만 명을 학살하기 위한 협상을 마쳤습니다. 같은 해 6월까지 52,000명의 유대인이 슬로바키아 경찰에 의해 폴란드의 가스실로 이송되었습니다.

악 의 평 범 성 에 관 하 여

나치스 정부가 말하는 동부란 폴란드, 발트 해 연안 국가, 그리고 점령된 러시아입니다. 동부는 유대인이 경험한 고통의 중심지로 이송 작업의 소름끼치는 최종 종착지였습니다. 이곳에서의 탈출이란 거의 불가능했고 탈출해도 생존율은 5퍼센트 이하였습니다.

유대인 중심지였던 동부에는 폴란드에 300만, 발트 해 연안 국가에 260만, 백러시아(현재의 벨라루스), 우크라이나, 그리고 크리미아에 150만 정도의 유대인이 살고 있었고 바로 이 지역에서 유대인 학살 사건이 자행되었습니다. 아이히만을 기소한 이스라엘 검찰은 대량학살의 증거를 찾기 위해 심문을 계속하였습니다. 문제는 아이히만과 동부 사태를 연결시키기에는 그 증거가 너무나 불충분하다는 것이었습니다.

제2차 세계대전이 끝나자 친위대는 6년간 체계적으로 자행된 유대인 학살을 입증할 산더미 같은 서류를 파기하였고 증명서들을 위조했습니다. 아이히만의 부서도 많은 서류들을 불태웠지만 그중 많은 것들이 연합군의 손에 넘어가 뉘른베르크 전범 재판에 사용되었습니다. 이렇게 사용된 증거들 모두를 이스라엘 법정에서는 증거로 채택했고, 그외에도 수많은 증인들이 재판에 출석하였습니다. 1961년 6월 20일부터 7월 24일까지 전체 121회 공판 중 33번의 공판 동안 아이히만은 계속해서 심문대에 서야 했습니다. 62차례의 공판에서 세계 여러 나라의 검찰 측 증인 100여 명이 자신의 경험담을 이야기했고, 이들 증인 중 이스라엘 시민 몇 명만이 증인대에 섰습니다. 이들은 수만 명의 희생자들 중 살아남은 90명 가운데서 선정된 사람들로 나치스에 체포되었다가 전쟁이 끝날 때까지 살아남은 엄격하고도 진정한 의미의 생존자들이었습니다.

이스라엘 검찰은 1961년 8월 14일 모든 증거를 법원에 제출하고 심리를 종결하였습니다. 4개월의 휴정이 있은 다음, 검찰은 아이히만에게 수백만의 유대인을 살상하고 신체적인 파멸과 고통을 준 죄, 테레지엔슈타트에서 유대인 여성들의 출산을 금하고 임신을 방해한 죄 등을 물어 사형을 선고하였습니다. 이어서 변호인 측의 변호가 있었습니다. 독일인 변호사 세르바티우스 박사는 국가적 행위를 수행함에 있어서 누구에게나 일어날 수 있는 일이 아이히만에게 일어났다고 이야기합니다. 그렇기 때문에 아이히만은 단지 희생양이며 이스라엘 정부는 스스로 책임을 지지 않기 위해서 국제법에 어긋남에도 불구하고 아이히만을 예루살렘의 법정에 세웠다고 주장합니다. 이스라엘에 의해 아이히만이 납치되기 전에 이미 형법의 적용이 만료되었기 때문에 아이히만은 무죄 방면되어야 한다는 것이었습니다. 그리고 독일에서는 이미 사형 제도가 폐지되었기 때문에 사형이 선고되어서는 안 된다고 주장합니다. 그리고 마지막으로 아이히만이 최후 변론을 하였습니다. 자신은 나치스 정부의 지배 집단이 아니며 희생자라고 주장한 아이히만은 처벌을 받을 사람은 오직 지도자들이라고 말합니다. "나는 괴물이 아니다. 그렇게 만들어졌을 뿐이다." 아이히만은 다른 사람들을 대신해서 자신이 고통 받고 있다는 깊은 확신을 갖고 있었습니다. 그리고 이틀 후인 1961년 12월 15일 금요일 아침 9시, 아이히만에게 사형이 선고되었습니다. 3개월 뒤인 1962년 3월, 이스라엘 대법원에서 항소심이 열렸으나 심리는 일주일밖에 걸리지 않았고 새로운 증거는 거의 없었습니다. 두 달의 휴정 후 5월 29일 두 번째 판결문이 낭독되었습니다. 원래의 판결문에서 추가된 것은 아이히만이 상관의 명령을 전혀 받지 않았음이 확인되었다는 것입니다. 아이히만 스스로가 자신의 상관이었고 유대인 문제와 관련된 모든 명령이 그에 의해 내려졌으며 그의 중요성은 히틀러를 포함한 그의 모든 상관들을 능가한다는 것이었습니다. 또한 유대인에 대한 최종 해결책이라는 아이디어는 아이히만과 공범자들의 억누를 수 없는 피의 갈증과 광신적 열정이 없었다면 불가능했을 일이라고 이야기합니다. 최종 판결이 나자 아이히만은 변호인의 지시에 따라 이스라엘의 대통령 벤츠비에게 사면 청원서와 함께 가족의 편지를 보냅니다. 뿐만 아니라 벤츠비는 전 세계로부터 아이히만에 대한 관대한 처벌을 호소하는 수백 통의 사면 청원서를 받기도 했습니다. 그중에는 미국 랍비중앙회, 미국개혁주의 유대교 대표단, 예루살렘 히브리 대학 교수회 등이 포함되어 있었습니다. 그러나 벤츠비는 이 모든 사면 청원서를 물리치고 아이히만을 1962년 5월 31일 자정 전에 사형에 처할 것에 동의하는 서명을 하였습니다.

아이히만은 붉은 포도주 한 병을 부탁해 반 병 이상 마신 다음 근엄하게 교수대로 걸어갔습니다. 낭비할 시간이 없다며 개신교 목사의 기도도 거절하고 얼굴을 가리는 검은색 두건도 거부한 채 감옥에서 형장까지 조용히 그러나 꼿꼿하게 걸어갔습니다. 그의 사체는 화장되었고 재는 지중해에 뿌려졌습니다. 아렌트는 이런 아이히만을 보고 스스로를 완전히 통제한 모습이라고 말합니다. 아이히만은 신은 믿지만 그리스도교인은 아니라고 분명히 말했으며, 죽음 이후의 삶을 믿지 않는다는 나치스식 표현도 하였습니다. 마지막으로 아이히만은 모든 사람의 운명에 따라 잠시 후면 우리 모두는 다시 만날 것이라고 말했습니다. 그리고 마지막으로 아이히만은 "독일 만세, 아르헨티나 만세, 오스트리아 만세! 나는 이들을 잊지 않을 것이다"라고 외쳤습니다. 이런 아이히만의 모습을 보고 아렌트는 교수대에서 그의 기억이 그에게 마지막 속임수를 부렸다고 말합니다. 의기양양해진 그의 정신은 이것이 그의 장례식임을 잊었다는 것입니다. 이런 아이히만의 마지막 순간에서 아렌트는 인간이 얼마나 연약한 존재인지, 악이 얼마나 평범한 모습인지를 봅니다. 이것은 아주 두려운 교훈, 즉 왜곡된 신념과 비판적 사유 없이 행한 행동이 초래한 무서운 결과에 관한 교훈입니다.

전 체 주 의 라 는 괴 물

　1963년 2월 16일, 잡지 〈뉴요커〉에는 아이히만 재판에 대한 아렌트의 논설이 '예루살렘의 아이히만: 악의 평범성에 대한 보고'라는 제목으로 실렸습니다. 3월 16일 마지막 논설이 잡지에 실렸을 때, 아렌트는 그의 스승 야스퍼스의 80회 생일을 축하하기 위해 스위스 바젤에 머물고 있었습니다. 그리고 아렌트의 남편은 아렌트에게 "당신이 이곳에 없어서 다행이다"라는 내용의 편지를 보냈습니다. 많은 유대인들이 아렌트와 이야기를 나누기 위해 끊임없이 전화했고 집으로 찾아왔습니다. 유대인들은 머지않아 책으로 나올 이 논설에 격분했습니다. 이스라엘의 전직 고관도 독일 유대인 회의의 이름으로 아렌트에게 선전포고를 했습니다. 남편의 편지를 받은 아렌트는 미국에서 무슨 일이 벌어지고 있는지 충분히 짐작할 수 있었습니다. 독일제국이 저지른 유대인 대학살에 유대인들도 책임이 있다고 주장한 것 때문에 유대 민족의 배신자로 낙인 찍힌 것입니다. 유대인들은 아렌트를 두 가지 면에서 공격하였습니다. 먼저 유대인 회의가 아이히만을 도왔던 부분에 대한 여과 없는 기사화에 관한 것입니다. 아이히만은 유대인 공동체에서 인정받은 대표자들로 구성된 유대인 회의가 자신에게 얼마나 긴밀하게 협력했는지에 대해서 재판을 통해 진술하였습니다. 유대인 대표가 없었다면 유대인에 대한 계획적인 학살이 그토록 광범위하게 이루어질 수 없었다는 것이 아이히만의 주장이었습니다. 이런 내용을 아렌트는 아무런 여과 없이 잡지를 통해 기사화하였습니다. 나치스는 암스테르담, 바르샤바, 베를린, 부다페스트 등에 믿을 만한 유대인 공무원의 정보망을 가지고 있었으며 유대인 공무원들은 학살 및 추방 대상이 될 유대인의 지위와 재산 목록을 작성하였고 경비를 조달했으며 심지어 체포하여 수송 열차에 싣도록 도와주었다는 것입니다. 그러나 아렌트를 비방했던 사람들은 이러한 이야기가 모두 터무니없는 중상모략이라고 주장하였습니다. 아렌트는 사람들이 자신의 기사를 마치 유대인이 스스로 유대인을 살해한 것처럼 듣고, 유대인 지도자의 역할이 재판대에 오른 것처럼 보았기 때문에 그들과 어떤 토론도 할 수 없게 된 점을 안타까워했습니다.

유대인들이 아렌트를 공격한 두 번째 이유는 아렌트가 표현한 '악의 평범성'에 관한 것입니다. 논설의 부제로 사용된 '악의 평범성'이란 말은 아렌트가 《예루살렘의 아이히만》 마지막 문장에서 처음이자 마지막으로 사용한 말이었습니다. 책의 후기에서 아렌트는 이 부분에 관해 보다 구체적으로 설명하고 있습니다. 아렌트는 아이히만이 영국의 리처드 3세나 《오델로》 속 이아고, 맥베스 등과 구별되어야 한다고 주장합니다. 아렌트에 따르면 아이히만은 자신이 도대체 무엇을 하고 있는지 전혀 깨닫지 못했다는 것입니다. 그러나 아이히만은 절대 어리석은 사람이 아니라고 말합니다. 아이히만으로 하여금 나치스 시절의 엄청난 범죄자들 가운데 한 사람이 되게 한 것은 어리석음이 아닌 '무사유'였다는 것입니다. 죽음을 앞둔 사람, 교수대 아래 서 있는 사람이 장례식장에서 들은 상투적인 이야기를 한다는 사실만 봐도 아이히만은 결코 자신의 죽음을 현실로 받아들이지 못했다고 아렌트는 말합니다. 현실을 바로 보지 못하고 사고하지 않는 인간, 그것은 인간 속에 존재하는 모든 악을 합친 것보다 더 큰 파멸을 가져올 수 있다고 아렌트는 믿었습니다. 이것은 엄연한 교훈이며 현상에 대한 설명도 그에 관한 해명도 아니라고 아렌트는 말합니다.

❞히틀러와 함께 독재자로 불린 무솔리니는 이탈리아를 파시즘 국가로 만들었습니다. 그리고 이 파시즘을 지칭하는 말로 전체주의라는 용어가 처음 사용되었습니다. 무솔리니는 국가 안에만 모든 것이 존재하고 국가 밖에는 아무것도 없으며, 국가에 반대하는 그 누구도 존재해서는 안 된다는 의미에서 전체주의라는 말을 사용했습니다. 이런 의미에서 전체주의는 한 개의 당만을 허락하는 일당 정부와 같습니다. 히틀러의 나치스당이 곧 독일제국의 정부였고 독일제국 자체였기에 우리는 이를 전체주의라고 말합니다. 전체주의는 무엇보다 강제와 억압을 통해 개인 생활의 모든 측면을 통제하고 지시하는 강력한 중앙집권 통치체제라는 특징을 갖습니다. 아렌트는 바로 이런 전체주의의 특징이 인간을 명령의 대상으로만 보고 생각하지 못하게 만든다고 보았습니다. 그 결과 아이히만과 같은 무사유의 인간이 나타났

고, 그는 단지 지시에 따라 악을 행한 것입니다. 아이히만처럼 무사유의 사람이 악을 저지를 때, 악이란 평범한 모습으로 다가옵니다." **"**

아렌트는 《예루살렘의 아이히만》에서 이 두 가지 문제를 이야기했고 유대인 사회로부터 맹비난을 받았으며 끝없는 배척을 당했습니다. 지금까지도 아렌트의 책은 전 세계적으로 번역되어 읽히고 있지만 이스라엘에서는 단 한 권도 번역되지 않았습니다. 이런 비난과 모함 속에서도 아렌트는 1963년부터 4년간 시카고대학의 교수로 재직하였습니다. 그러나 아이히만 재판에 관한 여론의 조명은 끝나지 않았습니다. 1968년 아렌트에게는 너무나 많은 사건이 일어났습니다. 프랑스 6월 혁명과 독일의 신좌파 운동, 미국의 비폭력 운동 등이 그것입니다. 4월에는 마틴 루서 킹 목사가, 6월에는 케네디 대통령의 동생 로버트 케네디가 대통령 후보 지명 유세 중 암살 당했고, 베트남 전쟁도 날로 악화되고 있었습니다. 철학자이며 정치가였던 아렌트는 이런 일련의 사건을 지켜보면서 정치를 초월한 일들에만 관여하겠다고 다짐합니다. 그리고 다음 해 스승 야스퍼스가 세상을 떠났고, 그 다음 해에는 사랑하는 남편까지 아렌트를 두고 먼저 세상을 떠납니다. 1975년 아렌트는 그의 연인이자 스승이었던 하이데거를 찾아 독일 여행을 하고 돌아옵니다. 그리고 같은 해 4월 12일 심근 경색으로 세상을 떠납니다.

1962년 3월 19일 뉴욕에서 트럭이 택시와 추돌한 큰 사고가 있었습니다. 그 택시 안에는 아렌트가 타고 있었습니다. 혼수상태에서 깨어난 아렌트는 자신의 어린 시절부터 아이히만 사건까지 잠시 자신을 돌아보았다고 합니다. 그리고 유대인으로 살아온 자신의 정체성이 아이히만으로 인해 흔들렸다고 고백합니다. 아렌트는 아이히만을 통해 '생각'과 관련한 자신의 철학을 정리하였습니다. 아렌트는 우리에게 생각 없는 행동이 과연 가능한가 묻습니다. 아이히만은 분명 그랬습니다. 그렇다면, 그가 생각을 하고 행동하였다면, 홀로코스트와 같은 일은 일어나지 않았을까요?

강대석, 《니체 평전》, 한얼미디어, 2005

곽철규, 《듀이 철학과 교육》, 지식사회, 1999

김광수, 《애덤 스미스의 학문과 사상》, 해남, 2005

김동식, 《듀이-경험과 자연》, 울산대학교출판부, 2005

김민수, 《필로 디자인》, 그린비, 2007

김범춘, 《철학, 세상과 소통하기》, 모티브북, 2007

김상봉, 《호모 에티쿠스-윤리적 인간의 탄생》, 한길사, 1999

김석수, 《현실 속의 철학, 철학 속의 현실》, 책세상, 2001

김선희, 《쇼펜하우어 & 니체, 철학자가 눈물을 흘릴 때》, 김영사, 2011

김수행, 《청소년을 위한 국부론》, 두리미디어, 2010

김용구, 《철학이 있는 삶과 문화》, 동아출판사, 1990

김용규, 《영화관 옆 철학카페》, 이론과 실천, 2004

김용규, 《철학카페에서 문학읽기》, 웅진 지식하우스, 2006

김창호, 《진리 청바지》, 웅진지식하우스, 2005

김형석, 《모두를 위한 서양철학사》, 가람기획, 2011

그림나무, 《애덤 스미스의 경제노트》, 녹색지팡이, 2009

남경태, 《스토리 철학》, 들녘, 2007

박승찬, 《생각하고 토론하는 서양철학 이야기 2》, 책세상, 2006

박영균, 《칼 마르크스》, 살림, 2005

박영식, 《서양철학사의 이해》, 철학과현실사, 2008

박제윤, 《과학적 사고에 날개를 달아주는 철학의 나무》, 함께, 2007

박찬국, 《전통 도덕에 도전하다 니체의 도덕계보학》, 삼성출판사, 2006

서정욱, 《문화사와 함께 읽는 서양철학사(고대·중세편)》, 배재대학교출판부, 2008

서정욱, 《문화사와 함께 읽는 서양철학사(근대·현대편)》, 배재대학교출판부, 2005

서정욱, 《애덤 스미스가 들려주는 보이지 않는 손 이야기》, 자음과모음, 2007

서정욱, 《푸코가 들려주는 권력 이야기》, 자음과모음, 2008

서정욱, 《필로소피컬 저니》, 함께읽는책, 2008

손기화, 《애덤 스미스 국부론》, 주니어김영사, 2008

신현철, 《다시 살아갈 희망을 노래하라》, 북인, 2005

안광복, 《처음 읽는 서양 철학사》, 웅진씽크빅, 2007

양운덕, 《미셸푸코》, 살림, 2003

유시주, 《거꾸로 읽는 그리스 로마 신화》, 푸른나무, 1999

윤원근, 《애덤 스미스의 국부론을 말하다》, 신원, 2009

이서규, 《쇼펜하우어의 철학》, 이문출판사, 2004

이영남, 《푸코에게 역사의 문법을 배우다》, 푸른역사, 2007

이용채, 《쇼펜하우어는 나더러 인생을 엉뚱하게 살라한다》, 나라원, 1996

이종란, 《전래동화 속의 철학》, 철학과현실사, 2005

서울교육대학철학연구동문회역편, 《어린이를 위한 철학교육》, 서광사, 1989

정덕희, 《듀이의 교육철학》, 문음사, 1997

최한수, 《아동중심교육과 존 듀이》, 문음사, 2000

편집위원회 편, 《철학문제집원》, 한국로고스연구원, 1995

황광우, 《철학 콘서트》, 웅진지식하우스, 2006

황광우, 《레즈, 새롭게 읽는 공산당 선언》, 실천문학사, 2010

| 참고도서 및 읽기를 권하는 책

요슈타인 가아더, 《소피의 세계》, 장영은 역, 현암사, 1996

만프레트 가이어, 《칸트처럼 생각하기》, 조병희 역, 사계절, 2007

F. 니체, 《도덕의 계보학》, 강영계 역, 지만지고전천줄, 2008

F. 니체, 《선악의 저편 도덕의 계보》, 김정현 역, 책세상, 2002

프랑수아 다고네, 《삐딱한 예술가들의 유쾌한 철학교실》, 신지영 역, 부키, 2008

존 듀이, 《민주주의와 교육 철학의 개조》, 김성숙, 이귀학 역, 동서문화사, 2008

존 듀이, 《민주주의와 교육》, 이홍우 역, 교육과학사, 2007

질 들뢰즈, 《푸코》, 권영숙, 조형근 역, 중원문화, 2010

D.D. 라파엘, 《애덤 스미스》, 변용란 역, 시공사, 2002

버트런드 러셀, 《서양의 지혜》, 이명숙, 곽강제 공역, 서광사, 1990

T.Z. 래빈, 《소크라테스에서 사르트르까지》, 문현병 외 공역, 동녘, 1993

스털링 P. 렘브레히트, 《서양 철학사》, 김태길 역, 을유문화사, 1997

P. 로데, 《키에르케고르, 코펜하겐의 고독한 영혼》, 임규정 역, 한길사, 2003

리우스, 《마르크스》, 윤길순 역, 김영사, 2008

K. 마르크스, F. 엥겔스, 《공산당 선언》, 강유원 역, 이론과실천, 2008년

K. 마르크스, F. 엥겔스, 《공산당 선언》, 권혁 역, 돋을새김, 2010

K. 마르크스, F. 엥겔스, 《공산당 선언》, 이진우 역, 책세상, 2002

J.G. 메르키오르, 《푸코》, 시공사, 1998

R. 미직, 《마르크스》, 이희승 역, 생각의나무, 2010

사라 밀스, 《현재의 역사가 미셸 푸코》, 임경규 역, 앨피, 2008

T. W. 바이넘 외, 《철학, 무엇을 어떻게 가르칠 것인가》, 서광사, 1991

리처드 J. 번스타인, 《한나 아렌트와 유대인 문제》, 김선욱 역, 아모르문디, 2009

프란시스 베이컨, 《학문의 진보, 베이컨 에세이》, 이종구 역, 동서문화사, 2008

프란시스 베이컨, 《학문의 진보》, 이종구 역, 신원문화사, 2007

프란시스 베이컨, 《학문의 진보》, 이종흡 역, 아카넷, 2002

D. 보일, 《세계를 뒤흔든 공산당 선언》, 그린비, 2005

샤를 르 블랑, 《키에르케고르》, 이창실 역, 동문선, 2004

랄프 비너, 《유쾌하고 독한 쇼펜하우어의 철학읽기》, 최흥주 역, 시아, 2009

피에르 빌루에, 《푸코읽기》, 나길래 역, 동문선, 2002

H.J. 슈퇴릭히, 《세계철학사》, 임석진 역, 분도출판사, 1991

크리스티아네 슐뤼터, 《내가 사랑하는 철학자》, 조희진 역, 말글빛냄, 2007

로버트 C. 솔로몬 외, 《세상의 모든 철학》, 박창호 역, 이론과실천, 2007

A. 쇼펜하우어, 《쇼펜하우어 철학에세이》, 김욱 역, 지훈, 2005

A. 쇼펜하우어, 《행복한 인생을 위하여 쇼펜하우어 인생론》, 박현석 역, 예림미디어, 2008

A. 쇼펜하우어, 《불행한 철학자 쇼펜하우어의 행복의 철학》, 정초일 역, 푸른숲, 2001

A. 쇼펜하우어, 《쇼펜하우어의 참된 행복》, 최충림 역, 오늘의책, 1998

애덤 스미스, 《국부론 상, 하》, 김수행 역, 비봉출판사, 2009

애덤 스미스, 《국부론》, 유인호 역, 동서문화사 2008

롤란드 시몬 셰퍼, 《딸에게 들려주는 작은 철학》, 안상원 역, 동문선, 1999

한나 아렌트, 《예루살렘의 아이히만: 악의 평범성에 대한 보고서》, 김선욱 역, 한길사, 2006

엘리자베스 영-브륄, 《한나 아렌트 전기》, 홍원표 역, 인간사랑, 2007

우치다 타치루, 《푸코 바르트 레비스트로스 라캉 쉽게 읽기》, 이경덕 역, 갈라파고스, 2010

F. 윈, 《마르크스 평전》, 정영목 역, 푸른숲, 2001

이케다 아키코, 《열네살의 철학》, 김경옥 역, 민들레, 2006

크리스토퍼 제너웨이, 《쇼펜하우어》, 신현승 역, 시공사, 2001

T. 카버, 《엥겔스》, 이종인 역, 시공사, 2000

임마누엘 칸트, 《도덕형이상학의 기초》, 강태원 역, 다락원, 2009

임마누엘 칸트, 《도덕 형이상학 정초》, 김재호 역, 위너스초이스, 2007

임마누엘 칸트, 《도덕 형이상학을 위한 기초 놓기》, 이원봉 역, 책세상, 2009

페터 쿤츠만 외, 《그림으로 읽는 철학사》, 홍수기 외 역, 예경, 1999

키에르케고르, 《불안의 개념, 죽음에 이르는 병》, 강성위 역, 동서문화사, 2007

키에르케고르, 《죽음에 이르는 병》, 김용일 역, 계명대학교출판부, 2006

쇠렌 키르케고르, 《죽음에 이르는 병》, 임규정 역, 한길사, 2007

쇠얀 키에르케고어, 《죽음에 이르는 병: 코펜하겐 1849년》, 임춘갑 역, 치우, 2011

타케다 세이지, 《태초에 철학이 있었다》, 니시 켄 엮음, 홍성태 옮김, 새길, 2000

도널드 팔머, 《서양 철학사 1》, 이한우 옮김. 자작나무, 1997

H.J. 페이튼, 《칸트의 도덕철학》, 김성호 역, 서광사, 1990

샤를 페팽, 《7일간의 철학여행》, 정혜용 역, 현대문학, 2008

카를 포르랜더, 《칸트의 생애와 사상》, 서정욱 역, 서광사, 2001

미셸 푸코, 《감시와 처벌》, 고광식 역, 다락원, 2009

미셸 푸코, 《감시와 처벌》, 박홍규 역, 강원대학교출판부, 1989

미셸 푸코, 《감시와 처벌》, 오생근 역, 나남, 2003

알로이스 프린츠, 《한나 아렌트》, 여성신문사, 2000

J.G. 피히테, 《독일 국민에게 고함》, 곽복록 역, 민성사, 1999

에드먼드 버크, J.G. 피히테, 《독일국민에게 고함》, 박희철 역, 동서문화사, 2009

J.G. 피히테, 《독일 국민에게 고함》, 황문수 역, 범우사, 1998

리디아 앨릭스 필링햄, 《미셸 푸코》, 박정자 역, 국제, 1995

하인리히 하네, 《철학수업 어떻게 할 것인가》, 백승균 역, 계명대학교출판부, 2000

T. 헌트, 《엥겔스 평전》, 이광일 역, 글항아리, 2010

클라우스 헬트, 《지중해 철학기행》, 이강서 역, 효형출판, 2007

테드 혼드리치 엮음, 《철학자들》, 심철호 역, 이제이북스, 2007

배부른

꺼억~

철학자